第 **16** 辑

郑文科 主编

首都
法学论坛

中国政法大学出版社

2020·北京

图书在版编目（ＣＩＰ）数据

首都法学论坛. 第16辑/郑文科主编. —北京:中国政法大学出版社,2020.8
ISBN 978-7-5620-9592-7

Ⅰ.①首…　Ⅱ.①郑…　Ⅲ.①法学—文集　Ⅳ.①D90-53

中国版本图书馆CIP数据核字(2020)第139989号

出　版　者	中国政法大学出版社
地　　　址	北京市海淀区西土城路 25 号
邮寄地址	北京 100088 信箱 8034 分箱　邮编 100088
网　　　址	http://www.cuplpress.com (网络实名：中国政法大学出版社)
电　　　话	010-58908437(编辑室) 58908334(邮购部)
承　　　印	北京九州迅驰传媒文化有限公司
开　　　本	720mm×960mm　1/16
印　　　张	13.75
字　　　数	230 千字
版　　　次	2020 年 8 月第 1 版
印　　　次	2020 年 8 月第 1 次印刷
定　　　价	59.00 元

目录
Contents

民商法专论

法官论坛

学者专论

案例研讨

民商法专论

我国公司社会责任实现机制的构建

——以董事制度为视角*

华海鸥** 张世君***

摘要：公司应承担社会责任是当今社会的共识。公司董事对社会责任的落实发挥着关键性作用。我国公司法仅以宣示性条款提倡公司应承担社会责任，但在具体的设计上并未与董事制度妥当衔接。借鉴国外的立法经验和实践做法，我国应拓宽董事义务的范围，注入社会责任的要求。同时应积极完善社会责任委员会制度和独立董事制度，在董事会决议的层面上加入社会性外部参与因素，以更好实现社会责任的目标。

关键词：公司社会责任；董事制度；独立董事；社会责任委员会

当前，我国已经进入社会主义新时代，社会主要矛盾发生了变化，必须加快完善社会主义市场经济体制，激发市场主体活力，满足人民群众对美好生活的向往。然而，就在业界反复强调保障企业经营权利的同时，各类企业、公司的不良行为在现实生活中却源源不断。近年来的"魏泽西事件""快播案""抗日雷剧""绝味广告"等客观事实更加深了人们对公司行为负面影响的认识，要求公司承担社会责任的呼声不断高涨。对此，党的十八届四中全会明确提出要加强企业社会责任立法，十九大也再次强调要增强企业社会责任意识。因此，如何在继续深化改革的背景下，构建公司社会责任的法律实

---

　* 本文系北京市习近平新时代中国特色社会主义思想研究中心暨北京市哲学社会科学基金重大项目（18ZDL27）的阶段性成果。

　** 华海鸥，北京市方圆公证处工作人员，首都经济贸易大学民商法学硕士。

　*** 张世君，首都经济贸易大学法学院教授，博士生导师。

现机制、强化企业的责任担当、增强企业在竞争中的软实力，成了学界必须思考的重大问题。

虽然我国 2005 年修订的《中华人民共和国公司法》（以下简称"《公司法》"）第 5 条从立法层面确定了公司应当承担社会责任，然而对于责任的具体实现机制却未能在《公司法》（2005 修订）及其司法解释或是其他法律中得到构建。基于此，笔者意图疏通公司社会责任之实现在法律机制构建层面上的两个核心环节：一是将抽象的履行要求落实到公司内部具体的主体上，将社会责任注入董事义务的内涵，从而将以董事为代表的公司高管（高级管理人员）放在促成社会责任实现的重要推动位置之上。二是在已经明确董事义务内涵发生变化的情况下，通过董事会制度的完善，促成董事会在决策过程中积极地履行社会责任，使社会责任的要求更具执行力。以董事制度为中心研究公司社会责任实现机制的构建，可以深入挖掘公司社会责任的实现动力，系统整合公司内部推进力量，通过对董事义务的改造以及董事会组织结构的相应调整，使得公司社会责任能在董事履职过程中得以实现，最终达到公司承担社会责任的效果。

一、公司社会责任实现与公司董事的关联性

（一）公司董事对公司社会责任实现的影响

公司社会责任理论舶来于西方，经历了诸多学科领域的探讨争论，其基本概念已在学界达成共识。无论是采用外延式列举阐明还是直接用其内涵予以高度概括，实际上均想表达这么一种观点：社会责任并非与公司本身的营利性相对峙，而是需要企业在保持营利性的同时，关注到与之相关的其他利益群体。也就是说，除了股东的利益外，其他社会主体对于公司的存在具有利害关系，为确保公司的繁荣与发展，股东及其代理人即经营者必须与职工、债权人、消费者、客户、当地社区甚至全社会的老百姓密切合作。[1]一言以蔽之，所谓公司社会责任，就是指公司在谋求自身利益最大化的同时对其他与之相关的利益群体所应尽到的社会性义务。

公司社会责任的出现是现代社会对公司经营负面影响的自然回应。在传统家庭式手工作坊被大规模生产替代后，伴随现代大型公司的出现，公司这

---

[1] 刘俊海：《公司的社会责任》，法律出版社 1999 年版，第 37 页。

一组织、制度及文化的象征真正意义上嵌入了每个平凡人的具体生活。人们的衣食住行几乎都依赖于公司的经营,公司对社会产生了前所未有的深刻影响。然而当公司行为效果得到扩大,因公司的负面行为所造成的消极效果也会随之扩散。如若行业痛症和不善行为成为公司间心照不宣的默契,那么公司这一伟大产物的文化根基也就必将溃散。时至今日,面对现代公司所缔造的世界,唤醒公司对社会的服务意识,使公司行为更贴合于社会的需要,已经成为人们的共同心愿。对此,国外有学者评论说:"公司制度更要被理解为一个宽泛社会政策的实施工具,要被用来构建一种公司'良知',或使公司组织更有弹性,更积极主动地回应社会环境。"[1]

就公司社会责任的实现而言,要使抽象的理论进入实践,则要先行找到承担责任的真正主体。部分学者当然地认为公司社会责任的承担主体自然是公司本身,这主要是基于公司社会责任表面文义的直接推理。对此,笔者认为,公司社会责任虽表面由公司作为一个独立的个体来进行承担,但实质上公司仍然要区别于一个拥有独立意识、能够独立行事的个人,其外部行为有赖于内部控制人的决策判断,这在社会责任缺失的典型案例中体现得尤为明显。公司内部控制人员的行为失准、道德失当往往是引致公司行为不善的源头。如在"三鹿奶粉案""快播案""魏泽西事件"等案例中,均是因公司高管罔顾社会责任,在巨人的利益面前选择了私利而非公益,最终导致公司经营崩溃。

综上,公司作为拟制的法律主体,不具有与自然人相同的思维能力及行为能力,不能通过自身的行为实现自身的利益要求。公司的一切经营管理行为均需要借助公司内部成员去实际实施,因此,公司社会责任实质上的承担主体是公司的董事、监事等享有公司实际控制权的内部人员。换言之,公司作为法人组织,其意志的形成和行为的实施最终依赖于公司内部的高管。因此,应将公司社会责任的实现问题制度性地落实到企业高管,特别是公司董事、监事的身上。只有考虑通过公司治理的内部矫正来实现公司社会责任,才能使公司社会责任的担当成为可能。因此,社会责任要进入公司治理中,必然要通过董事制度来得以实现。[2]

---

〔1〕 See J. E. Parkinson, *Corporate Power and Responsibility: Issues in the Theory of Company Law*, Oxford Clarendon Press, 1993, p. 2.

〔2〕 王保树:"公司社会责任对公司法理论的影响",载《法学研究》2010年第3期。

（二）公司社会责任视角下董事地位的重塑

虽然在现代企业的管理环境中，公司控制权的转移已成为不可逆转的事实，即股东逐渐疏离治理，只剩下法律上的形式控制权，公司的实际控制权力则落入管理者手中。[1]然而，在很长一段时间内，传统理论中的"股东本位"观却从未离开过公司的治理视野。"股东本位"要求诸如董事、监事等经营管理人员只对股东负责，并为促成股东利益最大化实现而努力。基于"股东本位"思想，也就产生了董事对股东或者作为股东利益整体象征的企业的信义义务，其核心内容是注意义务和忠实义务，其主旨在于构建起董事对股东负责，并排除向其他任何人负责的机制。

但是，公司社会责任理论的出现，迫使人们对董事的法律地位进行了深刻的反思，并由此产生了董事义务内容的变化。在公司社会责任理论的背景下，公司存在之目的并不仅仅是为股东创造利润，也要服务社会。公司愈发被视为一系列合同关系连接点的法律拟制物而存在，在一系列的合同关系中，不同的主体各有自己的利益主张，公司仅仅是一个利益的连接点而已。[2]基于此，董事的权力不再是单纯地源自股东，而是承蒙企业的所有利益相关者明示或默示的授予，董事信义义务的服务对象也应涵盖非股东利益相关者。董事所做出的决策不仅仅是关涉股东利益的经济性决策，更是关系广泛利益相关者的社会性决策。因此，面临决策时，董事的行为标准既要符合股东的利益，还要排除对非股东利益相关者的不利益，最终应以包括股东在内的各类利益相关者的综合利益为重。相较于传统理论，公司社会责任理论扩张了董事义务的范围，董事从对股东的唯一注意扩展到了对广泛的非股东利益相关者的关注。同时，董事也从原本简单的受托管理者，变为平衡股东与利益相关者间利益关系的管理者。

在公司社会责任理论的背景下，董事与公司社会责任的实现存在高度的相关性。一方面，董事在公司内部的影响效应是公司社会责任实现所需要的。社会期望公司在经营过程中关注社会公益，完成对社会的服务，就需要从公

---

〔1〕 卢代富：《企业社会责任研究——基于经济学与法学的视野》，法律出版社 2014 年版，第 143 页。

〔2〕 Michael C. Jensen, William H. Meckling, "Theory of the Firm: Managerial Behaviour, Agency Costs and Ownership Structure", *Journal of Financial Economics*, Vol. 3, 1976, p. 305; Henry N. Butler, "The Contractual Theory of the Corporation", *George Mason University Law Review*, Vol. 4, 1989, p. 99.

司的经营决策环节入手，加入社会性的考量因素。董事作为人力要素，与公司的资本无直接所有关系，能够更为灵活地作出调整，配合社会责任的要求。而由全体董事组成的董事会在公司内的决策力、执行力及监督力，能够使社会责任完整地嵌入公司的经营管理中，直接影响公司的行为。另一方面，董事的地位与义务是否依照全新理论的要求进行矫正，将直接影响公司社会责任理论的内部实现空间。董事地位与义务的转变与否关系到股东是否还能以其利益主宰公司行为。如果否定董事地位及义务的转变，就是使董事继续成为股东利益的忠实守护者。而股东对利益的追求是无限的，为了股东利益进行无限领域的开拓，势必挤压社会公众利益，也就违反了公司社会责任的理论要求。这也就直接否定了社会责任进入公司治理环节之可能，公司社会责任将只能成为排除在企业意志之外的临时性政策，无法实现其原有的时代价值。因此，应当将社会责任的要求注入公司董事义务的内涵之中，唯有董事才是公司社会责任得以落实的真正主体。

二、国外公司社会责任运动中董事制度的改革路径与经验启示

（一）英美国家董事制度改革经验

英国与美国皆是实行单层制公司治理结构的国家，其特点为仅设立股东会、董事会及董事会的附属机构、首席执行官。董事会除了享有日常经营的决策权之外，还履行着监督经理层的职责。董事会下隶属有各类专门委员会，为董事会的决策提供专业意见。由于历史上对社会责任的认同感与法律结构上的一致性，英美两国在公司社会责任实践活动中对董事制度作出的调整具有整体的近似性，仅在个别环节的改革力度上存在微小差异。

1. 公司董事义务的调整

伴随社会责任运动的兴起，英美国家公司立法均对董事之权限及义务作出了调整。从 20 世纪 80 年代至今，美国已经有 29 个州修改了公司法，要求实现经济民主，使各方利益相关者能够参与经济过程的控制和收益，一些州的公司法中订立了利害关系人条款。[1]如美国宾夕法尼亚州率先修改公司法，允许经理对比股东更广泛的利益相关者负责，这样的注意义务同样可以推演至对经理层负有监督职责的董事层。之后其他州纷纷效仿，对这种注意义务

---

〔1〕 崔之元："美国二十九个州公司法变革的理论背景"，载《经济研究》1996 年第 4 期。

进行立法。又如，英国公司法（2006 年修订）第 172 条则规定："公司董事必须以他善意地认为为了公司成员的整体权益而将最大可能地促进公司成功的方式行事，并在这样做时考虑（与其他事项一起）——（a）任何决定可能的结果，（b）公司雇员的利益，（c）培养公司与供应商、消费者和其他人商业关系的需要，（d）公司运作对社会和环境的冲突，（e）公司维护高标准商业行为之声誉的愿望，（f）在公司成员之间公平行事的需要。"[1] 英美国家立法关于董事对其他利益相关者的注意义务的明示，使得更多的公司将社会责任纳入经营决策的判断考量中。

2. 商业伦理委员会及伦理主管的设置

部分公司意图主动对社会责任事项进行妥善管理，在内部建立了诸如企业道德委员会、道德责任者这类隶属于董事会的专门性商业伦理机构或伦理主管。道德委员会一般由经营人员组成，同时也可容纳其他重要部门的专业人员，如人事部门、财务部门、生产部门等。委员会的日常活动就是组织召开定期的会议，组织讨论商业经营道德的相关问题，针对具体事项的道德关涉方面进行资料搜集、分析，并依据一定的道德基准向董事会报告特定项目内可能存在的道德问题，给出对应的改进建议。通过这种安排，道德委员会就成为企业商业道德环节把控的至高决策组织。道德责任者，亦可称为公司伦理主管，是处理企业日常经营道德问题、对道德风险进行防控的专门负责人。一旦道德责任者知道了公司内部的道德违规情况，就要展开深入的调查并付诸实际矫正措施。20 世纪末，美国拥有专门伦理机构和伦理主管的公司已过半，公司内部的不道德行为通过这些机构即可得到率先的处理。目前，美国公司的社会责任发展已不再停留于慈善捐助的低层次阶段，而是完整建立了集合专门伦理人员、系统项目计划、科学决策机制、后期执行安排于一体的完整的公司社会责任控制系统。

3. 独立董事制度的建立

根据董事的来源可将董事划分为内部董事和外部董事。外部董事在 20 世纪初期就已经产生，最初由公司已退任的元老级成员担任。这部分人员以其过往的多年经验偶尔为公司提供意见，实际上也是公司对这部分人群的尊重。然而在后来的调查中发现，由于外部董事大多年老力衰，无心公司的经营发

---

〔1〕 葛伟军译：《英国 2006 年公司法》，法律出版社 2008 年版，第 105 页。

展，他们在董事会中的价值极为低弱。独立董事的概念就在这样的背景下被提出，这部分董事仅能收取合理费用及持股，不能创建任何预计对独立判断产生深刻影响的交易或关系。相对于外部董事，身份要求更为严格的独立董事更有利于公司社会责任的实现。独立董事与公司无直接利益关系，能够更加客观公正地监督董事会及经理层的行为，保护其他利益相关者的利益。1978 年 6 月底，美国纽约股票交易所率先规定，独立董事组成的审计委员会成为在该所注册上市的公司的固定结构设置，独立董事成为一种正式的制度进入公司之中。[1]

英美两国是公司社会责任发展程度相对较好的国家，其将立法与实践相结合，拓宽了董事的决策权能，给予董事以做出有利于公司承担社会责任选择的决策空间。独立董事及道德委员会的设立，从监督及辅助制度上给予了董事的社会责任决策以制度保障，一定程度上能够帮助董事会做出更符合社会责任期待的经营行为，同时防止董事权力的滥用。

（二）欧盟国家董事制度改革经验

欧盟国家在社会责任实践运动中主要致力于对公司治理结构的改造，表现在比较重视人力资本的作用，对职工持股和职工参与公司治理作出规定。例如，欧盟颁布的《欧洲理事会就欧洲公司中的职工参加问题而补充欧洲公司章程的指令草案》确立了三种职工参与方式：第一种方式为，1/3 至 1/2 的监事或董事需由公司的职工或职工代表指定。第二种方式为，监事或董事由监事会或董事会自行补提生成，但公司职工享有对提名候选人的合理异议。第三种方式为，公司职工集体由一个专门设立的独立咨询机构代表，该机构享有知情权和被征询权。该草案第 6 条为了促进参与形式的多样化，还特别授权董事会、管理委员会可以与公司职工或其代表通过协议的方式确定参与的方式。但这种协议并不能排除公司职工或其代表本应享有的知情权和被征询权。[2]在个别国家，如德国为了将职工平等参与权进一步实现，制定了《煤钢共同决定法》等法律，规定煤炭、钢铁或者具备一定规模的公司，其监事会应由资方代表、劳方代表和"中立的"成员组成，公司的董事会中须有

〔1〕 李占猛、杨宏伟："美国公司独立董事制度研究"，载《国外财经》2000 年第 4 期。
〔2〕 刘俊海："民主管理公司——欧盟职工参加公司机关制度的立法过程"，载《国际贸易》2001 年第 7 期。

一名"工人委员",即"劳方董事"。[1]总体上看,欧洲国家在董事义务的内涵上鲜有特别的发展,但其就董事会结构进行职工参与化的调整,实际上就是对公司社会责任中其他相关方利益的制度性落实。

总结国外实践经验,结合前文理论分析,可以看出,依托董事完成对公司社会责任的实现,需有两条路径的共同铺设:一条路径是要总领性地拓宽董事的义务范围。英美国家的董事制度改革历程展现出的就是这样的调整手法。传统的董事义务及履职准则是基于对股东尽忠而建立的,其义务范围仅限于股东。当社会责任理论进入公司治理层面时,这一先前的设定就必然成为社会责任在公司内部推行的阻碍。社会责任的本质是要求公司能够注意到与之相关的其他利益群体,履行其社会性的义务。如若董事仍然只考虑股东群体的经济利益,而这种经济利益通常又与公共利益相抵触,则董事可以轻易做出舍弃社会性义务的决定。因此,矫正董事的决策原则及思想,就必须通过法律的明确规定加以引导。英美两国扩充了董事义务的内涵,并消解了董事做出商业决策时的不利顾虑,达到了尊重董事管理者地位与保护其他利益相关者的双重目的。

另一条路径是在制度层面加入社会性外部参与因素。仅仅依靠公司内部原有成员的义务扩张并不能顺利形成有效之调整机制,与原则相配置的是后续的制度性安排。应将社会性的参与力量纳入公司治理层面,而这种参与性可以通过在董事会、独立董事、董事会专门委员会这类机构中添加灵活的变量因素来完成。在两权分离发生后,股东远离了公司的管理层面,而其他利益相关者则是自始没有进入公司的治理视野。在社会责任理论背景下,股东可以继续通过股东会保留对管理层的最后控制,而其他利益相关者也应当同时参与到公司的内部治理框架中,成为牵制管理层的独立因素,体现社会责任的要求。欧盟部分国家立法采用了将社会参与力量分散于董事制度的成员选任、机构设置、决策生成的各个环节中,从而在董事会决议的层面上建立了其他利益相关者参与的保障机制。

---

[1] [德]罗伯特·霍恩等:《德国民商法导论》,楚建译,中国大百科全书出版社1996年版,第305—306页。

三、公司社会责任与我国董事制度衔接的缺失及其改进方向

（一）公司社会责任与我国董事制度衔接的缺失

我国《公司法》增加社会责任相关内容后，董事制度并未做出相应的回应和调整，致使公司社会责任仅停留在宣示性的条款上，缺少细则条款的补充支撑，企业实践不得其要，更引致社会责任履行之困境。

首先，公司社会责任的主体范围过于宽泛，不能与公司的经营管理者相对接，主体衔接缺失。公司社会责任应有具体的执行者，通过上文分析可以看出，公司成立就是由发起人意志共同凝聚而成，其经营策略由其经营决策者讨论决议而成，绝对独立的公司意志是不存在的。公司的善行离不开其内部经营管理者的行为注意。将公司社会责任纯粹地表述为公司自身的社会责任，不在制度上确立公司内部管理者的社会责任要求，就造成了制度衔接的漏洞，导致实践中公司内部管理人员逃避责任，对社会责任置之不理。

其次，公司社会责任要求对公司经营原则及目的进行修正，但如果不能将其要求注入董事义务的内容之中，就会存在内容方面的衔接缺失。社会责任的具体内容实际上是扩充了董事履行受托义务的相对方，不仅要求董事对公司负责，同样要求董事对与公司存在利益关系的其他利益相关者负责。我国可以借由董事义务的扩充，将利益相关者的利益纳入公司决策时的考虑因素中，从而期待公司的行为不对利益相关者造成消极影响。然而在我国《公司法》中，关于董事义务的表达仍停留在为了"公司利益"的表述上，既没有体现社会责任，也没有对"公司利益"进行社会责任理论语境下的广义解释，实质上仍然未将社会责任的内容加入董事义务中，这无疑切断了公司社会责任与董事制度的内容联系。

最后，董事制度中的决议机制不包含社会责任方面的考虑，程序衔接出现了缺失。我国《公司法》给予公司自治的充分空间，然而其也埋下了社会责任缺失的风险隐患。社会责任实现的核心问题在于如何将公司之外的公众利益纳入公司的决策之中。其实，原有法律制度设计中的职工监事、独立董事的安排，都为这部分利益的实现提供了契机。但无论是职工监事还是独立董事，都存在应用局限性，董事会的决议程序中内部控制者依然占主导地位，进入决策层面的信息也只有关涉公司经济利益方面的内容，社会责任问题多

被排除在董事会的决议程序之外。

(二) 公司社会责任与我国董事制度衔接的改进方向

基于前文所述，笔者认为我国若要落实公司社会责任，应注意与董事制度的全面衔接。

1. 公司社会责任与董事义务的制度衔接

我国《公司法》对董事义务的表达十分局限，仅从最低限度的忠实义务、勤勉义务出发描述了董事的应尽之份，没有列明董事之社会责任的要求。仅仅要求董事敬守法律、履职忠实、勤勉敬业是否足以体现社会责任的要求呢？从现有的法条内容来看，立法者并未将抽象的忠实义务、勤勉义务推演至社会责任的层面，而只是将董事的义务限定于对公司的履职尽责、不损害公司利益。但董事对公司的忠实勤勉未见是对员工的优待，未见是对消费者的诚实，未见是对环境的友好，更未见是对所在社区的关怀。社会责任的语境下，履职的忠实勤勉可说是对董事最为基础的要求，违背了忠实义务、勤勉义务的公司董事也就是不能胜任职务之董事。只有在基础的忠实义务、勤勉义务之上继续提出社会责任之注意，才是对董事决策初衷及方向的直接指引，从而实现矫正董事决策行为，完成公司社会责任的目标。

因此，我国《公司法》应当对董事义务的内涵重新界定。董事不仅是传统意义上公司的受托人，更是其他利益相关者的受托人，众多的其他利益相关者应通过董事的投射参与到公司的治理之中。董事需做出的是对公司股东及其利益相关者的联结作用，同时平衡不同利益相关者之间的关系。既然我国《公司法》第5条已经确立公司应当承担社会责任，那么对其内部经营管理人员（主要是董事）也应做出配套的要求，否则这一规定就无内在力量推动践行。可供选择的做法是在公司立法关于董事义务的规定中，专门腾挪出董事承担社会责任的规范空间。采用单独列明的立法方式更能引起公司董事的注意，在司法审判上也可找到有效的依据。

2. 公司社会责任与董事会的制度衔接

董事义务仅是一种规范性的指引，而此种要求仅期待董事以自身素养来达成趋于理想化，还需要配套的程序化制度来应和，在董事会决议过程中真切践行。董事会在经营决策时，通常考虑到的要素是企业的盈利空间和发展前景，董事个人日常可能充满道德感、责任感，但当他们聚集在一起，为了共同的公司利益而做出谋划时，就可能会放弃一些日常的道德原则，只追求近在咫尺的明确的企业利益。而社会责任要求公司在决策行为中更多地考虑各类利益因素，因此需要在公司的经营管理中置入这些考量因素，使董事会决议呈现出更多的社会责任感。具体而言，可以从两个方面加以调整：一方面，要让外部的利益诉求进入公司内部的决策层面，让外部的利益有独立的代表，且该代表能够在董事会行使独立的权利。独立董事比例的调整无疑是一个很好的解决方案，依照独立董事自身的独立性和不亚于普通董事的权力，足以使得持有不同且独立意见的决策参与者进入决议程序，维护相关主体的利益。另一方面，通过专门委员会的增设，可以形成其他利益考量因素进入的直接通道。专门委员会通过有针对性地对利益相关者资料信息进行汇总、分析、评估及数据上的测算，就可预测公司行为对社会的影响性并将其结果反映给董事会。将这种影响结果作为表决时的考量因素之一，也就为公司社会责任之实现增添了可能。

四、公司社会责任实现与我国董事制度的完善

（一）董事义务中社会责任内涵的引入

我国《公司法》第 147 条对董事义务进行了详细表述，该条规定董事、监事、高管应当遵守法律、行政法规和公司章程，对公司负有忠实义务和勤勉义务。对第 147 条进行解读，其内容包含了董事履行义务的对象和履行义务的种类两个层面的含义。条文中关于"对公司"的表述，相对于"对股东"的表述，董事义务的涵盖面扩大了许多。公司作为一个独立并且超越于股东的、有着其自身利益的自我实体，设立以后就形成了独立的法律人格，这种法律人格不仅源于股东，还源于其他利益相关者。[1]尽管在这里使用"公司"而非"股东"，能够为董事履行义务带来更多的延展空间，但由于我国《公司法》中并未对"公司利益"作出说明或解释，因此，实践中我国公司董事在履行义务时，仍停留在传统理论层面，将公司利益等同于股东利益。

关于"公司利益"的认识，德国学界作出了突破性的理解。他们认为，公司是一个独立的组织，有着自己独立的利益。这一利益不仅体现为投资者的利益，还包含职工利益及其他参与者的利益。公司各部门在通过各类决议

---

[1] 李建伟："论公司社会责任的内涵界定与实现机制建构——以董事的信义义务为视角"，载《清华法学》2010 年第 2 期。

时必须考虑到各方面的综合利益。[1]如果将公司作为单独个体，将公司利益仅理解为公司自身利益或者股东的利益，其他利益相关者的利益则不能进入董事义务所涵盖的范畴。但是，如果将公司视为一个整体，由股东和其他多元主体一起参与，那么公司的利益就是一种结构性利益，董事所需要注意到的义务也就不再限于公司本身，更要考虑到背后的其他利益相关者。此时，董事义务的履行对象自然也就包括其他利益相关者在内。

故而，要使得 2005 年《公司法》第 5 条关于社会责任的原则性规定对董事制度有延续性的指导力，就需要将社会责任的要求引入对董事义务的描述中。基于此种思路，法律制度上相应的完善就表现为两个方面：一方面，可以在第 147 条中加入"董事需关注股东及其他利益相关者的权益，为公司利益行事"的表述或类似表述，不单指出董事对社会的注意义务，还要将其内涵具体化。另一方面，在相关的司法解释中对"公司利益"进行扩张解释，即"公司利益"指的是包含股东及其他利益相关者在内的多元参与主体的综合利益，董事对公司负有义务也就意味着对社会承担责任。

（二）董事构成中独立董事的多元参与

董事来源的多元化成为西方发达国家改善公司内部监督机制，为公司承担社会责任创造内在动力的重要途径，其中又属独立董事最具代表性和长远适用意义。我国在《公司法》中正式表明了上市公司应设立独立董事，立法希望独立董事能够照顾小股东的利益。然而独立董事在选任上由多数决产生，何以指望独立董事能够照看素昧平生的小股东？矛盾的是，独立董事的设立目的又导致其不能因为回馈其背后的支持者而进入董事会，那么独立董事是否应有其自身的其他目的？在社会责任理论的背景下，正有这样一群人跃跃欲试，需要加入董事会，这个群体便是公司的其他利益相关者。他们有独立的利益需要，与其包容由股东赞助的独立董事加入董事会，不如拓展更多的其他利益相关者作为独立董事融入董事会决议进程之中。

其他利益相关者与独立董事的融合并不是简单的替换，毕竟利益相关者众多，消费者、供应商、债权人、社区等各类利益相关者不可能全部参与到公司的治理中，因此可以经由两种方法来完成这种融合：一是由民政部登记的民间团体、协会推荐，如消费者协会、绿色组织协会等。这些协会本身具

---

[1] 王保树："公司社会责任对公司法理论的影响"，载《法学研究》2010 年第 3 期。

有社会化和民众化的公益属性，也有着对社会责任理念的长期宣传和普及经验，具备谙熟这一领域的专门人才。其立场也是从最广泛的相关利益群体利益角度出发，又与其他利益相关者保持着颇为紧密的关系，可以考虑通过这样的组织团体荐举有能力的人员或公益人士在上市公司中担任独立董事。[1]二是由行业协会负责，集结与行业有密切关系的其他利益相关者，根据相关度和重要程度，选取不同类别进行独立董事的选任。但无论选取何种方法，都要确保独立董事对公司有充分的了解和认识，具备一定的专业素养。经过融合的独立董事，其职责不再局限于狭窄的股东利益，而是从公司的最优利益出发，重视公司的长远发展，一定程度上会比较注意公司的社会责任承担状况。

由于我国《公司法》无法将独立董事制度的所有安排都详尽呈现，因此调整完善的工作仍然需要在具体的行政法规或者部门规章中进行。具体建议包括：重新调整独立董事的选任方式，由内部提名多数决改为外部机构推举选任；规定独立董事的设置比例，建议独立董事的人数比例不应低于全体董事的1/3；提升独立董事的表决权，如董事会决议事项在征得全体董事过半数同意的前提下，还必须满足过半数独立董事的同意；授予独立董事对社会责任相关事务的特别干预权，除既定的重大事项外，独立董事对其认为关系社会责任承担的事项也具有发表独立意见的权力；规定独立董事的薪酬制度，其薪资由原属组织负担，政府和公司也可给予必要补贴。

（三）董事会中社会责任委员会的构建

董事作为董事会的成员，更多的只是董事会决议的参与者。但即便董事群体均素质良好、抱有践行社会责任的积极心态，也未必能将决策的影响性考虑周详。我国的《上市公司治理准则》规定，上市公司董事会在获得股东大会表决同意后，可设立各类专门委员会来辅助董事会进行决策。专门委员会的权力来源于董事会，针对公司经营中的特定事项提供专业化建议。我国的大型公司大多设有专门委员会，能够提供给董事会多而详尽的资讯，帮助董事会掌握更多的信息，更深切地把握市场及政策变化，更理性地做出适当的部署。而在实际中，正因为公司忽视了经营行为对其所处环境的影响，才

---

[1] 严鸿雁："论上市公司引入社会责任董事的可行性与制度设计"，载《甘肃理论学刊》2012年第5期。

导致公司怠于履行社会责任。因此，公司内部应当有一个机构提醒公司行为可能产生的消极社会影响，以及对其长远利益的损害，建立社会责任委员会不啻为一较好选择。目前我国《上市公司治理准则》中仅规定了战略、审计、提名、薪酬、考核等几类常用委员会，下一步应将"社会责任委员会"纳入其中。

在我国学界研究中，已经有人指出目前设立社会责任委员会的方式主要有进入治理层面和非进入治理层面两种。[1]笔者认为，非进入治理层面的方式通常运用在临时性的应急事项上，或是规模较小的企业中，为了不加重日常的运行成本，会有此种做法。然而对于履行社会责任而言，更为直接有效的方式仍然是将社会责任委员会引入公司内部治理层面，并使其与其他专门委员会具有同等地位，在意见的影响力上与其他专门委员会无二质。

当前，我国部分公司内部已经设立了社会责任委员会，然而就其组成及运行而言，仍有不足。在内部成员方面，我国公司中的社会责任委员会成员大多由现有的董事或高管组成，这类人员具备较高的管理素养，并对于公司发展有着颇深的了解和认识。然而就社会责任委员会而言，如果再由既有的董事及高管组成，在履职上就会有所重复，也并不能充分发挥其提供建议的功能。在运行方面，目前设立的社会责任委员会虽然也被认为属于专门委员会的一种，但是从处理的日常事务来看，却与公司日常决策有明显的分离感。譬如公司对社会责任委员会的日常工作多表述为制定与社会责任相关的规划决策。相较之下，这类社会责任委员会更类似于政府或民间团体中成立的社会责任委员会，主要职能是在组织内部围绕某一政策问题进行研究和规划，完成政策性的要求，并不是学界所期待的能够影响商业判断的"咨询部门"。因此，要真正发挥社会责任委员会在公司内的作用，需要从成员的选任、委员会的运行、与监事会的配合等几个方面作出调整。

1. 社会责任委员会成员选任

专业委员会主要体现其技术性，未必必须全部由董事及高管组成，人员的选任视其意图实现的功能而定。社会责任委员会本质上是收集公司利益相关者信息、评估公司行为的社会影响性、为公司决策提供有价值的社会责任

---

[1] 蒋大兴："公司社会责任如何成为'有牙的老虎'——董事会社会责任委员会之设计"，载《清华法学》2009年第4期。

建议的机构。成员的选择应倾向考核候选成员是否具备社会责任方面的专业认识和理念。因此，应优先考虑在社会责任方面有深入研究的专业人士，再者应当是有其他利益相关者背景的独立董事。

2. 社会责任委员会日常运行及职责

社会责任委员会总体上对董事会负责，也受到监事会的监督。社会责任委员会除了整理关于社会责任的政策性要求外，更加核心的职责是将社会责任引入公司的日常经营决策中。具体而言包括：对公司内社会责任管理的策略进行评价并发表意见；注意公司日常经营中对公共利益有重大影响的行为，并做出合理评价及建议；通过协调公司内外利益相关方的利益沟通，结合社会责任领域内的各类信息，为董事会提供综合性的决策依据；对公司内涉及公益性的活动进行全面统筹规划；评估确定公司社会责任的相关信息披露情况，审议相关报告。

3. 与监事会的协同合作

一方面要施展社会责任委员会在预防性监督及专业性管理方面的优势，补偿监事会监督滞后的缺陷。另一方面，下属于董事会的社会责任委员同样需要全面遵照监事会的监督，配合监事会的工作。社会责任委员会应注重多方面促进与股东之间的充分交流，同时顾及各级机构之间的交流，极尽宣传之能势，使得包括股东在内的各级人员都能够融入社会责任活动中。[1]

（四）公司董事评价方式的完善

董事评价是对董事履职的事后监督方式，在董事履职有不尽责或擅权之时，可以通过评价的方式得以展现，及时进行事后的调整，并惩戒不称职的董事。在社会责任体系中，尤其重视对社会责任行为的事后评价。虽然在公司外部有政府、民间组织及舆论传媒等第三方评价，但第三方评价只是作为企业行为的市场反馈结果，这种反馈并不能直接作用于公司的内部决策管理人员。唯有在公司内部搭建社会责任方面的履职评价，才能直接敦促内部高管积极履行职责。

对董事的评价，涉及很多方面的考核因素。根据不同董事的不同特点及不同分工，其标准也不尽相同。社会责任方面的履职评价，除了参考董事的基本专业及素养之外，还要考察其是否认真辅助公司完成既定的社会责任目

---

[1] 王之茵："浅析董事会社会责任委员会制度建设"，载《企业管理》2013年第4期。

标、是否在可能产生消极社会效应的重要决策中提供了有效的建议、是否有受他人影响而怠于行使职权的情形等。即要从公司的专项社会责任目标、经营决策中的社会责任问题及履职态度等方面综合对董事进行评价。

对董事作出评价的主体包括公司内部的股东、职工及其他利益相关者。其中，职工及其他利益相关者在评价中所占的比例应略高。对其他利益相关者评价的收集可以通过抽取回访的形式来完成。至于具体的考核内容，在三类主体中应有所差别，股东主要评价董事的尽责程度、在重大经营决策上的能力表现；职工主要评价董事对于职工利益及权益的关心程度；其他利益相关者主要评价董事调节平衡股东与其他利益相关者的能力、是否注意在决议过程中维护其他利益相关者的基本利益。特别是要针对独立董事，评价其是否认真履职，将其他利益相关者的考量因素纳入董事会决议中。

对于普通董事的评价结果主要与其薪酬相关联。而对于独立董事，由于其本身负有更多的公众期待，过低的评价结果则表明独立董事并不能有效发挥其职能，从而将直接影响其是否能继续任职。这样有助于督促普通董事积极关注社会责任问题，也能迫使独立董事认真履职，传达公司外部群体的声音。董事的评价标准及方式应记载于公司章程或公司的制度性文件中，以供全体董事作为履职参考，评价结果在公司的年度报告中应予以披露。

五、结论

20世纪中期以后，公司社会责任思想逐渐波及全球，世界各国都不同程度受其影响。就中国而言，目前已成为全球第二大经济体，公司的市场主体地位得以基本确立。但是，在过分看重经济增长的观念之下，各类公司在逐利过程中的短期行为和不良行为日益增多，负面效果和消极影响也日趋严重，引发了各界对公司履行社会责任的激烈讨论。笔者认为，公司作为当今世界人类社会中密不可分的组成部分，提出社会责任担当是抑制其消极外部性影响的重要回应措施。因此，虽然公司社会责任的概念曾引发过理论界与实务界的激烈争论，但自20世纪末至21世纪初，公司承担社会责任已成为西方发达国家乃至国际社会的共识。

但是，公司社会责任的概念比较抽象，必须通过明确的制度设计实现抽象规定的具体化。公司作为法人组织，其意志的形成和行为的实施最终依赖于公司内部的高管。因此，公司董事是公司社会责任的实现主体。董事基于其决策经营能力及地位对公司治理有着极深影响，而公司治理产生的外部效应无可避免地影响与公司有关的社会利益，故而社会责任的实现依赖于公司治理行为的矫正，追其本源就是要调整董事的管理决策行为。由此，应当修改我国《公司法》，对公司董事义务的内容进行充实，引入社会责任的内容，将承担社会责任确立为董事的基本义务。同时，我国《公司法》可明确要求在管理层（如董事会）内部设立社会责任委员会，进一步完善独立董事制度，并在公司章程中阐明公司董事承担社会责任的评价方式。

公司社会责任需要经历立法层面、制度层面、实践层面的几番努力才能得以最终实现，注定是一个漫长的过程。笔者也仅能从其实现主体，即董事的层面一隅观之。相信通过社会责任与董事制度之间的衔接与融通，能够让社会责任真正进入公司治理层面，带来实质的社会效应。

论民事权利与权力的关系

崔文星*

摘要：民事权利与权力属于不同的范畴。民事权利是指民事主体为一定行为或不为一定行为的可能性。权力是指公法人依据法定权限和程序行使职权的范围。民事权利与权力密切相关，民事权利是权力产生的基础，权力不应越界干涉民事权利。民事权利存在于平等主体之间的私法关系中，一般与公共利益无涉，遵循"法不禁止即自由"原则。权力存在于非平等主体之间的公法关系中，一般关乎公共利益，遵循"法无授权即禁止"原则。

关键词：民事权利；权力；关系

一、关于民事权利的基本界定

关于权利概念的理论探讨，应该是 17 世纪以后的事，此前一直没有系统探讨权利概念。为了反对封建特权，资产阶级启蒙思想家提出自然法学说，并以此为理论基础，建立了资产阶级共和国。此后，关于权利概念的表达呈现出多元化状态。

由于权利包含的内容过于庞杂，以至于很难对其进行准确的界定。权利的内涵是多维度、多侧面的，我国法理学著述关于权利的界定，存在不同的解说，从不同角度进行了阐释。有学者根据界定权利时所选择的参照系，即各自的权利定义中的核心词或指称范畴不同，将权利学说归纳为资格说、主张说、自由说、利益说、法力说、可能说、规范说和选择说八种。资格说认为，权利就是有权行动、有权存在、有权享有、有权要求；主张说认为，权

* 崔文星，法学博士，北京师范大学法学院副教授。

利是指主体可以针对别人作出肯定的主张，特别是向他人提出停止侵害的要求；自由说认为，权利是法律允许的自由；利益说认为，权利是法律所承认和保障的利益；法力说认为，权利是法律赋予权利主体的一种用以享有和维护特定利益的力量；可能说认为，权利是法律规范规定的有权人为一定行为或不为一定行为的可能性；规范说认为，权利是权利人为了满足他的利益而采取的，并由其他人的法律义务所保证的被允许的行为的尺度；选择说认为，权利是法律规则承认权利主体的选择或意志优越于他人的选择或意志。[1]上述分类有其合理性，但分类标准也有些模糊，因为不同类型的学说可能本质上是一致的，区别是比较小的。大体来说，资格说与自由说、可能说、规范说、选择说比较近似，都以"自由"为其核心内容；主张说、利益说和法力说基本相同，都以"利益"为其核心内容。前者可以称为"自由说"，后者可以称为"利益说"。

比较而言，"自由说"关注意志自由所决定的行为自由，着眼于权利动态；"利益说"侧重于客观层面存在的利益，重视法律保护的对象。归根结底，利益只是权利所追寻的目的的一部分内容，而自由才是权利本身。权利是为一定行为或不为一定行为的自由或可能性，这种自由既包括追求利益的自由，也包括不追求利益的自由，也就是说，作为权利的自由与利益没有必然联系。"法不禁止即自由"即从一定程度上揭示了权利的本质是自由。因此，权利是法律允许的自由，即为一定行为或不为一定行为的可能性。

"可能说"属于"自由说"的范畴，是指行为自由，即为一定行为或不为一定行为的可能性。"可能说"是苏联法学界的通说，是苏联法学界在40年代以后经过多年的讨论逐步形成的。我国许多学者赞同该学说。沈宗灵先生认为："权利的内容一般是指法律关系主体可以这样行为或不这样行为，或者要求其他人这样行为或不这样行为。"[2]佟柔先生认为民事权利"是指民事主体为实现某种利益，依法而为某种行为或不为某种行为的可能性"。[3]

从行为的角度对权利和义务进行界定也许是理论探讨的某种默契。通说认为，权利是与义务相对应的范畴，而对义务的界定，大多也是从"行为"

---

〔1〕 参见张文显：《权利与人权》，法律出版社 2011 年版，第 21 页。

〔2〕 沈宗灵："权利、义务、权力"，载《法学研究》1998 年第 3 期。

〔3〕 佟柔主编：《中国民法学·民法总则》，中国人民公安大学出版社 1990 年版，第 65 页。

的角度进行的。"法律上所谓义务，指法律所加于当事人作为或不作为之拘束。此所谓拘束，谓不问义务人意思如何，都必须遵守，不能随意变更或免除之意。若不予遵守，将受到法律的强制和制裁。义务之形态，一为作为义务，即义务人必须为一定行为；二为不作为义务，即义务人必须不为一定行为。"[1]民事义务，"是指义务人为满足权利人的要求而为一定行为或不为一定行为的法律负担"。[2]可见，民事义务是为一定行为或不为一定行为。既然可以从行为的角度界定义务，那么，从行为的角度界定权利则是妥当的，遵循了逻辑上的同一律。因此，可对民事权利进行如下界定：民事权利，是指民事主体为一定行为或不为一定行为的可能性，即法律允许的行为自由。

二、关于权力的基本界定

（一）权力的内涵

权力，是指公法人依据法定权限和程序行使职权的范围。权力的行使关乎公共利益的维护，因此权力由公法机关或其授权部门行使。"从字面上说，职权、权限、权力等词，与权利一样，也可以理解为法律关系主体具有自己这样行为或不这样行为，或要求他人应这样行为或不这样行为的能力或资格。"[3]权力又可以称为公权力或国家权力，包括立法权、司法权、行政权、军事权、监督权。

（二）关于权力的来源的几种观点评析

1. "强力说"不能揭示事物的本质

"强力说"认为，国家权力是某些个人（领袖人物）及以之为核心的集团凭借强力开创、争夺而形成的，即成王败寇、一将功成万骨枯。梁启超认为权利（其含义主要是指公权力）源于强力，"权利何自生？曰生于强。彼狮虎之对于群兽也。酋长国王之对百姓也。贵族之对平民也。男子之对女子也。大群之对小群也。雄国之对孱国也。皆常占优等绝对之权利，非狮虎酋长等之暴恶也。人人欲伸张己之权利而无所厌，天性然也。是故权利之为物，必

---

〔1〕 梁慧星：《民法总论》（第5版），法律出版社2017年版，第81页。
〔2〕 王利明：《民法总则》，中国人民大学出版社2017年版，第81页。
〔3〕 沈宗灵："权利、义务、权力"，载《法学研究》1998年第3期。

有甲焉先放弃之，然后有乙焉能侵入之"。[1]梁启超把强者相对于弱者的优势地位概括为权利，并予以正当化论证。"强力说"的指导思想是社会达尔文主义，是对弱肉强食的丛林法则的叙述，它不应适用于人类社会，不应成为权力的来源。"强力说"只是从表象上观察问题，并没有揭示事物的本质。

2. "天意说"不足为训

"天意说"认为国家权力是"上天"或"神仙"授予某些个人的，这些个人是"天子"，或曰"君权神授"。"天意说"是愚民政策或神学的产物。随着人类文明的发展进步，人们已经摆脱了"天意说"的羁绊，转而追寻科学的路径解释历史的发展规律。资产阶级启蒙运动以后，该观点已无容身之地。

3. "社会契约说"不符合历史的真实

（1）"社会契约说"的基本观点。"社会契约说"是托马斯·霍布斯、让-雅克·卢梭、约翰·洛克等资产阶级启蒙思想家所主张的学说。该学说认为人生而享有权利，权利乃自然形成，即天赋人权，人们为了保护和实现自我的自然权利，也为了社会的安全与和谐，通过契约放弃、转让部分权利而建立国家，形成国家权力。该观点和理论成为迄今整个资本主义世界的基本指导思想。霍布斯认为，人性本恶，人人都是利己主义者。"根据这一切，我们就可以显然看出：在没有一个共同权力使大家慑服的时候，人们便处在所谓的战争状态之下。这种战争是每一个人对每一个人的战争。"[2]为了摆脱自然状态，唯一的办法就是签订一个社会契约，把每个人的自然权利交出来，"建立这样一种能抵御外来侵略和制止相互侵害的共同权力，以便保障大家能通过自己的辛劳和土地的丰产为生并生活得很满意"。[3]卢梭认为："既然任何人对于自己的同类都没有任何天然的权威，既然强力并不能产生任何权利，于是便只剩下来约定才可以成为一切合法权威的基础。"[4]洛克认为，只有源于法律的权力才是正当的权力，人们应当服从这样的权力。没有法律依据的权力都是篡夺的权力，人们不应当服从。"无论何人，如果不以国家法律所规定的方法取得行使统治权的任何部分的权力，即使国家的形式仍被保存，也并不享

---

〔1〕 梁启超：《梁启超全集》（第2册），北京出版社1999年版，第671页。

〔2〕 ［英］霍布斯：《利维坦》，黎思复、黎廷弼译，商务印书馆1985年版，第94页。

〔3〕 ［英］霍布斯：《利维坦》，黎思复、黎廷弼译，商务印书馆1985年版，第131页。

〔4〕 ［法］卢梭：《社会契约论》，何兆武译，商务印书馆2003年版，第10页。

有使人服从的权力；因为它不是法律所指定的人，因而就不是人民所同意的人，在人们能够自由地表示同意，并已确实同意和确认他一直在篡夺来的权力以前，这样的篡夺者或其继承人都没有权力的依据。"[1]

"社会契约说"在我国法学界有广泛的影响，目前仍有一些学者认可社会契约论。"私权不过是经济关系在法律上的表达，法律只是反映和服务于社会生活。另一方面，私权又是公权的基础。社会成员让渡一部分权利，通过立法，形成公权力。"[2]"按照一般的宪政理论，宪法是建立在社会契约基础上的，宪法以根本大法的形式规定公民的基本权利和义务，规定国家最重要机构的职权和相互间的关系。从社会契约的角度阐释，国家的权力产生于公民的委托，而宪法就是国家与公民之间的契约。"[3]

（2）对"社会契约说"的批判。梅因属于历史法学派代表人物之一，他认为自然法学派的社会契约等观点似乎可信，但却都是些未经证实的东西，是建立在假设基础上，而不是实证科学基础上的。他说，自然法理论"往往为一般人所爱好，很少有踏实地探究社会和法律的原始历史；这些理论不但使注意力离开了可以发现真理的唯一出处，并且当它们一度被接受和相信了以后，就有可能使法律学以后各阶段都受到其最真实和最大的影响，因而也就模糊了真理"。[4]黑格尔批判了"社会契约论"，黑格尔说："近人很喜欢把国家看作一切人与一切人的契约。他们说，一切人与君主订立契约，而君主又与臣民订立契约。这种见解乃是由于人们仅仅肤浅地想到不同意志的统一这一点而来。但在契约中存在着两个同一的意志，它们构成双方当事人，并且愿意继续成为所有人。所以契约是从人的任性出发，在这一出发点上婚姻与契约相同。但就国家而论，情形却完全不同，因为人生来就已是国家的公民，任何人不得任意脱离国家。生活于国家中，乃为人的理性所规定，纵使国家尚未存在，然而建立国家的理性要求却已存在。入境或出国都要得到国家许可，而不系于个人的任性，所以国家绝非建立在契约之上，因为契约是以任性为前提的。如果说国家是本于一切人的任性而建立起来的，那是错

---

〔1〕 ［英］洛克：《政府论》（下篇），瞿菊农、叶启芳译，商务印书馆1997年版，第121页。

〔2〕 刘春田主编：《知识产权法》，高等教育出版社、北京大学出版社2007年版，第16页。

〔3〕 马小红："百年中国宪政反思"，载《上海师范大学学报（哲学社会科学版）》2006年第4期。

〔4〕 ［英］梅因：《古代法》，沈景一译，商务印书馆1984年版，第2页。

误的。毋宁说，生存于国家中，对每个人说来是绝对必要的。"〔1〕涂尔干指出："社会契约的概念今天已经不堪一击，因为它与事实之间毫无瓜葛。观察者从未欣逢其面。不仅不存在任何根源于契约的社会，而且在社会结构中，连契约组织的蛛丝马迹也无从谈起。它既不是某种历史固有的事实，也不是历史发展所呈现的趋势。"〔2〕

马克思主义认为，社会契约论是对人类社会的逻辑演绎，并不符合历史的真实，脱离了问题的本质，其观点是历史唯心主义。马克思认为："卢梭的通过契约来建立天生独立的主体之间的关系和联系的'社会契约'，也不是以这种自然主义为基础的。这是假象，只是大大小小的鲁滨逊一类故事所造成的美学上的假象。"〔3〕

4. "阶级斗争说" 揭示了事物的本质

"阶级斗争说"认为，国家权力来源于人民的意志。在阶级社会里，人都分属于不同的阶级。国家权力只是统治阶级意志的体现，是阶级斗争的需要和阶级斗争实践的结果。马克思主义认为，应当从历史本身的发展过程，从历史本身的矛盾斗争过程去观察历史事件。马克思主义所说的历史发展过程和矛盾斗争过程，是以阶级和阶级斗争为实在内容的。因为在马克思主义看来，在阶级社会里，离开了阶级和阶级斗争，就没有什么历史的发展。从历史上看，一定时期内的权力是阶级斗争的胜利者从斗争中取得的，取得权力的阶级设定一定规则，使权力得以运转和传递，如此周而复始，形成历史周期律，"其兴也勃焉，其亡也忽焉"。恩格斯指出："人类的全部历史（从土地公有的原始氏族社会解体以来）都是阶级斗争的历史，即剥削阶级和被剥削阶级之间、统治阶级和被压迫阶级之间斗争的历史。"〔4〕"经济状况是基础，但是对历史斗争的进程发生影响并且在许多情况下主要是决定着这一斗争的形式的，还有上层建筑的各种因素：阶级斗争的政治形式及其成果——

---

〔1〕 ［德］黑格尔：《法哲学原理》，范扬、张企泰译，商务印书馆1961年版，第95页。

〔2〕 ［法］埃米尔·涂尔干：《社会分工论》，渠东译，生活·读书·新知三联书店2000年版，第161页。

〔3〕 ［德］马克思、恩格斯：《马克思恩格斯全集》（第30卷），人民出版社1995年版，第22页。

〔4〕 中共中央马克思恩格斯列宁斯大林著作编译局编译：《马克思恩格斯选集》（第1卷），人民出版社1995年版，第257页。

由胜利了的阶级在获胜以后确立的宪法等等,各种法的形式以及所有这些实际斗争在参加者头脑中的反映,政治的、法律的和哲学的理论,宗教的观点以及它们向教义体系的进一步发展。"〔1〕毛泽东同志指出,阶级斗争,一些阶级胜利了,一些阶级消灭了。这就是历史,这就是几千年的文明史。拿这个观点解释历史的就叫作历史的唯物主义,站在这个观点的反面的是历史的唯心主义。〔2〕

"阶级斗争说"与"强力说"有相似之处,即"成王败寇",但"阶级斗争说"揭示了成败背后的阶级因素,而不再仅仅停留于势力强弱的表面现象,直面问题的本质。毛泽东同志的《贺新郎·读史》曰:"人猿相揖别。只几个石头磨过,小儿时节。铜铁炉中翻火焰,为问何时猜得?不过几千寒热。人世难逢开口笑,上疆场彼此弯弓月。流遍了,郊原血。一篇读罢头飞雪,但记得斑斑点点,几行陈迹。五帝三皇神圣事,骗了无涯过客。有多少风流人物?盗跖庄蹻流誉后,更陈王奋起挥黄钺。歌未竟,东方白。"这首词作于1964年春,1978年发表后曾轰动一时。词人以开拓万古之心胸,以熔铸古今之笔墨,把几十万年的社会发展史,写入百余字的词作中,气魄之大,前无古人。该词意境、情趣、神韵俱备,把读者带进了滚滚向前的历史长河,与之共悲欢。这是一首以政治家的气魄、诗人的才华、史学家的渊博、理论家的思辨发出的吟唱,大气磅礴,独步古今。这首词以鲜明的唯物史观,概括了一部人类社会发展史,昭示了亘古亘今的铁律,阶级斗争是人类社会发展的动力。

如果放弃马克思主义的阶级斗争观点和阶级分析方法,那么就已经与马克思主义貌合神离,甚至可以说是对马克思主义的釜底抽薪。列宁指出:"当人们还不会从任何一种有关道德、宗教、政治和社会的言论、声明和诺言中揭示出这些或那些阶级的利益时,他们无论是过去或将来总是在政治上作受人欺骗和自己欺骗自己的愚蠢的牺牲品。"〔3〕1956年,针对苏联共产党修正马克思主义的严峻现实,叶剑英元帅写作《远望》诗曰:"忧患元元忆逝翁,红旗缥缈没遥空。昏鸦三匝迷枯树,回雁兼程溯旧踪。赤道雕弓能射虎,椰林匕首敢屠龙。景升父子皆豚犬,旋转还凭革命功。"

---

〔1〕 中共中央马克思恩格斯列宁斯大林著作编译局编译:《马克思恩格斯选集》(第4卷),人民出版社1995年版,第696页。

〔2〕《毛泽东选集》(第4卷),人民出版社1991年版,第1487页。

〔3〕《列宁选集》(第2卷),人民出版社1972年版,第446页。

三、民事权利和权力密切联系

（一）民事权利是权力的基础

民事权利是权力的渊源和基础，权力来自权利，而不是相反。没有家庭和市民社会，就没有国家，也没有国家权力。

在《法哲学原理》中，黑格尔关于国家问题的论述是其理论的核心部分。黑格尔认为，国家是社会生活各个领域的决定力量，相对于国家而言，家庭和市民社会缺乏应有的独立性，它们是从属于国家的，国家是家庭和市民社会发展的内在动力。马克思认为，黑格尔完全颠倒了家庭、市民社会和国家的关系，把作为上层建筑的国家当作人类社会的基础，而把社会经济关系当作国家的派生物。不是市民社会决定国家和法，而是国家和法决定市民社会。从实质上看，家庭和市民社会是国家存在的形式，是国家的前提和基础，家庭和市民社会使自身成为国家，它们是国家的原动力。如果没有家庭的"天然基础"和市民社会的"人为基础"，国家就不可能存在。

马克思在《黑格尔法哲学批判》中指出："观念变成了主体，而家庭和市民社会对国家的现实的关系被理解为观念的内在想象活动。家庭和市民社会都是国家的前提，它们才是真正活动着的，而在思辨的思维中这一切却是颠倒的。"[1]马克思认为，国家自身并不构成目的性，国家依附于市民社会，是以市民社会为基础的。"家庭和市民社会是国家的现实的构成部分，是意志的现实的精神存在，它们是国家的存在方式。家庭和市民社会使自身成为国家。它们是动力。可是，在黑格尔看来又相反，它们是由现实的观念产生的。"[2]

权力应为权利服务，并接受权利监督。正是在这个意义上，马克思主义者一贯认为：人民是历史的创造者，群众是真正的英雄。"法定权利和政治权力则是随着私有制、阶级、国家和法律的出现而同时出现的，无所谓谁先谁后，正像国家和法律的产生无所谓谁先谁后一样。然而由于人类社会形态的更替一般是由革命的阶级破坏了旧法统，打碎了旧的国家机器，用暴力夺取

---

〔1〕 中共中央马克思恩格斯列宁斯大林著作编译局编译：《马克思恩格斯全集》（第3卷），人民出版社2002年版，第10页。

〔2〕 中共中央马克思恩格斯列宁斯大林著作编译局编译：《马克思恩格斯全集》（第3卷），人民出版社2002年版，第11页。

了政权之后，再制定新的法律来重新确认和分配人们的权利，这就形成一种错觉，似乎夺取国家权力在先，获得权利在后，因而权力是权利的渊源。但这只是从形式上看问题，从实质上看问题就不难发现，权力乃是权利的一种衍生形态，国家权力的存在是以维护一定阶级、集团和人们的权利为前提的。"[1]

(二) 应规范权力的行使

1. 权力是有边界的

权力是有边界的，权力的行使需要认真加以规范。现实生活中，民事权利介入公法关系的情形并不多见，而权力介入私法关系的情形却比较多见，因此，重点应是防范权力越界，也就是防范权力对私法关系的介入甚至非法干预。权力机构借社会公共利益之名干预个人权利未必都是正当的，权力机构没有超越法律权限的特权，其行为本身并不代表公共利益。

实践中普遍存在公权力越界、侵害私权利的现象，如城管执法时随意掀翻无证商贩所卖物品，甚至随意销毁其物品，没收商贩的三轮车、天平等售卖工具，即使在法律意识普遍提高的今天，这一现象虽然有所减少但远未销声匿迹。虽然无证商贩随意摆摊设点的行为不妥甚至违法，但其对所售卖的物品和售卖工具等物享有所有权或其他民事权利，具有直接支配权和排他权，非经法律程序不得剥夺或限制。执法人员可以依据相关规范性文件对无证商贩进行行政处理或行政处罚，但无权销毁其物品，也就是说应当依法行政。因此，应当树立起码的权利意识，尊重民事权利。

2. 行使权力应有所作为

现在的问题是，应当行使权力时，视而不见、避重就轻或者互相推诿，致使社会乱象丛生。比如贩卖假文凭、假证件、假发票的现象非常普遍，也很容易被发现，但权力却习惯性缺位。又比如制售假冒伪劣商品的现象非常普遍，但权力又是习惯性缺位。如此等等，不一而足。这些反常的社会现象一度成为正常的社会现象，是因为没有法律规范吗？显然不是。是因为有责任心的人太少了，粉饰太平的人太多了。政策和策略确定之后，人才便是关键。孟子曰："徒善不足以为政，徒法不能以自行"当为借鉴，否则只能导致

---

[1] 吕世伦、文正邦主编:《法哲学论》，西安交通大学出版社、北京理工大学出版社 2016 年版，第 361 页。

事务主义，"头痛医头，脚痛医脚"。造成上述现象的原因是多方面的，但负有管理职责或享有权力的国家工作人员的不作为是其主要原因，轻微者属于行政不作为，严重者就是渎职行为，但对于这种现象却没有或很少运用法律手段予以解决，没有追究相关人员的法律责任。如果制定法只是管理老百姓的工具，那么将会付出什么样的社会代价，应该是不言自明的。亚历山大·汉密尔顿认为："决定行政管理是否完善的首要因素就是行政部门的强而有力。舍此，不能保卫社会免遭外国的进攻；舍此，亦不能保证稳定地执行法律；不能保障财产以抵制联合起来破坏正常司法的巧取与豪夺；不能保障自由以抵御野心家、帮派、无政府状态的暗箭与明枪……软弱无力的行政部门必然造成软弱无力的行政管理，而软弱无力无非是管理不善的另一种说法而已；管理不善的政府，不论理论上有何说辞，在实践上就是个坏政府。"[1]

东汉崔寔在《政论》中写道："凡为天下者，自非上德，严之则治，宽之则乱。何以明其然也？近孝宣皇帝明于君人之道，审于为政之理，故严刑峻法，破奸轨之胆，海内清肃，天下密如，算计见效，优于孝文。及元帝即位，多行宽政，卒以堕损，威权始夺，遂为汉室基祸之主。政道得失，于斯可鉴。"[2]针对崔寔的上述观点，司马光评论道："汉家之法已严矣，而崔寔犹病其宽，何哉？盖衰世之君，率多柔懦，凡愚之佐，唯知姑息，是以权幸之臣有罪不坐，豪猾之民犯法不诛；仁恩所施，止于目前；奸究得志，纪纲不立。故崔寔之论，以矫一时之枉，非百世之通义也。孔子曰：'政宽则民慢，慢则纠之以猛；猛则民残，残则施之以宽。宽以济猛，猛以济宽，政是以和。'斯不易之常道矣。"[3]

四、民事权利与权力属于不同的范畴

(一) 法律关系性质不同

民事权利存在于平等主体之间的法律关系中，是横向的合作关系，是私法关系。民事权利一般与公共利益无涉。如果违反公共利益，则可能导致法

〔1〕 [美] 汉密尔顿、杰伊、麦迪逊：《联邦党人文集》，程逢如、在汉、舒逊译，商务印书馆1980年版，第356页。

〔2〕 (宋) 司马光：《资治通鉴》(第3册)，中华书局2013年版，第1440页。

〔3〕 (宋) 司马光：《资治通鉴》(第3册)，中华书局2013年版，第1442页。

律行为无效，不能产生相应的民事权利。《中华人民共和国民法总则》第153条第2款规定："违背公序良俗的民事法律行为无效。"

权力存在于非平等主体的法律关系中，是纵向的管理关系，是公法关系。权力一般关乎公共利益。国家设立立法权、行政权和司法权等公权力的目的在于维护公共利益，维护正常的社会秩序，促进社会和谐有序地发展，增加人民福祉，维护人民利益。

（二）遵循的原则不同

民事权利是权利主体为一定行为或不为一定行为的可能性，权利主体在法律规定范围内是自由的，是法律规定范围内的为所欲为，即"法不禁止即自由"。民事权利的行使贯彻意思自治原则，民事主体根据自己的意志设立、变更和终止民事权利义务关系。民事主体可以放弃自己的权利，但应当履行自己的义务。"应该强调指出，由于公民权利不仅对于国家权力而言具有本源性和目的性意义，而且公民权利本身也具有广泛性、可推定性和不可穷尽性，因此在公民权利的领域，应坚持'法不禁止即自由'的原则，并强化公民的权利意识、参与意识和护权意识，从而充分调动和发挥公民、法人及其他社会组织为争取、维护和实现自身合法权益的主动性、积极性和创造性。"[1]

权力，是指公法人依据法定权限和程序行使职权的范围。权力由公法机关或其授权部门行使，宪法和法律规定了立法权、行政权和司法权等公权力的法定权限和行使规则，行使权力的公法机构应严格遵循宪法和法律至上、依法行政和比例原则等原则，遵循"法无授权即禁止"原则。权力必须行使，不得放弃，否则便构成渎职或行政不作为。

综上，民事权利与权力的区分显而易见，各有其发挥作用的范围和空间。如果是民事权利的行使，则形成私法关系；如果是权力的行使，则形成公法关系。民事权利与权力之间的界限清晰，不能将它们相互混淆，在民事权利发挥作用的场合，权力不宜介入；在权力发挥作用的场合，民事权利不宜介入，否则便会混淆私法关系和公法关系。应在公权力的行使和民事权利的行使方面寻求平衡，不断调整不妥当的法律规则，将制度变革过程当作一个不间断的证伪过程。

---

〔1〕 付子堂主编：《法理学高阶》，高等教育出版社2008年版，第230页。

标准必要专利许可中 FRAND 条款属性及效力分析

沈敏荣* 高 琪**

摘要： 在标准必要专利许可中存在着专利的私人性和标准的公共性之间的冲突，为了解决这一紧张关系，标准制定组织在制定标准制度之时就引入了公平、合理和非歧视性（FRAND）的条款。FRAND条款存在着原则性和不确定性，因此，从契约法角度解释FRAND条款就需要依契约法解释方法来解决条款的不确定性问题，这是美国适用FRAND条款的思路。而欧盟法将FRAND条款视为防止反竞争方法，因此，适用竞争法，也面临着如何运用合理原则的问题。

关键词： 标准必要专利；FRAND；标准制定组织

标准实现了商品互用性普遍化，使得网络效应（network effects）所带来的利益进一步加强。这些标准使得两个或是更多的网络（networks）、系统（system）、设备（devices）、应用（application）共通使用，或交换信息成为可能。[1] 在过去的20年间，大多数的互用性标准是通过私人企业的合作发展起来的，尤其是通过人们熟知的标准制定组织（Standard Setting Organizations，SSOs）这一自愿者组织来实现的。当一家SSOs采纳包括特定专利技术的标准后，技术所有人就拥有了标准必要专利（Standard Essential Patent，SEP），这是生产该产业产品必须要使用的专利，对整个产业的产品生产、技术发展与竞争都会产生影响。在没有任何规则或指南限定的情况下，SEP所有人相对

　＊ 沈敏荣，首都经济贸易大学法学院教授。

　＊＊ 高琪，首都经济贸易大学法学院硕士研究生。

　〔1〕 "European Information and Communications Technology Industry Association", *EICTA Interoperability White Paper*, p. 2.

于其他市场参与者，在决定专利转让和转让费的问题上就拥有实质上的市场权力。专利纳入标准后，专利所有人对市场的控制能力肯定会得到加强。[1]因此，一方面，标准在经济网络效应的环境下具有巨大的社会影响，但另一方面，标准具有公共性，一旦将私人专利纳入公共标准之中，专利的私人垄断权若无制约就会通过标准的公共性释放出来，引发产业中经济权力的失衡。这种权力失衡会阻碍标准的实施，消除经济的网络效应和产品的互用性所要求的产品进一步开发的努力。[2]移动通信领域就是一个突出的例子，该产业属技术密集型领域，技术标准化会引发巨大的网络效应，但同时，也是专利战争的爆发地，尤其是在 SEP 问题上。这就对 SEP 制度和司法裁判提出了巨大挑战。中国作为继欧美之后专利实施的第三极，专利纠纷和 SEP 纠纷也日益突出，2013 年的华为诉 IDC 案、2015 年发改委处罚高通案都是这方面的典型案例。因此，笔者对 SEP 许可中的核心条款——公平、合理和非歧视性（Fair，Reasonable，Non-discrimination，FRAND）的属性及其效力进行研究，分析美国和欧盟两大司法区域中对待 FRAND 条款的不同态度及其内在逻辑，以及各自所面临的问题。

一、FRAND 条款的特点：权利的私人性与标准的公共性之争

SEP 最大的问题是标准的公共性使得专利所有人能够获得超过专利被设定为标准前更大的市场力量，这种力量由于沉没成本（sunk cost）而具有挟持标准实施人的效果：使用标准所含专利技术的制造商需要依赖于 SEP 技术，必须投入大量的生产和研发成本来制造适合标准的产品。这些资金投入往往专门适用于该项技术，而无法适用于其他替代技术或其他标准，因此，SEP 人就拥有更大的谈判优势，可以挟持（hold-up）标准实施者。为了防止这一风险，SSOs 就需要进行事先防范，防止标准设定中的权力失衡，FRAND 条款就是主要的事先防范机制，要求专利人在其专利被采纳为标准之前承诺接受 FRAND 条款的约束，并在此基础上进行专利许可。但是，作为标准制定的自

---

[1] Damien Geradin, "The Meaning of Fair and Reasonable in the Context of Third-party Determination of FRAND Terms", *Geo. Mason L. Rev.*, Vol. 21, 2014, pp. 919-956.

[2] Benjamin C. Li, "The Global Convergence of FRAND Licensing Practices: Towards 'Interoperable' Legal Standards", *Berkeley Technology Law Journal*, Vol. 31, 2016, pp. 429-465.

主、自愿组织也面临着矛盾,一方面,原则中过度抽象的"公平、合理和非歧视"无法有效地约束专利挟持,另一方面,过于明确性和预测性的专利许可条款则会约束市场自主行为,触发反垄断法中市场合谋行为的违法认定。因此,从全球性而言,SEP 引发的专利法与竞争法的冲突已经成为一个普遍关注的问题。

SEP 不同于其他专利,因为它很大一部分价值来源于整个产业通过协议采纳受专利保护的技术作为互用标准的一部分。这些标准经常是由不同的产业成员集体努力发展起来的,只有 SEP 所有人承诺依 FRAND 条件进行许可,其技术才会被采纳。一旦产业采纳了该标准,非 SEP 持有人可做如下推断:①SEP 是可获得许可的,可根据正常市场判断来决定是否投入巨额资源采用标准,形成自身产品;②SEP 不能像其他一般专利那样可以任意授予他人,排除他人进入相关领域竞争是不合理的。

尽管一个 SEP 所有人根据自身承诺来许可其 SEP,但是 SEP 所有人可能基本上垄断技术发展的整个领域,通过要求不合理的过高专利许可费,可以在具体谈判中行使数量上的影响。在这个情形下,非标准必要专利人就面临着这样的选择:要么接受过高许可费,或是从技术领域完全撤回,但面临的风险是前期开发投入的符合 SEP 特点的巨额资金成本,由于具有专属性,无法另作他用,属于"沉没成本"。因此,许多 SSOs 采纳 FRAND 政策来防止 SEP 所有人行使这类标准通过后的不正当影响行为。

为了抵消 SEP 所有人所取得的市场力量,SSOs 要求专利所有人同意,在采纳标准之前依 FRAND 条款许可他们的 SEP。[1] 各个 SSOs 以略微不同的方式来执行这些要求。如电气和电子工程师协会 (Institute of Electrical and Electronics Engineers,IEEE) [2] 确认的 SEP 候选人或是申请人在标准通过之前,需向 IEEE 提交保证书 (a letter of assurance)。保证书需要阐明三件事情:①申请人没有"拥有、控制或具有能力来许可任何 SEP";②不会针对任何使

---

〔1〕 Nadia Soboleva & Lawrence Wu, "Standard Setting: Should There Be a Level Playing Field for All FRAND Comittments?", *CPI Antitrust Chron.*, 2013.

〔2〕 IEEE 是一个国际性的电子技术与信息科学工程师的协会,是目前全球最大的非营利性专业技术学会,其会员人数超过 40 万人,遍布 160 多个国家。IEEE 致力于电气、电子、计算机工程和与科学有关的领域的开发和研究,在太空、计算机、电信、生物医学、电力及消费性电子产品等领域已制定了 900 多个行业标准,现已发展成为具有较大影响力的国际学术组织。

用标准的实体进行 SEP 的诉讼；③最终会在合理的条件下许可 SEP。一些 SSOs 则采取更为直接的政策，特别要求成员在 FRAND 条件下授予其 SEP 的许可。[1]如 VITA 标准组织[2]是负责发展许多计算机功能标准的 SSOs，特别要求成员在"公平、合理和非歧视"条件下授予专利许可。[3]再比如欧洲电信标准化组织（European Telecommunication Standard Institute，ETSI）的《知识产权政策》第 4.1 条即规定："在其参与的标准或者技术规程的发展过程中，每个成员都应尽合理努力，及时向 ETSI 通知其必要的知识产权。特别是为标准或者技术规程提出技术建议的成员，应当诚信地提请 ETSI 注意，如果其建议被采纳，可能成为必要的任何知识产权。"ETSI 的《知识产权政策》第 6.1 条则进一步规定："如果与特定标准或者技术规程有关的必要知识产权已经引起 ETSI 的注意，ETSI 的总干事长应当立即要求必要知识产权人在三个月内以书面形式承诺，至少在以下范围内，已经做好以公平、合理、非歧视的条件授予不可撤回使用许可的准备：制造、不可制造或者代工用于制造符合被许可人自行设计标准的定制组件或者子系统；出售、出租或者以其他方式处置按照上述方式制造的设备；维修、使用或者操作上述设备的使用方法。"

上述用语明确说明 FRAND 背后的合理性。公平和合理用语是其中的一部分，表现为两个方面：①保障必要知识产权（包括在标准中的）的扩散，因此允许它被产业成员采用时是可获得的；②使得知识产权的拥有人能够从他们的创新中获得恰当的回报。

SSOs 的知识产权政策适用"公平、公正"的词语并不是偶然的，因为围绕着转让协议的外在环境差别巨大，只有像"公平、合理"这样灵活的用语才能够适用，该词语的确切含义留待当事方在具体的谈判中达成，这样能够保证在最广泛变化的环境中标准所包含的技术具有最广泛的可获得性，而不

---

〔1〕 Paul H. Saint-Antoine, Garrett D. Trego, "Solutions to Patent Hold-up beyond FRAND: An SOS to SSOs", *The Antitrust Bulletin*, Vol. 59, 2014, pp. 183-220.

〔2〕 VITA（VITA Standards Organization）是一家公司化、非营利的组织，在实时模块化嵌入式计算系统（real-time, modular embedded computing systems）由具有共同市场利益的技术出让方与使用方组成。VITA 标准组织（The VITA Standards Organization, VSO）被认可为美国国家标准协会（ANSI）的标准开发者和工业贸易协定委员会的标准提交人。VITA 为会员提供开发和推广开放技术标准的能力。

〔3〕 VITA Standards Org., Policies and Procedures Section 10.3.3 (rev. 2.7, Nov. 2011), available at http://www.vita.com/com/VSO/VSO.html, last visited on Nov. 10, 2018.

用不恰当的用语来消除专利法设计中保障的创新动力。正如在欧盟委员会"知识产权和标准化"的交流中所阐释的,在必要技术的可获得性的宽广目标上,"更加明确是不可行的,或是不恰当的,对于何谓公平和合理,因为这些取决于谈判的具体环境"。相反,ETSI 知识产权政策中并没有任何用语指出确切具体和限制性的限制。[1]

二、FRAND 承诺的性质与不确定性:集体行动的必要性及其风险

随着技术本身的发展,标准制定也同时获得发展,从工业革命时代的基本距离和时间体系,到后来的电器产品标准,再到现代无线网络和移动终端的传播性能,标准也日趋复杂和综合,甚至需要成百上千个专利技术组合完成一项标准。为了防止标准所含专利技术所有人滥用权力,在确定任何标准前,SSOs 常奉行要求其成员在 FRAND 的条件下许可他们的 SEP 的政策。FRAND 政策必须能够解决三大基本问题,即专利挟持(hold-up)、反向专利挟持(hold-out)和专利费定价。专利挟持指 SEP 持有人为了防止各种专利实施人使用专利技术,通过向这些标准实施人主张专利,或是行使标准通过后的影响来要求高额专利许可费。反向专利挟持指 SEP 实施人未获得使用专利的技术许可,但是专利所有人没有有效的反制措施。专利费定价应该是基于 SEP 对于最终产品的增加价值,通过考虑专利堆叠因素才能够获得最佳解决。[2]

FRAND 包括三个方面的内容,即"公平、合理和非歧视"。一般而言,各国的司法判决均同意 FRAND 许可应该能够让专利所有人因其对最终产品的贡献,通过专利技术所产生的 SEP 的增值价值而获得回报,[3]但是,何谓"公平、合理"却是不明确的,现代知识经济使这一问题变得更为复杂,互用技术往往包含数千项专利,使得出现专利费累加现象,被称为专利费堆叠

---

〔1〕 Roger G. Brooks, Damien Geradin, "Taking Contracts Seriously: The Meaning of the Voluntary Commitment to License Essential Patents on Fair and Reasonable Terms", in Steven Anderman, Ariel Ezrachi, Intellectual Property and Competition Law, Oxford, 2011, p.397.

〔2〕 Benjamin C. Li, "The Global Convergence of FRAND Licensing Practices: Towards 'Interoperable' Legal Standards", Berkeley Technology Law Journal, Vol.31, 2016, pp.429-465.

〔3〕 Ericsson, Inc. v. D-Link Sys., Inc., 773 F.3d 1201, 1226 (Fed.Cir.2014). ("The essential requirement is that the ultimate reasonable royalty award must be based on the incremental value that the patented invention adds to the end product.")

(royalty stacking)。从单一专利技术本身看来合理的专利费一旦出现技术堆叠情况，实施标准意味着必须采用包含其中的所有技术，发展一项特定产品意味着需要支付几千项单独的许可费。如果将所有这些专利费均按最高额收取，会使得最终产品价格过于昂贵而无法进入市场。因此解决"公平、合理"许可条款具有两方面的挑战：第一，必须将一项特定专利利益进行恰当的分摊，或是确定与作为整体的技术价值相关的专利价值。第二，必须决定与整个专利组合相关的恰当专利费基础。近年来，第一点在理论上容易形成共识，但是第二个要素在学者和实务者间引发激烈争论，一些学者和法院主张专利费应根据完成特定专利特点的最终产品价格作为基础，同时考虑特定的 SEP 对互用技术的协同发展的贡献。但其他一些法院认为许可费应该以最小可销售专利实施单元（Smallest Salable Patent Practicing Unit，SSPPU）为计算基础。[1]

FRAND 的另一个重点是"非歧视"，大多数法院、竞争管理机构和学者同意 SEP 持有人做出 FRAND 承诺时，应有义务向所有愿意实施标准必要技术的当事方转让 SEP。非歧视要求很重要，因为，根据专利穷尽规则（patent exhaustion doctrine），一旦 SEP 持有人向供应链上游的受让人许可专利，那么他就不可以再向下游的生产商要求收取专利费。虽然 SEP 持有人可能会通过有选择性地向生产更贵商品的下游生产商许可专利，以寻求更高的专利费，但是非歧视原则禁止 SEP 所有人拒绝向生产更便宜部件的上游生产商许可专利。[2]

在 SEP 许可制度中，FRAND 的重要性在于 FRAND 政策指出 SEP 的许可在基本方面与其他专利许可并没有不同。专利法的目标是通过给予投资者以回报来鼓励技术进步，同时，也通过确保公众获得受专利保护的技术而推进技术扩散，保障公众权益。因此，与一般专利一样，SEP 必须能够保障授予专利持有人的利益范围，一方面能够足够回报他们的创新贡献，另一方面是不应如此高额，以至于允许专利持有人能够占据整个技术领域，妨碍后续的使用，阻碍受保护的专利性能的创新。

---

[1] Jorge L. Contreras, "A Market Reliance Theory for FRAND Commitments and Other Patent Pledges", *Utah Law Review*, 2015, pp. 479-558.

[2] Benjamin C. Li, "The Global Convergence of FRAND Licensing Practices: Towards 'Interoperable' Legal Standards", *Berkeley Technology Law Journal*, Vol. 31, 2016, pp. 429-465.

尽管 SEP 受 FRAND 条款的约束，但是，何谓"公平、合理和非歧视"很大方面仍停留在原则、不确定的层次上，并未具体化、详细化和规则化。SSOs 之所以采取如此对策有下述几方面的原因：

第一，SSOs 确定的往往是行业普遍的标准，即行业中大多数生产商都会采取的标准，当然也包括行业中的竞争者。那么，这种 FRAND 条款的具体化、明确化，即竞争者之间，或是通过 SSOs 作为中介的竞争者之间的协议行为，具有固定价格、确定交易条件、串通合谋的特点，会受到反托拉斯法或是竞争法的挑战。

在以往的实践中，SSOs 往往将自身界定为具有确定专利技术标准的特长，避免介入调查因标准而产生的与市场力量增长相关的经济或法律关系之中，避免在公平和合理条件下 SEP 许可所带来的责任和诉讼的拖累。因此，SSOs 往往维持 FRAND 条款原则性的规定，而不愿意过多地将 FRAND 承诺具体化、确定化来对专利挟持进行有效的救济。比如 IEEE 通过在其章程和操作手册中明确放弃责任，用章程建立的 FRAND 承诺和其他知识产权政策的方法尽力免除自身因制定标准而产生的知识产权纠纷中的责任。正是基于这种考虑，作为自愿者组织的 SSOs 愿意保持 FRAND 相当的原则性和模糊性，从而使 SEP 许可双方保持相当大的自由缔约的空间。[1]

第二，SSOs 不愿意过度参与到具体专利转让行为之中的另一个原因是由 SSOs 本身性质和市场行为所决定的。SSOs，尤其是现代经济条件下，在互联网和计算机时代，往往由私人公司和机构组成，市场是其主要的推动力量。因此，参与者的自愿参与是 SSOs 成立和有效运转的先决条件。当 SSOs 细化 FRAND 规则时，就会面临相当一部分成员的激烈反对，甚至以退出组织作为要挟。因此，尽管 FRAND 的不确定方面会导致专利侵权诉讼，SSOs 也不愿意在成功执行其标准和 SEP 的许可中保持他们的介入。一个 SSOs 的价值、目标和持续存在依靠的基础是成员自愿参与，一些专利所有人提出如果 SSOs 采

---

〔1〕 如 IEEE 的标准委员会操作手册（2013）中规定，The IEEE is not responsible for indentifying Essential Patent Claims for which a license may be required, for conducing inquiries into the legal validity or scope of Patent Claims, for determining whether any licensing terms or conditions provided in connection with submission of a Letter of Assurance, if any, or in any licensing agreements are reasonable or non-discriminatory. Users of this standard are expressly advised that determination of the validity of any pat net rights, and the risk of infringement of such rights, is entirely their own responsibility.

取过度限制 SEP 自由转让的知识产权政策（包括以 FRAND 承诺的方式），他们会考虑退出正式的标准制定。[1]

因此，在 FRAND 问题上，SSOs 采取的是一种中立立场。在组织层面上，通过有意识的努力保持成员在标准通过之后专利许可协商问题上拥有巨大的自由空间，避免承担反托拉斯责任，特别是 SSOs 能够避免因成员事后（post hoc）行为，包括违反 FRAND 承诺导致反竞争效果，而导致的诉讼纠缠。但是，到目前为止，这种仅仅在 SSOs 章程中明确规定这种中立性是否足以提供彻底的反托拉斯豁免，仍未完全明确。[2]

SSOs 承担反托拉斯责任的典型案例是 "American Society of Mechanical Engineers, Inc. v. Hydrolevel Corp. 案"（以下简称 "Hydrolevel 案"）[3]。该案当事人美国机械工程师协会（American Society of Mechanical Engineers, ASME）的副主席也是其一家成员公司的副董事长。Hydrolevel 公司发起一场针对竞争者低水位切断装置（low-water level cutoff device）标准的诉讼，声称竞争对手的设置违反了 ASME 的示范条例。[4]根据代理法的一般原则，美国最高法院在 Hydrolevel 案中判定 ASME 会因明确授权（apparent authority）的官员和代理人的行为而承担责任："像 ASME 这样的标准设定组织能够充分具有实施反竞争行为的机会。许多 ASME 官员与受 ASME 规则（code）约束的成员之间存在密切联系……当 ASME 可以任意支配因其地位而带来的巨大影响力时，ASME 的代理人越少具有利他性，就有机会通过 ASME 规则的运用而损害他们雇主竞争者的利益。"[5]

虽然 Hydrolevel 案的概括性用语使得 SSOs 等贸易组织依代理理论而可能承担反托拉斯责任，但是各级法院的后续裁决认识到这种简单归因责任认定的局限性，因为依《谢尔曼法》第 1 条要求，需要提供 "一致行动" 的证明。如在 "Alvord-Polk, Inc. v. F. Schumacher & Co. 案" 中，第三巡回上诉法院指出，Hydrolevel 案确定的一个组织因其代理人的行为而承担责任取决于该组织

---

[1] Rambus 案就是一个明显的例子。ETSI 的知识产权政策也是一个突出的例证。

[2] Paul H. Saint-Antoine, Garrett D. Trego, "Solutions to Patent Hold-up beyond FRAND: An SOS to SSOs", *The Antitrust Bulletin*, Vol. 59, 2014, pp. 183-220.

[3] American Society of Mechanical Engineers, Inc. v. Hydrolevel Corp. (456 U. S. 556, 1982).

[4] American Society of Mechanical Engineers, Inc. v. Hydrolevel Corp. (456 U. S. 561-62, 1982).

[5] *Id. at* 570-71.

的经济力量的规则，不能扩张解释成推翻《谢尔曼法》第 1 条 "一致行动" 的要求。[1]

另一个 SSOs 违反反托拉斯法的案件是 "TruePosition, Inc. v. LM Ericsson Telephone Co. 案"[2]。TruePosition 起诉称几个行业领先的电信公司滥用他们的管理地位，在 3GPP 项目（3rd Generation Partnership Project，3GPP）中将 TruePosition 的技术排除出最新的长期演进（Long Term Evolution，LTE）全球标准之外。法院否定了 3GPP 要求驳回 TruePosition 起诉的要求，法院发现起诉所涉及的问题不仅是 SSOs 的成员资格，而且由电信公司针对 TruePosition 所主张的反竞争行为是在 3GPP 的明显管理权能下进行的。[3]该案最终于 2014 年以和解告终，未能进一步提供判例法意义上的规则渊源。

Hydrolevel 案和后续案例表明，法院仅仅根据成员违反 FRAND 承诺可能无法确定 SSOs 违反《谢尔曼法》第 1 条。但另一方面，当一个成员被指控依明示的管理权能行事时存在潜在的反托拉斯责任，SSOs 就具有自然动机来减弱 SEP 所有人的专利挟持行为的反竞争效果所带来的风险。减少反托拉斯风险的自然动机可以用来解释 SSOs 为什么在执行标准制定政策中防止因专利挟持而导致的分裂和减少实施这些标准的企业成本方面具有更广阔的利益。确实，不管他们确实的动机是什么，SSOs 看起来重视这一风险，并与竞争执行机构合作来处理专利挟持问题，如国际电信联盟（International Telecommunication Union，ITU）、ETSI 和美国国家标准协会（the American National Standards Institute，ANSI）等都积极参与执法机构关于 SEP 可能滥用优势行为和考虑专利挟持行为的建议。[4]

三、依契约条款解释的 FRAND 义务：契约自由及其缺陷

从上面的分析可以看出，FRAND 在法律上是 SEP 所有人在其专利被标准

---

〔1〕 Alvord-Polk, Inc. v. F. Schumacher & Co. , 37 F. 3d 996 (3d Cir. 1994).

〔2〕 TruePosition, Inc. v. LM Ericsson Telephone Co. (Civil Action No. 11-4574) (E. D. Pa. filed July 20, 2011).

〔3〕 虽然贸易组织有时被认为是 "行走的合谋"，但是一般认为仅仅是成员资格和参加会议不足以构成一致行动。如 In re Processed Egg Prods. Antitrust Litig. , 821 F. Supp. 2d 709 (E. D. Pa. 2011).

〔4〕 Paul H. Saint-Antoine, Garrett D. Trego, "Solutions to Patent Hold-up beyond FRAND: An SOS to SSOs", *The Antitrust Bulletin*, Vol. 59, 2014, pp. 183-220.

所采纳之前所作的具有法律拘束力的承诺，以此作为其所有的专利被标准采纳的前提条件。通过这种承诺，克服专利的私人性和标准的公共性之间的矛盾——以 FRAND 来限制私人专利的垄断性，要求在 FRAND 条件下约束专利法下所有权的任意性。因此，对于 FRAND 承诺就有两个方面的理解，一是从正面方向切入，将其理解为契约，这就需要对不完全契约进行解释，在具体的争议中解释"公平与合理"的含义。这是美国法采取的思路，法院防止专利挟持的方法是将 SEP 持有人对 SSOs 依 FRAND 条款许可其 SEP 的承诺视为具有法律拘束力的契约。[1]二是从反面方向切入，避开 FRAND 承诺的不完全性，将其理解为竞争法规则，为竞争法适用于 SEP 许可中的不合理、不公正和歧视行为提供依据，FRAND 也成为 SEP 许可有效的必要条件。

因为 FRAND 承诺是具有法律可执行的契约，SEP 所有人违反 FRAND 义务是违反合同义务，其结果是向 SEP 履行人赔偿因其违约所带来的损失。"Microsoft Corp. v. Motorola，Inc. 案"（以下简称"微软案"）就是这一方面的典型例子，其中 SEP 所有人违反 FRAND 义务被视为违反契约。[2]2010 年10 月，在摩托罗拉公司拒绝向微软公司许可其智能手机专利后，微软公司根据其对 IEEE 和 ITU 承诺的 RAND 义务[3]，针对摩托罗拉公司提起违约诉讼。[4]后来，因为摩托罗拉公司针对微软公司提起专利侵权之诉，微软公司修正其诉求，向摩托罗拉公司提起单独的违约之诉，并寻求禁令救济。[5]法院认为摩托罗拉公司的 RAND 承诺构成有约束力的契约，能够由作为合同受益第三方的微软公司来要求履行。[6]在审判中，陪审团认为摩托罗拉公司需要承担违约责任，赔偿微软公司 1452 万美元。[7]摩托罗拉公司不服一审，提

---

〔1〕 Apple Inc. v. Motorola, Inc., 869 F. Supp. 2d 901, 911-12 (2012).

〔2〕 Microsoft Corp. v. Motorola, Inc., 795 F. 3d at 1024. (9th Cir. 2015).

〔3〕 因为"公平"一词难以解释，因此在美国法上，在 FRAND 条款中省略"公平"，以"合理"代替"公平和合理"，只使用"合理与非歧视"，在含义上，与 FRAND 条款一致。

〔4〕 Microsoft Corp. v. Motorola, Inc., 854 F. Supp. 2d 993, 999-1001 (W. D. Wash. 2012).

〔5〕 Microsoft Corp. v. Motorola, Inc., 795 F. 3d at 1033.

〔6〕 Microsoft Corp. v. Motorola, Inc., 854 F. Supp. at 999. Through Motorola's letters to both the IEEE and ITU, Motorola has entered into binding contractual commitments to license its essential patents on RAND terms...Microsoft, as a member of both the IEEE and ITU, is a third-party beneficiary of Motorola's commitments to the IEEE and ITU.

〔7〕 Microsoft Corp. v. Motorola, Inc., No. C10-1823JLR, 2013WL 6000017, AT 2 (W. D. Wash. Nov. 12. 2013).

出上诉。在上诉中，美国联邦第九巡回上诉法院支持陪审团根据实质证据审查标准损害赔偿裁决，因为摩托罗拉公司的行为证明它违反了善意和公正交易的义务。2015 年 9 月第九巡回上诉法院拒绝重审该案，作出最终裁决。微软案做出 SEP 所有人从事专利挟持需要承担责任的两个重要结论：①SEP 所有人的 FRAND 义务是由受影响的第三方要求作为有拘束力的契约来履行的；②作为专利实施人的被告可以提起违约之诉来反诉 SEP 所有人挟持 SEP，并要求实质性损害赔偿。因此，该案揭示出 FRAND 的契约义务可以阻止 SEP 所有人对其专利进行侵略性的主张，如收取过度专利费或实施禁制令。

在微软案一审中对禁制令的认定具有本身违法的倾向，美国联邦第九巡回上诉法院在对待禁令救济问题上非常谨慎，为了避免作出这样的推论，法院特别指出："微软案中的陪审团审查的禁令救济并不是一项本身违反 RAND 承诺。"[1]法院拒绝提供任何默示规则（default rules）赋予做出 FRAND 承诺的 SEP 所有人能够针对专利侵权人寻求禁制令，这是支持 SEP 所有人能够反制一些投机的专利实施人获得 FRAND 许可的反向挟持的应对政策。

确实，美国联邦法院在 2014 年的 "Apple Inc. v. Motorola, Inc. 案"[2]（以下简称"苹果案"）中拒绝运用相似的本身违法规则，而是认为即使是在 FRAND 的情形下，禁制令的可行性需要运用美国最高法院在 2006 年 "eBay Inc. v. MercExchange, L. L. C. 案"[3]（以下简称"eBay 案"）中的四因素法来进行检测[4]。苹果案给在 FRAND 约束下的 SEP 所有人行使禁制令提供了合法性条件和基础，它可以阻止合作的被许可人投机地进行反向专利挟持，而以相对低的条件从 SEP 所有人处获得许可。

微软案和苹果案的判决说明了美国联邦法院是如何通过处理专利挟持和反向挟持来处理 SEP 所有人和标准实施人的权利间的平衡。一方面，一旦专利所有人对其专利承诺 FRAND 许可，它就被禁止挟持其专利技术，如果它要求不合理的费用或是寻求禁制令，就会面临违约诉讼的责任。另一方面，这些裁决阻止了专利执行人在许可谈判中的反向挟持，因为在 eBay 案的检测中禁制令仍是可行的。

---

〔1〕 Microsoft Corp. v. Motorola, Inc. , 795 F. 3d at 1045.

〔2〕 Apple Inc. v. Motorola, Inc. , 757 F. 3d 1286, 1331 (Fed. Cir. 2014).

〔3〕 eBay Inc. v. MercExchange, L. L. C. , 547 U. S. 388 (2006).

〔4〕 eBay Inc. v. MercExchange, L. L. C. , 126 S. Ct. 1837 (2006).

虽然 FRAND 是专利所有人与标准制定机构间的契约，而标准实施人作为受益第三方可以主张 FRAND 项下的权利，从而使得 FRAND 条款也适用于 SEP 所有人与使用人间的契约关系，成为契约的一部分。FRAND 义务主要是专利所有人在特定日期缔结的自愿契约。如果一项 FRAND 的载体是契约，那么就有法律的恰当方法来确定契约的含义，无论是成文法还是普通法的契约解释和执行传统，基本上都是对当事方主观意图的辨认和承认其效力。[1]但是，SSOs 由于种种原因，并没有进行 FRAND 条款确定化的努力行为。

四、FRAND 条款解释及适用中的问题：含义的不确定性及反竞争效果

SEP 的问题集中于如何维护促进潜在的 SEP 所有人的创新和防止 SEP 所有人在标准获得通过后在谈判中所拥有的过度影响力之间的微妙平衡。其一，法院一般支持 FRAND 承诺作为法律契约的有效性，一些甚至对于 SEP 所有人拒绝向有意愿实施标准的人依 FRAND 条款下进行许可施加金钱赔偿或处罚。其二，大多数法院保障禁令救济的适用性，作为有限的救济方法，特别是针对具有投机性的标准实施人利用 FRAND 条款进行反向专利挟持而获得许可。[2]因此，SEP 许可关系的有效建立依赖于 FRAND 条款本身的明确，减少专利所有方与使用方的风险，但是，FRAND 条款的明确具有竞争法上的风险，过度明确的 FRAND 条款降低了专利许可契约双方的选择自由，构成竞争法上的"一致行动"，从而违反竞争法。正是由于 FRAND 条款竞争法上的风险，FRAND 条款存在契约法上的缺陷。

FRAND 不确定性的承诺并不能保障 SEP 所有人和实施人间达成许可协议。何谓"公平、合理和非歧视"条款的含义往往依赖于专利持有人的眼光。同时，SEP 所有人和各种被许可人间的未决争议和不同预期都会使被许可人陷入专利侵权诉讼和反竞争效果的反诉讼之中。

FRAND 承诺有限的有效性在许多司法和行政程序处理智能手机技术的许

---

〔1〕 Damien Geradin, "The Meaning of Fair and Reasonable in the Context of Third-party Determination of FRAND Terms", *Geo. Mason L. Rev.*, Vol. 21, 2014, pp. 919–956.

〔2〕 Benjamin C. Li, "The Global Convergence of FRAND Licensing Practices: Towards 'Interoperable' Legal Standards", *Berkeley Technology Law Journal*, Vol. 31, 2016, pp. 429–465.

可中就可以看出来。[1]美国联邦华盛顿特区法院审判的微软公司和摩托罗拉公司长期纠纷的焦点在于双方当事人对于 FRAND 条款的构成产生巨大分歧。双方的争议是 40 亿美元对 180 万美元，双方的歧义非常之大。[2]最终经过漫长的法院听证，詹姆斯·霍巴特法官发现 RAND 承诺更接近于微软公司提供的数字。2013 年 4 月 25 日的裁决中，霍巴特法官将摩托罗拉公司 SEP 的 RAND 费率确定为大约每年 180 万美元。[3]

除了未解决 FRAND 含义而引起的争议外，其他的争议还包括许可纠纷的管辖地。不同的地域管辖可能会有完全不同的裁决。除了域内法院判决的差异外，域外法院的审判以及诸如美国国际贸易委员会（ITC）的行政诉讼，这些纠纷裁决的结果可能相差极大，从而引发冲突。比如在霍巴特法官发布微软案 RAND 费率的裁决时，德国法院发布了针对微软公司的关于摩托罗拉公司 SEP 的两个禁令，美国联邦第九巡回上诉法院裁决拒绝承认德国法院禁令的效力。[4]

即使假设司法和行政程序最终导致有效的 FRAND 具体内涵的确定，但是将这一过程认定为能够建立专利许可条件的有效率的方法也是困难的。模糊的 FRAND 承诺和具体的许可协议之间存在着巨额花费、长年累月的诉讼。而且，诉讼成本可能还不是不确定 FRAND 承诺的唯一不利结果，关于 FRAND 的争议可能会威胁到禁令救济和排除裁决的有效性。

受 FRAND 约束的专利所有人寻求禁制令或是排除裁决，可能在一些情形下具有反竞争效果。违背 FRAND 承诺产生反竞争效果的典型例子是"Broadcom Corp. v. Qualcomm Inc. 案"[5]。高通公司在法院的一审中胜诉，它的主张是违反 FRAND 最多只能得到普通法上的救济，而非衡平法上的救济。在

---

〔1〕 Urska Petrovcic, *Competition Law and Standard Essential Patents: A Transatlantic Perspective*, Wolters Kluwer, 2014, pp. 36.

〔2〕 这两大高科技巨头的专利诉讼涉及摩托罗拉公司受 RAND 条款约束的标准必要技术——执行 802. 11 无线和 H. 264 影像标准。摩托罗拉公司要求专利许可费比例是微软公司将之用于 Windows、Xbox 和其他微软公司产品等最终产品价格的 2. 25%，相当于每年 40 亿美元的专利费。相反，微软公司认为合理的专利费为每年支付 120 万美元。双方诉求相差悬殊。

〔3〕 Microsoft Corp. v. Motorola, Inc. , 696 F. 3d 872 (9ᵗʰ Cir. 2012).

〔4〕 美国联邦第九巡回上诉法院确认霍巴特法官的裁决，禁止德国法院有利于摩托罗拉公司、不利于微软公司的禁令。See Microsoft Corp. v. Motorola, Inc. , 696 F. 3D 872 (9ᵀᴴ Cir. 2012).

〔5〕 Broadcom Corp. v. Qualcomm Inc. , 501 F. 3d 297, 306 (3d. Cir. 2007).

上诉中，博通公司成功说服第三巡回上诉法院，高通公司所宣称的依 FRAND 条件许可专利系错误承诺，ETSI 在选择电信标准的过程中明显违反《谢尔曼法》第 2 条。

通过将拒绝在公平、合理条件下许可和以专利侵权的禁制令威胁相结合，FRAND 约束的 SEP 被认为可以对使用专利的标准实施者行使明显压力。这种压力由法院所颁的禁令所加强，或由 ITC 的排除裁决得以强化，从而使其能够收取超额专利转让费。同时，这种基于单一专利的禁制令或排除裁决能够阻止涵盖很多专利技术的整体产品销售或进口。

SEP 所有人在过去可以行使的潜在影响在美国最高法院的 2006 年 eBay 案中被禁止。在该案之前，普通规则是占优势的专利持有人能够被授予永久禁令，只有在例外情形或在极少数的情况下因保护公众利益才被禁止。美国最高法院在 eBay 案中采用四要素检验方法，要求专利持有人必须遵守。作为原告的专利持有人必须证明：①原告遭受不可弥补的损害；②法律规定相应的救济，如金钱赔偿不足以赔偿损害；③考虑到原告与被告之间重新获得平衡的困难性，需要给予衡平法上的救济；④永久禁令不会损害公共利益。[1]

eBay 案之后涉及 SEP 的专利侵权案件标准实施人需要至少援引其中两个要素来作为否定 SEP 所有人禁制令的原因。比如在苹果案中，理查德·A. 波斯纳法官解释法院对于涉案手机和手机信号塔技术侵权拒绝给予禁令救济的原因在于，摩托罗拉公司作为该案中 FRAND 条款约束的 SEP 所有人知晓专利费对于许可使用该专利是恰当的补偿。[2]相似地，在微软案中，罗伯特·H. 杰克逊法官否决了摩托罗拉公司针对微软公司要求颁发禁制令的申请，原因在于 RAND 的技术许可会由于微软公司使用 SEP 而使得该技术更完整。[3]

尽管如此，即使是在 eBay 案后，受 FRAND 约束的专利所有人仍保留有实施禁制令的可能性。在 eBay 案后，仍有少数在具有 FRAND 承诺的情形下向专利所有人授予禁制令。[4]

另外，与此相关的是禁制令和排除裁决反竞争性的豁免问题。即使受

---

〔1〕 eBay Inc. v. MercExchange, L. L. C., 547 U. S. 388（2006）.

〔2〕 Apple, Inc., 869 F. Supp. 2d at 914.

〔3〕 Microsoft Corp. v. Motorola, Inc., 696 F. 3d（9th Cir. 2012）.

〔4〕 Commonwealth Scientific & Industrial Research Orgnization v. Bufalo Techinolohy Incoporation., 492 F. Supp. 2d 600（E. D. Tex. 2007）.

FRAND 约束的专利所有人要求禁制令或排除裁决具有反竞争效果，但并不必然导致竞争法或反托拉斯法的适用，还存在诺尔-裴灵顿规则的豁免。[1]这是基于美国最高法院的两个商业纠纷案例而产生的。依照该理论，一方当事人行使美国宪法修正案第 1 条来起诉公共政策，一般是不受反托拉斯法的追究，即使是申诉行为具有潜在的反竞争效果。[2]比如在苹果案中，苹果公司提出反诉，指出摩托罗拉公司滥用标准确定过程、具有欺骗行为和未能提供与 FRAND 承诺相一致的许可，违反《谢尔曼法》第 2 条。美国联邦法院驳回苹果公司的反托拉斯请求，理由是摩托罗拉公司的专利实施行为系特权行为，受宪法修正案第 1 条的保护，适用诺尔-裴灵顿规则。[3]

在处理三家无线网络产品制造商针对 Innovatio IP Ventrues 提起的不公正竞争诉讼的案件中，诺尔-裴灵顿规则扮演相似的作用。这三家制造商，即 Cisco Systems、Motorala Solutions 和 Netgear 在他们的确认之诉中，要求确认 Innovatio 公司从事不公平竞争。Innovatio 公司通过向 8000 家 Wi-Fi 技术的最终用户发放信件，声称上述制造商侵犯其专利，并要求支付专利费。在制造商的起诉中包括 Innovatio 的行为违反了其依 RAND 条件许可其专利的义务。美国联邦法院的裁决是依诺尔-裴灵顿规则，该公司不受不正当竞争诉讼追责。[4]

专利政策能够在特定国家的技术市场设置进入壁垒，因此考虑到特定的 FRAND 政策选择对国内技术公司会产生相当大的经济影响，容易受到国家贸

---

〔1〕 United Mineworkers of Am. v. Pennington, 381 U. S. 657 (1965); E. R. R. Presidents Conference v. Norerr Motor Freight, Inc., 365 U. S. 127 (1960). 诺尔-裴灵顿理论的基本内涵是：尽管行使请愿权可能侵犯其他人的权利，甚至包含恶意的动机，但请愿人仍可免责。而且，其他领域的法律有其特定的适用领域，不能拘束宪法第一修正案保护的请愿行为。之所以给予请愿行为如此宽泛的保护，是因为国会立法、政府采取行动过程中，本来就应该广泛听取利益冲突各方的意见，如果利益受损方动辄以侵权相挟，则公民就无法参与到立法、行政的过程中，这显然不是宪法的意图。

〔2〕 尽管如此，诺尔-裴灵顿理论从来没有提供涉及申诉行为的第一修正案的绝对豁免。在司法诉讼的情形下，美国最高法院承认由两部分检验构成伪装（sham）例外。诉讼被认为是一个伪装，因此，符合两个条件则不产生第一修正案的豁免：第一，在客观上，请愿是否毫无根据，是否任何一个稍具理性的人都认为该请愿不可能如愿；第二，请愿者是力图通过敦促政府的行动达至自己的目的，还是通过自己的行动本身破坏竞争对手的商业关系。也就是说，有根据的请愿在任何情况下均可免责，无须考量"伪装"例外；只有针对毫无根据的请愿行为，才检验请愿是否为"伪装"，是否免责。

〔3〕 Apple Inc. v. Motorola Mobility, 886 F. Supp. 2d 1061 (W. D. Wisconsin 2012).

〔4〕 In re Innovatio IP Ventures, LLC Patent Litig., MDL Docket No. 2303, U. S. Dist. (N. D. Illinois, 2013).

首都法学论坛《第16辑》

易保护主义的影响。以美国为例,在技术巨头苹果公司和三星公司的诉讼中,可以看出美国政府明显偏袒以加州为基地的苹果公司,而非以韩国为基地的三星公司。在 2013 年 6 月,ITC[1]做出裁决认为苹果公司侵犯三星公司的专利,并发布有限的排除令,禁止苹果公司在美国进口和出售它的设备。当时的奥巴马政府否决了 ITC 的裁决,理由是它影响美国经济的竞争环境且对美国的消费者造成了影响。这是政府自 1987 年以来首次否决 ITC 裁决。[2]白宫有利于苹果公司的决定存在着贸易保护主义的因素。[3]

五、作为竞争法义务的 FRAND 条款及问题:SEP 所有人与标准实施人间的平衡

从本质上讲,契约是一种私人的自主安排,而 SEP 所产生的问题是专利垄断权的私人性和标准的公共性之间的安排,从约束私人安排来解决 SEP 所导致的专利所有人与实施人之间的紧张关系需要提供公共性上的支持,否则,如何约束私人权力缺乏边界。因此,单纯的私人安排的限制无法解决边界问题,这也使得 FRAND 表现出内涵上的不确定性。FRAND 条款在美国法中被视为契约法问题,存在诸多无法解决的难题。在欧盟法上,则采取另外一种思路,FRAND 承诺主要被视为竞争法问题,受竞争法的调整。在 FRAND 条款纳入竞争法考虑的问题之后,FRAND 条款就成为 SEP 真正有效的前提条件,FRAND 就成为 SEP 的事先声明。

用竞争法问题代替契约法来处理 FRAND 条款最大的优势是解决了 FRAND 条款的间接性和相对性问题,使之作为 SEP 的一般属性和普通条款。将 FRAND 承诺视为契约义务,使之具有相对性,而当这种相对性不存在时,FRAND 的效力就会出现问题。当原有的 SEP 被出售,所有人的变动是否延续 FRAND 承诺的效力是契约法无法回答的。另外,FRAND 承诺的效力是依赖于 SSOs 章程或知识产权政策的转化,当原有或是新的 SEP 所有人不是 SSOs

---

〔1〕 美国国际贸易委员会是一个独立的、非党派性质的准司法联邦机构,其前身为 1916 年创建的美国关税委员会。

〔2〕 U. S. Trade Representative, "The Exec. Office of the President", *Letter Vetoing ITC Order* (Aug. 3, 2013).

〔3〕 Benjamin C. Li, "The Global Convergence of FRAND Licensing Practices: Towards 'Interoperable' Legal Standards", *Berkeley Technology Law Journal*, Vol. 31, 2016, pp. 429-465.

成员时，这种 FRAND 条款的转化就不存在了，这时的 SEP 与 FRAND 承诺就存在着脱节。这些问题并不是契约法和契约义务所能解决的，需要寻求竞争法上的支持，这也是竞争法处理 FRAND 条款的优势所在。以竞争法来解决这一问题的欧盟法很好地解决了这一问题。

在欧盟竞争法规则适用的领域，所有专利必须非常明确地声明 SEP 必须能够依 FRAND 条款被所有有兴趣的当事方获得。因此，作为竞争法事项，依 FRAND 条款进行许可的义务必须随着专利而转移。如果一家非实施机构（NPE）[1]购买了 SEP，也应该意识到之前所有人所作的 FRAND 承诺，并受该承诺约束。这样，其中的 FRAND 条款义务与契约当事人的关系就不再是一一对应的关系，而是与 SEP 建立对应关系。

这种对应关系的观点得到欧盟委员会的支持，体现在欧盟委员会对"IPCom 案"的公开声明之中。2009 年 1 月，诺基亚公司向欧盟委员会提起一项正式申诉，指控 IPCom 公司未能在 FRAND 条件下进行一篮子许可其从 Robert Boshe 公司获得的关于无线网络系统的专利。在 2009 年 11 月，欧盟委员会在与 IPCom 公司讨论后，IPCom 公司同意在 FRAND 条件下对相关的必要专利授予不可撤回的许可。在欧盟委员会的公开声明中指出，从竞争法角度而言，在 SEP 出售后的 FRAND 承诺的转让是非常重要的……对于所有第三方依 FRAND 条款无限制地进入相关专利技术，能够保障制定标准支持竞争的经济效果。如果 SEP 被交易之后，FRAND 不再适用，这种效果可能会消失。[2]

欧盟委员会的结论是，当 SEP 从一个所有人转移到另一个所有人时，FRAND 承诺也应如此，因为 FRAND 是解决 SEP 中私人权利与公共标准紧张关系的重要解决方案。因此，经济现实当中出现的很多拥有大量专利的 NPE 不是相应的 SSOs 成员，依契约法上的相对性，它们与专利实施人间并没有 FRAND 契约条款的约束，无须依 FRAND 条款进行专利许可，这样的现实对于解决合理专利许可费问题非常不利。不管 NPE 是否是 SSOs 的成员，都应遵守和提供 FRAND 条款和条件，以符合欧盟竞争法规则的要求。

在欧盟的竞争法中，将 FRAND 与 SEP 建立直接的联系，以前 SEP 所有

---

[1] Non-Practicing Entity，指拥有 SEP，但不从事专利和标准实施的组织。在近 20 年中，由于专利技术的重要性日益突出，专门从事专利的 NPE 也日益增加。

[2] European Commission press release，"Antitrust：Commission welcomes IPCom's public FRAND declaration"，（Dec. 10，2009）MEMO/09/549.

人依 FRAND 条款适用的专利许可费也成为后续专利费，或是非实施实体可以征收的最高专利费的相关基准。任何希望运用事后市场力量来收取比以前专利所有人收取的专利费高的行为或是努力都被视为不公正的。[1]这一方法在2008 年 "N-Data 案" 中得以体现。在该案中，N-Data 是一家非实施实体，获得一些由 IEEE 采纳的以太网（Ethernet）标准必要的专利，该产业都采纳了该标准。初始专利所有人转让该技术专利是一次性收费，每个专利向被许可人收取 1000 美元。美国联邦贸易委员会（FTC）的起诉指控 N-Data 在充分知晓前专利所有人的许可行为的情况下获得该专利。但是，N-Data 拒绝遵守这一承诺，而是收取远超过每个被许可人 1000 美元的专利费。FTC 的起诉指控 N-Data 事实上利用了该产业遵循标准而产生的锁住效应，收取比该产业应该为该技术需要支付的费用更高的专利转让费。针对 FTC 的调查，N-Data 同意遵守 FTC 的同意令，更改许可条件，与原来专利持有人的许可费用和条件保持一致。[2]

在美国，FRAND 之所以具有不确定性，一个很大的原因是标准设定长期以来受反托拉斯法的审查。虽然标准设定对于生产者和消费者具有潜在的提升实质福利的作用，但是，它也能够被误用、滥用来限制竞争对手间的竞争，或帮助企业取得垄断权力。一般而言，在标准采取之前的潜在相互竞争的技术领域，标准化可以减少或消除技术间的竞争。比如，在电信领域的标准化设定经常涉及委员会联合采取的数千项决议。其中许多决定涉及来源于不同的参与创新者的相互竞争的技术贡献，他们都与标准化过程平行发展，采纳研发项目来支持标准化过程，提交专利申请来保护其创新。一旦技术贡献被标准所采纳，竞争技术所展开出来的竞争的约束就消失了。[3]但是，美国法并没有将这种反托拉斯法的思路运用于 FRAND 条款的解释上，而在欧盟，当

---

〔1〕 Philippe Chappatte, Paul Walter, "European Competition Law, Non-practicing Entities and FRAND Commitments", in Steven Anderman, Ariel Ezrachi, *Intellectual Property and Competition Law*, Oxford, 2011, p. 378.

〔2〕 N-Data, FTC No. 051 0094, Complaint 31 (Jan. 23, 2008), available at http://www.ftc.gov/os/caselist/0510094/080122complaint.pdf.

〔3〕 Philippe Chappatte, Paul Walter, "European Competition Law, Non-practicing Entities and FRAND Commitments", in Steven Anderman, Ariel Ezrachi, *Intellectual Property and Competition Law*, Oxford, 2011, p. 378.

标准涉及这种限制竞争的合作过程时，可能会违反《欧盟运行条约》第 101 条[1]。最为重要的是，标准设定的安排必须不能具有消灭下游产品市场竞争的可能性，因此，SEP 必须依 FRAND 条款来进行许可。这一原则在欧洲委员会目前版本的《EC 条约第 81 条适用垂直合作协议反托拉斯指南》（即《垂直合作指南》）中得到体现，并在实践中被委员会所运用，如这些原则会在诸如专利池协议的情形中被普遍适用。[2]

无论 FRAND 条款纳入契约法，还是竞争法，它都存在着私人权利和公共标准之间的内在紧张关系，FRAND 条款使得作为私人权利的 SEP 能够受到公平、合理和非歧视原则的制约，使之具有公共性的特点，能够具有相对的公共标准的属性，因此，FRAND 条款是 SEP 取得合理性和合法性的基础，使之不受竞争中合谋禁止的审查。但是，FRAND 条款只能停留在原则上的阐述，无法进行细节的描述，否则就无法覆盖现实状态下技术专利转让的各种情形。因此，即使是将 FRAND 条款纳入竞争法审查之中，仍面临着 FRAND 条款过于原则化的难题，在确定何为合理专利转让条件和专利费问题时仍需要提供解决方案，主要集中在两个问题上：一是禁制令的适用，二是许可费率的确定。

虽然一些欧盟成员国（如德国）在发现专利侵权的情况下一般可颁布禁制令[3]，但是欧洲法院和欧盟委员会均认为 SEP 所有人可能会滥用其优势市场地位，因此，SEP 侵权的禁制令只是在有限的情形之下才是可行的。但是，SEP 所有人具有缔约自由，可与潜在被许可人自由达成双边协议，或提起侵权之诉来让法院决定何谓 FRAND 条件下合理的专利费率。因此，在欧盟，FRAND 相关的侵权问题就不仅仅是契约问题，而是竞争法需要解决的问题。这一问题通过德国的"桔子书标准（Orange-Book-Standard）案"、欧盟

---

[1] 除非符合第 103 条的例外情形，比如能够实现经济增长的标准，并允许收益的公正比例能够转移给消费者，如合理在定价下游产品的价格。

[2] Philippe Chappatte, Paul Walter, "European Competition Law, Non-practicing Entities and FRAND Commitments", in Steven Anderman, Ariel Ezrachi, *Intellectual Property and Competition Law*, Oxford, 2011, p. 378.

[3] Massimo Sterpi, Thierry Calame, *Patent Litigation: Jurisdiction Comparisons*, The European Lawyer Ltd, 2011, p. 147.

"Motorola v. Apple 案" 和欧盟法院的 "华为 （Huawei） 案" 不断趋于完善。[1]

2009 年德国联邦法院的 "桔子书标准案" 判决奠定了欧洲后来 FRAND 相关案件的判案基础。[2]德国联邦法院在判决中指出，如果一家公司具有市场优势地位，那么就能够①进行歧视性许可行为，或②不公平地拒绝许可要约，正是依据其 SEP 寻求禁令构成滥用市场支配地位。可是，SEP 所有方若要成功进行辩护必须提出下列证据：①它做出无条件依 FRAND 条件许可的要约，和②作为无条件要约的对价，标准实施人向 SEP 所有人或第三方保管账户实际支付合理的专利费。德国联邦法院确认菲利浦公司申请禁令并没有滥用市场优势地位的裁决，其原因是被告援引滥用市场支配地位的指控却没有向菲利浦公司支付相应专利费，但是这种辩护是一种苛刻的要求，其可操作性值得怀疑。[3]

2014 年欧盟法院发布的两项重要裁决进一步推进了与 FRAND 相关的诉讼。一个是 "Motorola v. Apple 案"（以下简称 "摩托罗案"）[4]，该案使 SEP 实施人对于专利所有人的禁令诉讼更容易提起反竞争辩护。欧盟委员会认为 SEP 实施人可以挑战所主张的 SEP 的效力和确定实施 SEP 的非侵权性。[5] 另一个是 "Samsung v. Apple 案"，该案强制执行 SEP 所有人的 FRAND 承诺并提供 "安全港" 以保护善意标准实施人免受禁令的影响。[6]

而在 "华为案"[7]中，在支持专利所有人的桔子书标准的裁决和支持标准实施人的欧盟委员会裁决之间，欧盟法院采取中间立场。2009 年，华为公

---

[1] Benjamin C. Li, "The Global Convergence of FRAND Licensing Practices: Towards 'Interoperable' Legal Standards", *Berkeley Technology Law Journal*, Vol. 31, 2016, pp. 429-465.

[2] 在桔子书标准案中，菲利浦公司起诉多次记录 CD （multiple recordable compact disc, CD-R）制造商，声称侵犯了菲利浦公司的 SEP。菲利浦公司申请禁令救济，德国法院一般是在发现侵权的情况下就会授予禁令并要求进行金钱赔偿。但是其中一被告提出菲利浦公司通过 SEP 寻求禁令是滥用其优势市场地位。

[3] Benjamin C. Li, "The Global Convergence of FRAND Licensing Practices: Towards 'Interoperable' Legal Standards", *Berkeley Technology Law Journal*, Vol. 31, 2016, pp. 429-465.

[4] Commission Decision No. AT. 39985, 2014 O. J. （C 344/06）.

[5] Benjamin C. Li, "The Global Convergence of FRAND Licensing Practices: Towards 'Interoperable' Legal Standards", *Berkeley Technology Law Journal*, Vol. 31, 2016, pp. 429-465.

[6] Commission Decision No. AT. 39939, 2014 O. J. （C. 350/08）.

[7] Huawei v. ZTE.

司同意向第三方授予 SEP，因为它的 SEP 与 ETSI 的 "长期进化" 标准相关联，并与中兴公司进行谈判，但是双方未能达成协议。华为公司因此针对中兴公司侵犯其 SEP 提起诉讼，请求寻求禁令救济、账目申报（a rendering of accounts）、产品召回和金钱赔偿。在该裁决中，欧盟法院明确了在特定的情形下，SEP 所有人可以提起侵权之诉来寻求禁令禁止，而非滥用优势地位。这些情形是：①SEP 所有人必须在进行法律诉讼之前告知被指控的侵权人；②在被指控的侵权人明确表示愿意在 FRAND 条款下达成许可协议，SEP 所有人必须提供确切的、书面的依 FRAND 条款许可的要约，明确专利费和计算方法。如果被指控的侵权人没有用心回应 SEP 所有人的要约，持续使用 SEP，那么，SEP 所有人可以提起寻求禁令救济的诉讼。[1]

关于 SEP 许可费率的问题，虽然欧盟竞争法提供一定保护来约束 NPE 收取不合理专利费的要求，但是由于 FRAND 不确定性所导致的诉讼的风险仍然存在：对于什么是特定 SEP 组合 "公正、合理" 的转让费率定义仍是不清晰的，潜在分歧是导致诉讼风险的原因。因此，如何在特定标准通过之前，进一步明确 FRAND 定义可以减少未来这类纠纷的频繁发生，即如何采取事前措施是竞争法需要解决的主要问题，同时，又要避免在竞争法上被认定为合谋行为。欧盟竞争法针对这一问题的应对措施是加强能够确定 SEP 转让费率的透明和可预测的体系的建设，而不限制专利谈判双方的实体权利。

六、结论

经济产业中的标准不仅仅给企业，也给消费者带来利益，标准在经济和社会生活中的作用和地位越来越突出，作用越来越重要。同时，SEP 所带来的专利权的私人性与标准的公共性的冲突也引发了对专利法与竞争法功能的进一步探讨。美国法上以契约法、代理法等私人自治法出发来处理这一问题，虽然可以保障契约自由和私人意思自治，但是无法解决私人专利权借助于标准的公共化所加强的本不属于其自己的市场力量，从而引发专利挟持问题。在 SEP 问题上，专利权的私人性与标准的公共性之间的紧张关系是通过 FRAND 条款来成功化解的。FRAND 通过私人的自我约束和契约主张实现了

---

[1] Benjamin C. Li, "The Global Convergence of FRAND Licensing Practices: Towards 'Interoperable' Legal Standards", *Berkeley Technology Law Journal*, Vol. 31, 2016, pp. 429-465.

权利的私人性和使用的公共性的结合，"公平、合理和非歧视"三大原则实现了两者的融合，也使得私人权利在与公共标准结合之后，不会深化为经济垄断。在竞争法中，知识产权的垄断并不必然推导出经济上的垄断，也就是在竞争法上不会受到本身违法原则的审查，尤其是 SEP 问题上，正是借以 FRAND 条款的功效才得以实现。

同时，正是由于反垄断法对合谋的禁止，使得 FRAND 条款不可能在原则之上再作进一步的实体权利的解释，对于何谓"公平、合理和非歧视"无法进一步地解释，尤其是在专利使用费的确认上，无法提供更进一步的指南，这也使得 FRAND 条款一方面可以免于反垄断法的挑战，但另一方面，在有效约束专利挟持上作用有限，这正是 FRAND 条款需要进一步解决的问题。欧盟的竞争法规则在不合理的专利使用费要求上提供了一定的保护方法，但是，诉讼的风险仍非常明显，对于 FRAND 条款和条件的内容仍存在很多的分歧。欧盟在每个不同标准个案的基础上，在标准获得通过之前，对"公平和合理"作进一步的明确是一个减少 SEP 纠纷的有效方法。

民事活动中财产隔离的条件与限制

——以审判中法律场景的构建为视角

董　彪[*]

一、基本案情

因土地开发的需要，张某所在的集体经济组织的土地被征收。根据征收补偿协议的约定，张某应取得土地征收补偿款 100 万元。2016 年 5 月 6 日，张某所在的县国土资源局将补偿款存入张某在甲银行的账户中。2018 年 2 月，张某通过转账的方式将上述补偿款及银行利息共计 105 万元一并转入张某之子在甲银行的账户中。

A 人民法院依据已经生效的裁判文书在执行某投资公司与张某之子的借款合同纠纷案中，冻结了张某之子在甲银行账户的 105 万元存款。2018 年 8 月，张某作为案外人向人民法院提出书面异议称：A 人民法院冻结的张某之子在甲银行活期账户内的 105 万元存款是其所有的土地征收补偿款。因张某年迈，行动不便，为支取便利，张某才将土地征收补偿款转入张某之子名下。A 人民法院采取强制措施冻结的财产是案外人张某的财产。

2018 年 9 月，A 人民法院作出执行裁定书，驳回案外人的异议请求。A 人民法院作出该执行裁定书的理由是，金融机构登记的账户名称是判断案外人能否作为权利人以及是否享有实体权利的依据。涉案存款在被执行人个人名下的银行账户中，应当判定归属于张某之子；案外人张某主张存款归其所有并据此排除 A 人民法院强制执行，缺乏法律依据。

董彪，北京工商大学法学院副教授，北京工商大学法学院信托法研究中心研究人员。

053 ·

2018 年 10 月，案外人张某不服 A 人民法院作出的上述裁定，向 A 人民法院提起执行异议之诉，请求 A 人民法院驳回某投资公司对张某之子存在甲银行活期账户内 105 万元存款的执行申请，对已被冻结的账号予以解冻。

案件审理过程中，案外人张某向 A 人民法院提交了一份由张某签字的授权委托书，该授权委托书载明：张某将涉案存款交由张某之子管理，用于张某及其妻子的日常生活开销。

二、争议的问题及理由

（一）涉案存款的归属

案外人张某以及执行异议之诉中的第三人张某之子都认为，涉案存款属于张某，张某之子只是代为保管；张某之子是名义上的权利人，而张某才是真正的权利人。具体而言，甲银行的存款凭证和转账凭证能够证明涉案存款来源于张某。授权委托书证明张某与张某之子之间存在代为保管存款的意思表示，张某并没有转移涉案存款归张某之子所有的意思。张某和张某之子在相关执行案件和庭审中也明确承认这一意思表示。涉案存款是为了支取便利才由张某的账户转入张某之子的账户中的。既然涉案存款不属于张某之子，A 人民法院在执行张某之子与某投资公司的借款合同纠纷案中就无权对其进行冻结。

某投资公司认为，A 人民法院执行的标的即涉案存款在性质上属于金钱。根据民法学一般原理，金钱适用"占有即所有"的规则，移转金钱的占有，其所有权随之发生移转。涉案存款虽然来源于张某，但是已经从张某的账户转移至张某之子的账户，金钱所有权的归属也就从张某转移至张某之子。涉案存款在张某之子的账户中，且该账户并未明确标注账户中的款项是由张某之子代为管理，应当认定为归张某之子所有。A 人民法院执行张某之子的财产合法有据。

作出执行裁定书的 A 人民法院的法官认为，金融机构登记的账户名称是判断涉案存款权利人的依据。既然涉案存款在张某之子的账户中，张某就不是涉案存款的权利人，无权请求 A 人民法院排除执行涉案存款。

（二）张某之子是否恶意规避执行

张某和张某之子认为，张某将涉案存款交由张某之子代为保管是因为张某年迈、行动不便。张某并无规避执行的主观恶意，而张某与张某之子也不存在恶意串通。张某与张某之子是各自独立的法律主体，张某不负有为张某之子偿还债务的义务。A 人民法院在执行过程中无权就张某的财产强制执行。

某投资公司不认可张某和张某之子的说法，指出张某因年迈、行动不便而将涉案存款交由张某之子代为保管并支取存款用于日常生活所需的理由不符合常理。首先，张某年迈、行动不便不是张某将涉案存款转账给张某之子的充分理由，通过交付凭密码支付的银行卡可以实现这一目的。具体而言，张某可以办理凭密码支付的银行卡将涉案存款以活期存款的方式存于自己名下，无需舍近求远。而一旦张某将涉案存款转账给张某之子，就应当承担转账的风险。其次，涉案存款数额高达 105 万元，该存款用于满足年迈的张某及其妻子日常生活所需由张某之子代为保管，有悖常理。倘若仅仅是为了满足张某及其妻子日常生活所需，张某仅需将涉案存款的一部分交由张某之子支配，没有必要向张某转账全部涉案存款。

某投资公司认为，张某和张某之子之所以将涉案存款解释为张某之子代张某保管的财产，目的是逃避 A 人民法院的强制执行。在 A 人民法院发现涉案存款并冻结后，张某和张某之子主张涉案存款归属于张某，这不过是张某之子为了逃避执行的借口。张某之子恶意规避执行的行为会导致某投资公司的债务难以获得清偿。

（三）代为保管的涉案存款未明确备注目的或用途能否对抗债权人的执行请求

某投资公司认为，涉案存款未明确备注目的或用途，即便涉案存款归属于张某而且张某与张某之子之间代为保管涉案存款的意思表示合法有效，仍然不能对抗某投资公司作为债权人提出的执行请求。其具体理由有：①张某与张某之子之间代为保管的协议仅产生债权效力，不能作为排除执行的正当理由。②最高人民法院《关于适用〈中华人民共和国担保法〉若干问题的解释》第 85 条规定："债务人或者第三人将其金钱以特户、封金、保证金等形式特定化后，移交债权人占有作为债权的担保，债务人不履行债务时，债权人可以以该金钱优先受偿。"根据该规定，金钱需要特定化才能作为债权人优先受偿的条件。本案中，金钱未特定化，在移转占有时所有权随之转移。张某只能向张某之子主张债权，而该债权不能对抗某投资公司作为债权人的执行请求。③从现有的技术手段上看，张某具备将涉案存款特定化的条件。张某转账涉案存款时可以将移转涉案存款的目的和用途进行备注进而特定化涉案存款，却未进行备注，张某应当为自己行为的后果承担责任。

张某和张某之子不同意某投资公司的主张及理由。其具体理由有：①张某与张某之子之间代为保管涉案财产的意思表示并不仅仅产生债权效力，代为保管的意思表示证明张某之子的占有为明确的他主占有，张某之子只是涉案存款的占有人而非权利人。②本案当事人之间的法律关系并非担保法律关系，某投资公司以最高人民法院《关于适用〈中华人民共和国担保法〉若干问题的解释》第85条的规定为依据进行推论，存在认知错误。③法律并未要求张某在移转涉案存款时备注目的和用途，张某选择不予备注的方式并无不妥。此外，张某并非法律专业人士或者金融专业人士，不能苛责其在转账时必须备注转账目的和用途。

三、案例分析：财产隔离的场景预设能否实现

本案的案情并不复杂，证据材料数量不多，就证据材料的真实性基本无争议，但对案件的理解和法律适用存在根本分歧：①当事人对执行依据的合法性以及张某之子的财产应当作为执行标的并无异议。某投资公司请求 A 人民法院强制执行的依据是 A 人民法院作出的生效裁决书。在该判决书的效力未通过法定程序予以否定的情况下，某投资公司请求 A 人民法院强制执行张某之子的财产合法有据。张某和张某之子就冻结涉案存款提出的书面异议和执行异议之诉并未挑战执行依据的合法性。②双方当事人提供的证据材料数量不多，仅提起执行异议之诉的原告张某向 A 人民法院提交了授权委托书、银行转账凭证以及张某与张某之子的银行账户信息。某投资公司未提交证据材料，在庭审中也基本认可张某所提交的证据材料的真实性。双方当事人对基本案情表面上能够达成共识。③双方当事人对本案中法律关系、权利主体、法律义务的认识存在较大分歧。以张某之子为执行对象的强制执行中涉案存款能否作为独立于张某的财产被排除，是本案争议的核心问题。当事人基于各自的立场和对法律的理解，对这一问题进行解读，得出了截然相反的结论。

在以当事人为中心的诉讼审判模式中，各方当事人通过对现实生活中的事实进行裁剪、选择和组合，营造有利于自己一方诉讼主张的法律场景，并在该场景中论证和说理。本文试图在叙事中还原各方当事人营造的法律场景，

分析各方当事人构建法律场景的基础及正当性，进而澄清误解，发现争议的实质并作出判断。这里的场景是现实社会生活在法律场域的反映或折射，基本素材既可能来源于当事人有意识的行为，也可能来源于对当事人无意识行为的解读。

（一）财产隔离的场景预设及法律理由

张某与张某之子试图构建财产隔离的法律场景。在该法律场景中，张某与张某之子的财产是各自独立的，能够作为 A 人民法院执行标的的财产限于张某之子的财产，张某的财产需要排除在外；涉案存款归属于张某，张某之子为实际占有人而非权利人。为了营造财产隔离的法律场景，张某和张某之子进行了如下叙事：

（1）涉案存款是张某因集体土地被征收而取得的征收补偿款，属于张某个人享有的合法财产。张某提供了银行的转账凭证以及银行存款证明等相关证据进行证明。在这一叙事中，当事人隐含着两层含义：一是涉案存款属于张某个人享有的合法财产，二是涉案存款来源于土地征收补偿款，影响被征收补偿人的基本生活。某投资公司认可张某提供的证据的真实性，但否认其关联性，不认可涉案存款来源于土地征收补偿款。张某与张某之子并未补充材料证明涉案财产来源于土地征收补偿款。

在该叙事环节，当事人试图设置的是涉案存款的来源及最初权利人等场景。张某和张某之子提供的证据材料足以证明涉案存款来源于张某，张某而非张某之子是涉案存款最初的权利人。涉案钱款是否来源于张某的土地征收补偿款，可能影响裁判人员的心理，但是并不实质影响各方主体之间的权利义务关系。因而，各方主体虽然基于各自立场表达自己的观点，却并不将其作为争议的重点。

（2）因张某年迈、行动不便，涉案存款由张某转账至张某之子名下，张某是涉案存款的权利人而张某之子为实际管理人。为此，张某提供了银行转账凭证和授权委托书作为证据。通过银行转账凭证，张某和张某之子试图说明张某之子名下的涉案存款来源于张某。通过授权委托书，张某和张某之子试图说明，虽然涉案存款在张某之子名下，但授权委托书的内容明确表明张某之子并非涉案存款的权利人，他只是为了张某的利益代为保管。

在该叙事环节，代为保管场景的基本框架形成。张某和张某之子之间的法律关系是代为保管涉案存款，张某之子占有涉案存款为他主占有而非自主占有，张某才是涉案存款的真实权利人。

某投资公司试图否认张某和张某之子关于代为保管法律关系的场景预设。张某与张某之子之间不存在关于代为保管涉案存款的真实意思表示，这对代为保管场景预设具有釜底抽薪之功效。张某与张某之子之间不存在关于代为保管涉案存款的真实意思表示又可以分为两个层面：一是张某与张某之子之间不存在代为保管的意思表示，二是张某与张某之子之间虽然存在代为保管的意思表示，但是该意思表示不真实。某投资公司从两个方面阐述张某与张某之子之间不存在代为保管涉案存款的真实意思表示：一是转账时明确标示转账目的和用途在技术上是可能的，但是，张某在转账时并未予以标注。二是张某将涉案存款转账给张某之子与张某所称的目的，即避免因张某年迈、行动不便而导致的支取困难，不相符。钱款存于张某名下并办理凭密码支付的银行卡或者将部分钱款转账由张某之子支配的方式即可实现避免支付困难的目的。张某与张某之子舍近求远是假借代为保管涉案存款的方式逃避应当承担的法律责任。

在这一场景预设中，张某与张某之子之间签订的授权委托书是判断张某与张某之子之间是否存在代为保管的意思表示以及该意思表示是否真实的直接依据。张某和张某之子以及某投资公司围绕代为保管意思表示所提出的其他证据只具有间接证明的效力，如张某年迈、行动不便因而需要张某之子代为保管；张某能在转账时备注转账目的和用途但并未备注；张某只需将部分存款转账于张某之子名下或者张某只需办理凭密码支取的银行卡即可达到满足张某生活所需的目的。上述间接证据中的事实在社会生活中都存在可能性，但不具有唯一性。某投资公司的解释方案作为一种推论尚不足以推翻授权委托书的真实性。

某投资公司虽然对授权委托书的真实性存疑，认为该授权委托书是张某与张某之子在冻结涉案存款后补签的，但并未在庭审中直接表明，也未请求通过鉴定等方式证明该授权委托书的真实性。某投资公司这样做的原因在于，直接否定授权委托书的真实性需要耗费一定的成本。此外，某投资公司认为，即便否定授权委托书的真实性，也不能完全排除张某与张某之子之间存在代为保管的意思表示。相反即便授权委托书真实有效也并不影响执行涉案存款。作为诉讼策略，某投资公司选择不直接否定授权委托书的真实性。

基于诉讼当事人的主张以及诉讼策略，张某和张某之子构建了张某之子替张某代为保管涉案存款的法律场景。在该法律场景中，张某之子占有涉案存款为他主占有，其并未将自己作为具有对抗张某权利的主体。张某与张某之子将代为保管涉案存款的法律场景当然等同于财产隔离的法律场景。在这一法律场景中，涉案存款属于张某，张某之子仅为他主占有，故而 A 人民法院不能强制执行涉案存款。

（二）财产转移的场景预设及法律理由

某投资公司试图构建财产转移的法律场景。在该法律场景中，张某之子是涉案存款的权利人，涉案财产作为 A 人民法院强制执行的标的并不存在法律上的障碍。涉案存款来源于张某，但是权利主体已经发生变化。为营造财产转移的法律场景，某投资公司进行了如下叙事：

（1）张某以转账的方式将涉案财产转移给了张某之子。银行转账凭证表明，涉案存款的权利已经从张某转移至张某之子。某投资公司一方面通过间接证据否认张某与张某之子之间存在代为保管涉案存款的意思表示，另一方面认为即便张某与张某之子存在真实的代为保管涉案存款的意思表示，根据金钱"占有即所有"的权利归属规则，涉案存款的真实权利人已由张某转变为张某之子。张某有权向张某之子主张违约损害赔偿，却无权对抗某投资公司申请的强制执行。

由此可见，某投资公司是通过将事实描述与金钱归属的特殊规则相结合的方式构建财产转移法律场景的。涉案存款由张某转账至张某之子名下是各方当事人均认可的事实，但不同主体对这一事实的解读存在差异。某投资公司将这一事实与金钱归属的特殊规则相联系，切断了张某与涉案存款之间直接的权利关系。张某之子对涉案存款直接享有权利，而张某对涉案存款不再享有权利或仅就涉案存款对张某之子享有请求权。即便张某与张某之子之间存在债权关系，也不能对抗某投资公司的执行请求。

某投资公司以金钱"占有即所有"规则为基础设定的财产隔离法律场景表面上看具有较强的说服力。金钱"占有即所有"的规则符合通说，直接决定了金钱的权属。

但细究起来，某投资公司设立这一法律场景的依据存在瑕疵。金钱无疑应当适用"占有即所有"的规则，但是，本案中涉案存款的占有人并非某投资公司而是银行。从法律的层面看，张某通过转账方式将涉案存款转移至张某之子名下，产生债权请求权转移的效果，即张某将其对银行的债权请求权转移给张某之子。涉案存款对应的金钱所有权的权利人一直是银行，并未发生变化。金钱"占有即所有"的规则不能作为在本案中构建财产隔离与否法律场景的基础。转账行为切断的是张某与银行之间的债权关系，而非张某与金钱之间的所有权关系。

（2）金钱特定化是通过代为保管关系阻却财产隔离的前提条件，该条件未成就，张某无权对涉案存款直接行使权利，只能向授权或达成协议的相对方即张某之子主张请求权。某投资公司援引最高人民法院《关于适用〈中华人民共和国担保法〉若干问题的解释》第85条的规定，只是类比，并非主张适用该司法解释解决纠纷。张某和张某之子以本案并非担保纠纷作为抗辩理由，并未理解某投资公司援引上述法律条文在构建法律场景中的意义。只有当金钱特定化，即金钱以特户、封金、保证金等形式存在的情况下，当事人才可能通过合同约定的方式直接对该特定化的金钱主张权利。否则，仅具有对人性，不具有对世性。

（三）法庭对当事人未完成场景的续造

通过对诉讼双方当事人试图构建的法律场景及其法律理由进行分析，可以发现：张某与张某之子完成了代为保管涉案存款的场景设置，而某投资公司完成了财产转移的场景设置。双方当事人都没有以明确的语言或行为完成财产隔离或财产非隔离的场景预设。A人民法院作出的执行裁定书将金融机构登记的账户名称作为判断权利人以及实体权利归属的依据，并进而认定作为案外人的张某无权排除A人民法院的强制执行，在一定程度上认可财产转移的场景预设，排斥财产隔离的场景预设。

A人民法院在审理执行异议之诉的过程中，需要在代为保管涉案存款的场景预设与财产移转的场景预设基础上进一步进行法律适用和分析，完成财产是否隔离的场景续造。在涉案存款权属发生转移的情况下，代为保管的意思表示能否产生财产隔离的效果，并进而对抗A人民法院的强制执行？这一问题并未得到解决。

基于意思自治的基本原理，张某授权张某之子对涉案存款代为保管，因不违反法律的强制性规定而合法有效，双方当事人之间产生代为保管的法律关系。这一行为的效力是基于双方当事人的意思表示发生的，仅在双方当事人之间产生债的效力。至于涉案存款的权利归属和变动，则需要根据我国《物权法》等关于物权归属或变更规则的法律法规予以确定。本案中，张某与张某之子之间是否存在代为保管的法律关系对涉案存款的权利归属和变动不产生实质影响。张某与张某之子之间的转账行为是合法有效的，无论转账的原因关系如何，都不影响涉案存款所有权归属于银行，而对银行的债权请求权归属于张某之子。

张某和张某之子仅完成了代为保管的场景设置，并未就代为保管场景过渡到财产隔离场景提供充分的依据和理由。某投资公司完成了财产转移的场景设置，基于我国现行法律的规定，该场景设置原则上否定了张某之子的财产与张某之子名下为张某代为保管的财产隔离的可能性。张某之子的财产与张某之子名下为张某代为保管的财产之间并未隔离的场景预设完成。

四、案例延伸：以民事信托为视角

（一）财产转移与财产隔离的关系

民事活动中，财产转移后财产权主体发生变更，原则上受让财产权的主体原有财产权与受让财产权混同，不产生两者隔离的法律效果。但是，这一原则并非是绝对的，存在法律另有规定的例外情形。

我国《信托法》第2条规定："本法所称信托，是指委托人基于对受托人的信任，将其财产权委托给受托人，由受托人按委托人的意愿以自己的名义，为受益人的利益或者特定目的，进行管理或者处分的行为。"该法第16条第1款规定："信托财产与属于受托人所有的财产（以下简称固有财产）相区别，不得归入受托人的固有财产或者成为固有财产的一部分。"根据上述规定，在信托法律关系中，委托人将财产权转移给受托人后，信托财产与属于受托人所有的财产相区别。执行受托人的财产时，需要将信托财产排除在外。[1]

倘若张某与张某之子预设的场景不是代为保管而是民事信托，则某投资公司仅以财产转移为由不足以阻却张某关于财产隔离的主张，而A人民法院单纯依据金融机构登记的账户名称判断涉案存款的权利人也不足以否定张某排除强制执行的主张。也就是说，财产转移之后受让人原有财产与转让财产之间是否产生隔离的效果不可一概而论，需要根据财产权变动的基础法律关系进行区分。普通民事法律关系中财产转移后原则上不产生财产隔离的效果，

---

〔1〕 参见贾林青："信托财产，超然于各方当事人之外的独立财产 就我国《信托法》有关信托财产独立性规定的适用研究"，载《法律适用》2005年第11期。

法律有特别规定的除外，如民事信托法律关系中财产转移后产生财产隔离的效果。

（二）防止民事信托泛化

民事信托法律关系是基于委托人与受托人之间的信托合同产生的，且信托财产在权利外观上归属于受托人，但是，资产隔离或财产隔离的效果却可能及于第三人。由此可见，合同当事人通过民事信托合同安排可能产生对抗第三人的法律效力。这就需要对民事活动中民事信托的范围进行限定，防止因民事信托泛化损害第三人合法利益。

民事活动中财产转移的行为原则上推定为完全让与，即财产权由原权利人转移至新的权利人，转让人与转让的财产权之间的直接联系被切断。财产权人不愿切断与财产权之间的直接联系，可以通过移转占有而非财产权本身的方式实现。该原则在法律另有规定的情形下才存在例外。

财产状况是影响财产转让人与受让人之间能否成就民事信托关系的因素之一。[1]信托财产既区别于转让人的普通财产也区别于受让人的普通财产。独立性要求合同指向的财产是明确且特定的。反之，未予明确或特定化的财产难以与其他财产进行区分，不能成为民事信托指向的对象。前述案件中，张某与张某之子在授权委托书中明确代为保管的对象为张某之子名下账户中一定数额的存款。由于张某之子名下的该账户存款数额具有变动性可能，难以与张某之子的其他存款相区分，尚不足以达到信托财产要求的明确性和特定性要求。[2]

（三）信托财产未予公示的民事信托中委托人与第三人的利益平衡

在我国，信托财产未予公示的情形下，民事信托能否产生财产隔离并对抗第三人的效果？解决这一问题首先需要明确我国《信托法》关于信托财产公示的效力。我国《信托法》第10条对信托登记进行了原则性规定，即"有关法律、行政法规规定应当办理登记手续的，应当依法办理信托登记。未依照前款规定办理信托登记的，应当补办登记手续；不补办的，该信托不产生效力。"由此可见，在法律、行政法规规定需要办理登记手续的情形下，信托

---

〔1〕 参见何宝玉：《英国信托法原理与判例》，法律出版社2001年版，第71页。

〔2〕 参见楼建波："信托财产分别管理与信托财产独立性的关系——兼论《信托法》第29条的理解和适用"，载《广东社会科学》2016年第4期。

登记是信托产生效力的条件；至于法律、行政法规未规定需要办理信托登记的情形，依据权利推定规则，应当认定信托产生效力。

前述案例中，涉案存款为动产，法律、行政法规并未明确要求就此类财产设立信托时需要登记，未予登记并不会影响其信托效力。基于此，似乎可以推论涉案存款未予公示也能产生对抗第三人的效力。值得注意的是，这里预设了一个前提，即涉案存款能够作为信托财产，而事实上这一前提是不存在的。

民事信托通常基于委托人和受托人之间的合意即可产生，无需信托登记。民事信托中部分财产未予公示就因信托关系存在而基于法律规定产生对抗第三人的效力，是否妥当？具有秘密性特征的民事信托中如何平衡委托人与第三人之间的利益？缺乏公示的权利外观而产生资产隔离的效果能否对第三人的利益予以充分保护？等等问题不无疑问。[1]在前述案例中，某投资公司就认为，张某与张某之子之间存在恶意串通损害第三人利益的嫌疑。

首先，我国《信托法》对委托人设立信托损害债权人利益的情形进行了规定，能够在一定程度上保护债权人的利益。该法第12条赋予因委托人设立信托而遭受损害的债权人以撤销权。这一制度设计具有平衡委托人与债权人的效果。一方面，为保障债权人的利益，法律赋予了债权人撤销权。另一方面，债权人行使撤销权需要受到"委托人设立信托损害其债权人利益"这一限制。这里的债权人是指委托人的债权人而非受托人的债权人。倘若张某通过信托的方式将财产转移给张某之子，张某的该行为并未产生损害债权人利益的结果。涉案存款来源于张某，张某设立信托的行为并未导致张某之子用于清偿债务的财产减少。

其次，从应然的角度看，区分债权的类型是判断信托财产能否被隔离并对抗受托人的债权人的较优路径选择。倘若受托人的债权人与受托人之间的债权债务关系指向的对象是信托财产，为保护委托人的债权人的信赖利益，信托财产隔离并对抗的效力需要受到限制，不及于委托人的债权人；倘若受托人的债权人与受托人之间的债权债务关系指向的对象与信托财产无关，因委托人的债权人对该信托财产并无合理期待，信托财产隔离并对抗的效力及

---

〔1〕 参见楼建波："信托财产分别管理与信托财产独立性的关系——兼论《信托法》第29条的理解和适用"，载《广东社会科学》2016年第4期。

于委托人的债权人。

五、结语

法律场景预设是现实社会生活被裁剪、组合后在法律世界反映或折射的结果。构建法律场景就是从不同的法律视角对同一案件的案情进行解析和重组。在当事人主义模式下，诉讼当事人通过证据、常识、法律条文等营造有利于自己一方主张的法律场景。法官需要分析诉讼当事人构建的法律场景的正当性与合理性，必要时需要续造或调整相关法律场景预设。本文讨论的执行异议之诉案件中，张某与张某之子构建了代为保管的法律场景，而某投资公司构建了财产转移的法律场景，A人民法院在审理的过程中，有必要对诉讼当事人构建的法律场景进行续造和调整，就能否构建财产隔离的法律场景进行分析。民事活动中，财产转移的情形下以不产生财产隔离效果为原则，以法律另有规定为例外。代为保管的法律场景预设不如民事信托的法律场景预设有利于证成财产隔离。民事信托的范围不宜泛化。在民事信托制度设计中需要平衡委托人利益与债权人利益。

住房反向抵押养老保险法律问题研究与国际经验借鉴[*]

张　巍^{**}　宋　颖^{***}　李文华^{****}

摘要： 住房反向抵押养老保险作为以房养老的一种模式，能盘活养老资金，在我国已经步入超老龄化社会的国情下，对解决我国养老资金严重不足问题具有积极意义。自国务院2013年9月号召"开展老年人住房反向抵押养老保险试点"以来，我国虽然也开展了多个"以房养老"试点，但均以失败告终。针对目前的困局，本文将从分析我国试点的失败原因，以及住房反向抵押贷款与正向抵押贷款的差异入手，找出我国推进该项目的阻碍因素，在对比研究美国HECM模式以及英国、日本、新加坡发展经验的基础上，归纳推行住房反向抵押的一般规律，并结合我国现行法律制度，提出建立住房反向抵押法律制度的思路，以期推动我国以房养老服务的发展，拓宽养老金来源。

关键词： 住房反向抵押养老保险；以房养老；配套机制；政府角色定位

近年来，我国老年人口数量不断增长，据联合国人口基金会和中国老龄委预测，到2025年前后，中国60岁以上的老年人口占总人口的比重将超过20%，步入超老龄社会。我国目前关于养老保障的基本制度是全国社会保障基金制度，它作为一种国家社会保障储备基金，目前尚处于积累期，一旦人口老龄化高峰造成养老金压力过大时，很可能难以抵住巨大的养老压力。国

---

　* 本文是北京交通大学2018年大学生创新创业训练计划项目阶段性成果，项目编号是180160002。本论文也是"横向课题公证处与民间借贷及以房养老有关法律问题研究"的阶段性成果。
　** 张巍，北京交通大学法学院2016级本科生。
　*** 宋颖，北京交通大学法学院2016级本科生。
**** 李文华，北京交通大学法学院副教授。

务院发布的报告显示，"十二五"期间，企业职工基本养老保险基金支出年均增长 18.6%，收入年均增长 12%，支出比收入增幅高出 6.6 个百分点。[1]据统计，"十三五"期间政府养老服务业资金缺口合计 3014 亿元，年均资金缺口高达 603 亿元。[2]加之前些年存在部分地方政府挪用社保储备基金的情况，出现大量"养老空账"，因此面对"僧多粥少"情况下政府养老金严重不足的困境，养老仅依靠政府和社会是不现实的。并且随着生活水平、医疗水平的提高，老年人的基本生活支出也在逐渐增加，我国现有的基本养老保障制度甚至可能都无法保障老年人的基本生活，这就迫切地要求老年人另辟蹊径来增收养老金。

2018 年中国银保监会发布通知将在全国范围内推广老年人住房反向抵押养老保险政策，"以房养老"再次引发公众巨大关注，作为一种创新型金融养老产品，它最早起源于荷兰，兴起于 20 世纪 80 年代的美国，经过几十年的发展，在美国、日本、英国等国家已相当成熟。除了老年人口众多、养老需求巨大的客观现实基础外，我国拥有产权房的城镇老人占比高达 75.7%，拥有多套房的城镇家庭比例达 21%，具备推行住房反向抵押养老保险的物质基础。在我国推广"以房养老"，可以让养老依赖市场这一极大的动力来拓宽老年人的养老资金来源，有效缓解养老资金严重短缺问题。

一、概述

（一）住房反向抵押贷款相关概念

住房反向抵押贷款是指超过一定年龄且拥有住房产权的老年人将住房产权抵押给银行或保险公司等金融机构，金融机构根据该老年借贷人的年龄、预期寿命、住房现值及未来增值空间和折损情况等对该老人去世时房屋的价值进行综合评估，用住房的评估价值减去损耗以及利息，按当前人们的预期平均寿命计算，将住房的残值分摊到老人预期寿命年限中，定期或按约定方式支付现金给老人，老人可以继续在已抵押的房屋中居住，拥有房屋占有、

---

[1] "国务院：国有资本划转社保基金 用于养老等支出"，载 http://www.gov.cn/zhengce/2016-02/05/content_ 5039592. htm，访问日期：2016 年 2 月 5 日。

[2] 胡祖铨："我国养老服务业的财政性资金投入规模研究"，载 http://www.360doc.com/content/15/0804/10/1369622_ 489399781. shtml，访问日期：2015 年 11 月 24 日。

使用、收益和经抵押权人同意的处置权，直至其去世或永久搬离为止，彼时金融机构取得抵押房屋所有权的一种养老模式。住房反向抵押养老保险则是依上述概念创设的一种将住房抵押与终身养老年金保险相结合的创新型商业养老保险业务。实践中经常将住房反向抵押贷款称为"以房养老"，但二者并不是等同的概念。

广义上的以房养老是指拥有住房产权的老年人将自己的产权房抵押或出租出去，定期获得一定现金或养老服务的养老模式，具体又可以分为三种模式[1]：①以房换养，即指老年人将自己的产权房抵押或出租出售以换取社区养老服务中心或其他养老机构的养老服务的一种模式。②以房自助养老，这种模式在手段上和"以房换养"模式相同，都包括抵押、出租、出售，但在养老方式上有区别，以房自助养老是指老年人以产权房换取现金来提高其养老生活水平，老人仍然待在自己或子女家中养老。这种模式包括以房换房（即通过将中心地段的房换成偏远地区的房，大面积的住房换为小面积的住房的方式以获取房屋的差价来养老）、售房返租等方式。③住房反向抵押贷款，也称为"倒按揭"，即狭义上的以房养老，它被视为完善养老保障机制的一项重要补充，这种模式在当前国际上的以房养老业务中适用最多，相较于前两种模式也更复杂，更具有研究意义。2013年国务院印发的《关于加快发展养老服务业的若干意见》明确提出"开展老年人住房反向抵押养老保险试点"；2018年8月10日，中国银保监会发布通知：在全国范围内推广老年人住房反向抵押养老保险。无论从国外的以房养老业务情况，还是我国以房养老市场及政策导向来看，住房反向抵押贷款模式都是以房养老业务的主力军，并且"以房换养"和"以房自助养老"所涉及的法律关系多为买卖、租赁、借贷和一般的抵押关系，现有制度和市场机制完全可以支撑二者推行，因此，本文将围绕住房反向抵押贷款这一以房养老模式展开，下文的"以房养老"仅指住房反向抵押贷款。

（二）反向抵押贷款与正向抵押贷款的关系

正向抵押贷款是住户将刚购置的住房（一般为新房）产权以抵押的形式从银行一次性取得资金，用以弥补购房款项的不足，这是货币资产通过购买

〔1〕 参见贾宏斌："美国HECM模式对我国推行住房反向抵押贷款的法律借鉴"，载《社会科学辑刊》2014年第5期。

房屋向固化资产的转化。而住房反向抵押贷款则表现为住房资产向货币资金的转化，其现金流向与传统的房屋抵押贷款相反，因此而得名。笔者在此处对二者进行比较以期准确把握反向抵押的特征，研究在住房反向抵押养老保险的操作过程中哪些方面可以直接适用传统抵押贷款的规定，而哪些方面又需要另行明确。

二者都是住房抵押贷款，在法律关系方面，都涉及抵押关系，因此我国《物权法》中关于抵押的一般性规定仍然可以适用于反向抵押。具体而言，首先，反向抵押同样需要遵循抵押权设立的形式性要求，我国《物权法》第185条明确规定应以书面形式订立抵押合同，并对合同的条款做了规定。其次，我国《物权法》中"房地一体"原则、抵押权的顺位及效力、流押条款的禁止、抵押期限、抵押物的转让及其价值减少时抵押人的责任等规定，对反向抵押是否同样具有效力。可以确定的是，我国《物权法》中没有涉及正向抵押贷款与反向抵押贷款差异的一般性抵押规定，又没有经特别法另行规定不予适用的条款，对我国推行住房反向抵押养老保险同样具有法律效力，实践中涉及与之对应的纠纷仍然可以适用我国《物权法》关于抵押权的规定解决。

关于二者的差异，首先，正向抵押的贷款机构只能是银行，反向抵押贷款的开办机构可以为银行、保险公司或专门成立开办这一业务的特设机构。根据我国国内试点情况，我国的住房反向抵押贷款的业务开办机构，包括银行、保险公司、信托投资公司、特设机构等，每个试点的开办机构都不一样。其次，在业务对象的年龄限制上，正向抵押贷款会设置贷款人的年龄上限，一般年逾60周岁的人不具备申请贷款的资格，而反向抵押一般是给贷款人设置年龄下限。在住房状况上，正向抵押通常发生在住房使用周期的前期或中期，申请人大都是为了购买住房而申请贷款，尤其以购买初始建造的新房居多，反向抵押则大多在住房使用周期的中后期，多是贷款人已居住多年的旧房，是对使用后期的住房资产价值做重新盘活整理。这一点的区别也直接导致了住房反向抵押养老保险运行中，房屋的损耗、维护以及房价波动的未知性使得房屋价值评估的难度加大。贷款发放与归还形式上的差异同样值得注意，正向抵押贷款是银行将款项一次性贷放给购房人员，然后再在整个贷期内分期分批收回贷款本息，反向抵押贷款则是在居住年限或者说老年人生存年限内无须还款，最后一次性收回贷款本息，可见反向抵押贷款的贷款机构的风险远超过传统抵押。[1]这也带来一项思考：如果办理住房反向抵押贷款的老年人实际寿命比预期寿命明显增长或者缩短时，贷款金额与房屋价值差距较大时应该设立怎样的风险防护机制？反向抵押与正向抵押的差异，以及以房养老的福利性决定了尽管反向抵押贷款在有些方面可以借鉴传统正向抵押贷款的运行规范，但是，我国《物权法》中为正向抵押贷款设立的抵押制度无法完全调整反向抵押贷款法律关系，在上文提到的那些层面自然需要重新思考解决方案及相应的风险。

二、国外住房反向抵押养老保险的对比研究与经验借鉴

住房反向抵押贷款最早源于荷兰，而后其他国家纷纷效仿，其中以美国的"房产价值转换抵押贷款计划"（即 HECM 模式）最具有典型性，下文将重点介绍美国的 HECM 模式。此外，日本"住宅性能表示制度"提高了房屋质量和寿命，新加坡的"屋契回购计划"政府参与了寿险方面的处理，这些成功经验都值得我们借鉴。

（一）美国 HECM 模式的发展情况及经验思考

"房产价值转换抵押贷款"（即 HECM）是指符合申请条件的老年人向美国联邦住房管理局（FHA）申请办理，获准后将其拥有独立产权的住房抵押给获得 FHA 合法授权的银行等金融机构，老年人在不丧失居住权的情况下将房屋价值变现以获得养老资金。HECM 模式由美国住房与城市发展部（HUD）设计运营，并在产品设计、风险规避、程序设计等方面进行了全面参与，同时由 FHA 提供担保以降低老年人的顾虑。申请该项目的老年人必须首先签订贷款协议，而该贷款协议获得了联邦政府的免税核准。老年贷款人的申请条件为：年龄为 62 周岁及以上；拥有独立产权的房屋并居住于内；房屋贷款已付清或已支付极大部分。目前，HECM 模式是美国适用最广、规模最大的一种以房养老模式。

美国联邦政府在 HECM 模式中的风险担保主要体现为以下两项制度：① "居住保证制度"，指老年人在领取反向抵押贷款金时对抵押房屋享有终身居住权，即便老年人在世时，贷款总额已超过抵押房屋的价值，金融机构也

---

〔1〕 参见范李瑛："论我国推行住房反向抵押贷款的法律制度保障"，载《中州学刊》2016 年第 10 期。

不能收回房屋；② "无追索权" 条款的保障[1]，该条款是指金融机构的贷款金额本息累计超过抵押房屋的价值时，也不能要求老年贷款人或其继承人用其他财产或遗产来填补贷款差额。美国联邦政府在老年贷款人寿险上的这两项措施解除了老年人的后顾之忧，大大调动了老年人的参与积极性。

分析美国 HECM 模式的成功，原因主要如下：一是联邦政府严格把控了有权贷款的金融机构的资格并且设置寿险基金为老年人的长寿风险进行担保，分散了金融机构的风险。二是由专门的政府机构——HUD 设计经营该项目，并制定了专门的法规进行规范及监管。三是偿还方式灵活，在贷款期限结束后，可以根据合约，由金融机构收回房屋所有权变现以偿还贷款本息，也可以由老年人或其子女通过偿还金融机构贷款本息来赎回房屋。最后，美国 HECM 模式中，贷款机构的积极性很大程度上来源于贷款机构可将住房反向抵押贷款通过二级市场融资，进行风险分散。[2]虽然目前我国证券市场可能还没有成熟到可以实现房屋证券化，但这可以作为一个目标，随着我国以房养老的逐渐推行、规模的加大，该目标将慢慢实现。

（二）其他国家住房反向抵押贷款相关制度的亮点

（1）日本 "住宅性能表示制度" 有效提高了日本住宅质量及寿命。金融机构在推行以房养老过程中必然会考虑房屋毁损问题，抵押房屋质量差会直接影响金融机构最后的收益。目前我国缺乏严格规范的建筑工程质量规范，导致我国住宅质量普遍不高，这也是阻碍金融机构开展住房反向抵押养老保险的一个因素，高品质、长寿命的住宅是该业务的坚实基础。日本的 "住宅性能表示制度" 是由指定的住宅性能评估机构根据结构安全性、防火性等住宅性能基准对被评估住宅进行评价、分级并出具相应的住宅性能评价书的过程。此外，日本还制定了《住宅品质确保促进法》，要求开发商在一定年限内完全承担房屋的瑕疵担保责任，不仅要对房屋结构缺陷承担责任，而且对屋顶、外墙等漏雨、渗水等也必须承担瑕疵担保责任。这些措施极大程度提高了住宅的质量，保证了住宅的使用寿命。

（2）"屋契回购计划" 作为新加坡以房养老的主力军，是指政府对符合

---

[1] 参见张芳、李炜："反向抵押贷款制度研究——以美国经验为借鉴"，载《湖北社会科学》2013 年第 4 期。

[2] 参见王伟、高雅："住房反向抵押贷款养老模式的国际经验与启示"，载《金融与经济》2016 年第 2 期。

申请条件的老人的组屋剩余屋契进行回购，根据估价向老人发放相应贷款金额，老人获得养老资金同时可以 30 年的租约形式继续住在原有组屋中。政府回购后分三部分发放资金：首先在计划实施之初发给老年人一笔现金，之后在约定年限内每月定期向老人发放固定养老金，如果老人在该年限内去世，其亲属可继续获得，最后一部分资金由政府统一为老人购买长寿保险，当老人实际寿命超过约定年限时，作为其养老资金的保障。[1]

新加坡"屋契回购计划"的亮点在于：对贷款实施过程中的寿命风险提前进行了防范，首先规范了老人实际寿命低于预期寿命时，未发放的贷款可以由老人的子女、亲属继承。其次由政府为老人购买寿险来分散风险，若老人实际寿命超过预期寿命，仍然可以通过保险保障其生活，而金融机构也不会过多承担老人的长寿风险，同时减轻了老人和金融机构的担忧。

三、我国住房反向抵押制度的法律问题分析

（一）缺少相关法律制度规定或原则性精神性规范的指引

（1）没有对抵押权人与抵押人权利义务的规定。住房反向抵押养老保险作为社会养老保障事业的一部分，是对年老又缺乏经济来源的老人的一种生活资助，具有福利性的属性，不单单是借贷双方之间纯粹的债权债务关系，因此不能仅将其视作普通的金融产品，完全由市场机制予以调整，加之老年群体的易骗性、缺乏法律意识等特征，决定了推行住房反向抵押养老保险需要明确参与双方的权利义务，重点是对抵押权人的义务和抵押人的权利的规定，如抵押权人的风险告知义务、老年人的犹豫期等权利。

（2）缺少对抵押房屋的维护、损坏及交易流转问题的规定。住房反向抵押养老保险因时限长且不确定而蕴含很多风险，房屋抵押后，老年人仍然居住在房屋内，此时房屋若是发生损坏，如果是因抵押人的行为使房屋价值减少，可以根据我国《物权法》第 193 条的规定，抵押权人有权向抵押人请求赔偿损失或提出法律规定的其他请求。但如果被抵押的房屋是因不可抗力受到毁损或灭失，由于当前法律并没有规定这部分损失由谁承担，此时金融机构就要面临贷款如何收回的困境。再有，已办理反向抵押的房屋能否设立多

---

〔1〕 马德功、李靓："'以房养老'中国模式探析——以四川成都为例"，载《西南金融》2014年第 3 期。

重抵押，能否交易转让，这些问题都需要进一步明确。反向抵押贷款发放过程中，对抵押物价值毁损及交易转让的规定不明，会导致金融机构可能承担一些未知的风险，这也是目前我国金融机构开展该项业务积极性不高的原因之一。

（二）现行法律制度对推行住房反向抵押养老保险的阻碍

（1）建设用地使用权续期规定不明阻碍了住房反向抵押养老保险的推行。我国实行土地所有权和土地使用权分离的土地权属制度，土地所有权归国家所有，附着于土地之上的房屋所有人拥有的只是土地使用权，而根据我国《城镇国有土地使用权出让和转让暂行条例》第 12 条，居住用地的土地使用权出让的最高年限为 70 年。尽管房屋物权是无限期的，但根据"房地一体"原则，房屋的使用权年限以较低的土地使用权年限为准，即老年人办理抵押的房屋为 70 年产权。这一规定直接影响了房屋的价值，使得越临近期满的房屋价值越低。我国 2007 年施行的《物权法》规定住宅建设用地使用权期限届满的，自动续期，但是对自动续期是免费续期还是有偿续期，续期次数、期限长度、手续费等一系列问题未作出说明。这使得贷款机构不得不考虑以下三个方面的风险：一是倘若续期为有偿，这笔续期费用由贷款机构还是房屋所有者承担。二是如果续期费用无法达成一致，国家将收回土地使用权，贷款机构会面临巨大损失。三是续期期限长度未确定直接影响了抵押房屋变现的价值。[1]

（2）金融业分业经营制度制约了住房反向抵押养老保险的发展。我国金融业经历了从综合经营到分业经营，再到混业经营的发展演变，目前仍总体保持着银行、保险、证券、信托的分业经营格局，并且是通过立法加以确立，然而正是这项法定的制度阻碍了住房反向抵押养老保险的发展。通过长期以来保监会的推动以及我国试点工作的进行，可以得知，目前我国是将保险公司作为住房反向抵押养老保险的主要经营机构，而该养老保险是一项长期性业务，在开展初期到抵押期届满的较长时间里，几乎只有现金持续从贷款机构流出，而无相应的现金流入，因此需要有持续稳定的现金注入，否则会因资金链条中断而无以为继，倘若仅由保险公司开展，甚至可能会影响保险公

---

〔1〕 参见陈鹏军："我国'以房养老'发展瓶颈及其模式选择"，载《经济纵横》2013 年第 10 期。

司其他业务的开展，这就需要引入银行这类具有稳定现金流的金融机构来保障业务的顺利推进。我国传统按揭贷款一直以来都是由银行开展的，银行对贷款业务有经验，最重要的是银行有长期稳定的现金流。如果仍然采用金融业分业经营的制度，反向抵押贷款的现金流将无从保障，这一制度很难在我国落地生根。并且养老保险具有浓重的福利色彩，由银行这类政策性机构参与发放贷款更为合适。此外，虽然目前我国证券市场发展不健全，无法对房产进行证券化管理，但根据美国经验，房屋证券化能分散贷款机构的风险，增加资金的流动性和稳定性，是以房养老的助推器，随着该业务在我国的推进，不排除房屋证券化的可能，而目前金融业分业经营制度显然会成为阻碍。

（三）缺乏相应的配套机制

住房反向抵押养老保险涉及不动产评估，科学测算抵押房屋的价值十分关键，虽然正向按揭抵押也需要对抵押房屋进行评估，但是受不稳定的房价影响，正向抵押中住房价值相对反向抵押的住房未来值更容易评估，二者不处于一个难易度上。我国目前没有统一的不动产评估管理办法和评估机构，而受地理位置、房屋特征、布局、建筑质量、房价变化等诸多因素的影响，反向抵押贷款的房屋价值评估难度加大，没有规范健全的行业机制、不利于该业务的发展。

住房反向抵押养老保险作为社会养老保障体系的一部分，有利于扩宽养老保障资金来源，提高老年人的生活水平，具有浓厚的社会福利性质，不能仅将其视为金融产品交由金融机构和市场调控，而应以政府为主导，充分发挥政府的作用。如 20 世纪 60 年代，美国住房反向抵押贷款最初是由私人公司推出的，之后相当长一段时间都没有发展起来，直至 20 世纪 80 年代，推出了由 FHA 和 HUD 主导监管运营、金融机构参与的 HECM 模式，该模式大获成功。再如英国的反向抵押贷款自 20 世纪 60 年代就已经存在，其主导产品——"房产价值释放机制"，就是因为缺乏政府担保及产品设计时的缺陷而一直没有起色，直到英国政府重新制定了新的资产释放计划，安排了巨额政府财政预算支持，才使得住房反向抵押贷款逐渐发展起来。分析西方国家住房反向抵押贷款的发展经验以及我国试点的失败原因，笔者发现政府在住房反向抵押贷款中至关重要，必须明确政府在该业务中扮演的角色和职能，才能保障住房反向抵押养老保险的顺利推行。

四、关于建立或完善住房反向抵押相关制度的建议

（一）建立健全具体法律制度

住房反向抵押养老保险作为一项商业养老保险业务，应该由经营机构根据市场等详细信息进行操作，新模式的推广也需要各地因地制宜制定规章制度来保障其运行，初期时，概略性的规定可能会限制其发展，但是该业务的出发点是为了缓解我国社会养老保障金的压力，构建多元化养老体系，并且其作为一项金融产品，开办机构又涉及保险公司、银行等金融机构，完全地放任市场自由发展，会背离其福利性的初衷，所以在我国推广住房反向抵押养老保险一定要有一套总体性的制度来保驾护航，制度体系中对必须明确规定来保障其安全性的部分要有明确性规定，对需要因地制宜发挥各个地方试点自主性的部分也需要有一些精神性的原则，以保护发生住房反向抵押纠纷时金融机构和老年人之间权利红线的安全。

（1）明确规定住房反向抵押养老保险参与主体的资质以及权利义务。2018 年银保监会发布通知将在全国范围内推广住房反向抵押养老保险，但是目前还没有出台具体规定。笔者认为，关于该业务参与主体也即抵押人与抵押权人的资质的规定，可以参考 2014 年保监会为了在北京、上海、广州、武汉四个试点城市推行该业务所出台的《中国保监会关于开展老年人住房反向抵押养老保险试点的指导意见》，该指导意见中规定有权开展该业务的保险公司，应当向中国保监会提出申请以获得资格，并进一步详细规定了有权参与的保险公司的资格条件。该指导意见中同样规定了投保人群应为 60 周岁以上拥有房屋完全独立产权的老年人。结合我国法定退休年龄以及其他国家的经验，将参与反向抵押养老保险的老年人规定为 60 周岁以上的老人群体，符合该制度作为社会养老保障体系补充方式的初衷。但是对于投保人所拥有的住房的产权状况应该放宽一些，只要可供抵押的房产具有一定价值，又乐意参与这一业务者，都应当允许参与这一业务。

住房反向抵押养老保险作为一项牵涉老人最重要财产的新业务，必须要明确参与者的权利义务才能提前做好风险防范，调动双方的参与积极性。为了解决保险公司与投保人之间知识信息不对称、投保人处于弱势地位的现实问题，笔者建议，应当明确规定投保人在犹豫期内享有的权利，保险公司具

有真实介绍、风险告知、信息披露的义务，同时要对业务办理作出明确的程序性规定，如犹豫期的最短期限及办理业务、签订抵押合同时的录音录像，保险公司应当在犹豫期内再次向投保人介绍反向抵押养老保险产品，确认投保人的真实购买意愿，等等。

（2）关于明确抵押物维护维修、损耗赔偿及交易流转的建议。住房反向抵押养老保险作为一项长期性业务，抵押人在抵押期限内仍然居住在已抵押房屋内，而房屋价值与抵押权人收益直接相关，笔者认为，我国《物权法》第 193 条对于抵押财产价值减少时，抵押人与抵押权人权利与责任的规定仍然可以用来解决该利益冲突。此外，关于抵押房屋的交易流转，除我国《物权法》第 191 条规定的情形外，住房反向抵押的客体不应该被允许多重抵押。这是因为在住房反向抵押贷款法律关系中，该业务本身就存在抵押期限长且不确定等多重风险因素，如果在抵押客体上设立多重抵押，则必在抵押权人原有风险的基础上又额外增加多重风险，这种做法明显不利于保证反向抵押债权的顺利实现以及反向抵押债务人充分享有反向抵押贷款的合法权益[1]，会大大降低金融机构参与该业务的积极性。

（二）对现行法律制度的探讨分析

（1）关于明确住房建设用地使用权续期的建议。建议有关部门尽早出台土地使用权续期的细则，其中明确规定：①住宅建设用地使用权可以续期两次，第一次续期为无偿续期，第二次则为有偿续期；②第一次续期的期限视建筑物剩余寿命而定，第一次续期期限届满建筑物仍然完好没有灭失的，房屋所有人可以申请第二次续期，第二次续期的期限视申请人的申请年限和建筑物剩余寿命确定。作出如此构想的理由，一是根据物权法的规定，我国 70 年住宅建设用地使用权到期自动续期，笔者认为，与"自动续期"相反的概念是"申请续期"，那么此处的"自动"应当理解为不以人的行为为条件的自然发生，既然不以人的行为为条件就不需要缴纳费用，否则有违"自动"的内涵。[2]因此住宅建设用地使用权到期后的第一次续期应当是自动免费续期，既然是免费续期，也就不应该收取手续费，否则就不是纯粹意义上的

---

〔1〕 蔡永为："建立住房反向抵押制度所涉客体问题的法律思考"，载《现代财经——天津财经大学学报》2009 年第 6 期。

〔2〕 参见范李瑛："论我国推行住房反向抵押贷款的法律制度保障"，载《中州学刊》2016 年第10 期。

"免费"。二是物权法上房屋所有权与建设用地使用权流转时"房随地走""地随房走"的"房地一体"原则决定了房屋所有权与住宅建设用地使用权相互依存,不可分离。即使土地使用权到期,但只要地上建筑物仍然存在,就不能认为住宅建设用地使用权完全灭失,所以第一次免费续期的期限应当根据续期时对建筑物寿命的评估来确定。但是评估毕竟是人为推测,不可能完全准确,如果第一次免费续期期限届满,建筑物仍完好存在,房屋所有人有权再次申请续期,但是第二次的申请续期是有偿的,费用应当根据第二次建筑物剩余寿命及当事人申请的年限来确定。第二次续期的构想是出于房屋价值最大化利用以及盘活房地产资源的目的而提出的。

(2) 关于住房反向抵押保险推行过程中保险公司、金融机构的关系的分析。我国对银行、保险、证券、信托四业实行"分业经营、分业管理"的政策,这限制了住房反向抵押贷款业务的开展。在技术上,保险公司在寿命风险控制等方面有较多业务经验,并已经逐渐形成了比较完整的制度设计和管理方法,以其丰富的保险业务的开展经验,是最适合开展住房反向抵押贷款的主体。同时由于住房反向抵押贷款作为一项涉及多方面行业技术要求的综合性业务,需要统筹发挥金融机构各自的优势。笔者建议,应当鼓励保险公司和银行等金融机构联合开发住房反向抵押养老保险,以保险公司为主体,银行等其他金融机构则围绕保险公司共同开发衍生金融产品,通过各行业的交叉合作推动住房反向抵押养老保险的开展。

(三) 明确政府在住房反向抵押养老保险中的地位及角色,充分发挥政府的作用

住房反向抵押养老保险内在的社会福利性和其金融产品的定位之间的冲突决定了其政策性,政府必须介入该业务提供政策支持。住房反向抵押的总基调应该是政府主导、金融机构参与,政府与市场"双箭并发"。

(1) 要发挥政府的监管作用,这主要体现在两方面:一是政府监管住房反向抵押养老保险的开展,有权从事该项业务的保险公司等金融机构要经过政府的批准。二是政府监管业务的运营情况,对不动产评估、贷款发放情况等进行监督,督促保险公司妥善处置投保人投诉,保险公司要定期向政府披露其财务状况。如美国的 HECM 模式就是由 FHA 审批金融机构的申请,赋予符合条件的金融机构经营资格,并由 HUD 在产品设计、风险规避机制、程序设计等方面进行了全方面参与,制定专门的管理条例进行监管。

（2）政府要为住房反向抵押养老保险提供相应的政策支持。首先要建立健全住房反向抵押配套的法律规范、对阻碍该业务开展的现行制度寻找解决方案。其次要为该业务安排财政资金预算，开展住房反向抵押养老保险的机构的首要目的是营利，投保人也希望获得最大程度的养老资金，如果经营机构与投保人发现无法取得预期收益，将难以达成交易，该业务作为社会养老保障体系的一种补充，政府有义务给予投保人和经营机构一定的税收优惠，初期甚至可以提供补贴以弥补这种市场失灵。具体可以参考美国的税收优惠政策，美国政府不仅免除了抵押贷款中投保人房产的财产税还减免了抵押期届满时经营机构变现出售抵押房屋的营业税。[1]

（3）政府要为借贷双方进行风险担保，由政府为投保老年人统一购买长寿保险，为超出预期寿命老年人的生活提供保障。也就是说，如果老年贷款人的实际寿命超出与金融机构约定的预期寿命，老年人超出的寿命期限内，其生活来源应由政府负责，而政府也可以通过为老人购买寿险进一步分散这种风险负担。作出这种构想的理由是养老毕竟是一项福利性事业，尤其是对于那部分占比并不高的长寿老人，政府更是有责任且有能力保障其生活。况且，我国以房养老尚未发展起来，不少金融机构都处于观望状态，加上目前我国房价的波动、建设用地使用权续期的模糊规定等阻碍因素，如果再让金融机构承担老年人的实际寿命超出预期寿命时的风险将不利于该项业务的推广。

（四）关于引入公证以降低住房反向抵押贷款风险的建议

住房反向抵押贷款一直以来被人误解诟病之处主要是经营机构与投保的老年人在法律意识、业务了解情况、信息等方面的不对称、不公平性，引入第三方机构——公证机构，不仅可以宣传以房养老业务，还能为老年人提供法律咨询，提高老年人对该业务的了解程度。2014 年保监会下发的《关于开展老年人住房反向抵押养老保险试点的指导意见》规定："保险公司应当通过录音、录像或第三方见证等方式增强合同签订过程的公平性、公正性，确保合同体现各方真实意思表示。"这一规定虽未明确提及公证，但却为公证处介入住房反向抵押养老保险埋下伏笔。2017 年 8 月，北京市民政局发布的《关

---

〔1〕 张仁枫："我国推行住房反向抵押贷款业务的困境与对策"，载《当代经济管理》2015 年第8 期。

于加快发展商业养老保险的实施意见（征求意见稿）》规定："在房地产交易、登记和公证等环节，为住房反向抵押养老保险投保人或被保险人设立绿色通道，简化办事程序，提高办事效率。"其中明确提出公证参与住房反向抵押养老保险事宜。公证机构作为依法设立的证明机构，具备法律专业素养，受司法行政部门的监督管理，并且与公众联系密切，可以考虑将公证处引入住房反向抵押养老保险的运营中以规避该业务推行过程中可能出现的纠纷。笔者在此总结一些公证处在该业务中的介入方式：①公证处可以是住房反向抵押养老保险的宣传咨询机构，相较于保险公司这类直接经营的主体，公证处能够相对客观公正地开展业务宣传，如实介绍该业务在丰富养老保障选择、提升养老保障水平等方面的积极作用，做好老年人的普及教育工作，明确提示投保人抵押房产的后续评估、管理和处置情况。②公证处可以是公证方和受托方，可以陪同老年人签订贷款抵押合同，就合同为老人提供法律意见。老年人可以就抵押事宜等特定事项委托公证处代办。③公证处可以是资产代管机构，公证处可以根据与老年人签订的委托管理合同，设立专门账户代管贷款机构发放的养老资金。

西班牙民法中的分居制度评介

郑文科*

摘要：西班牙民法中的分居可因司法判决或者法官批准的分居协议而成立，分居后双方的婚姻生活归于暂停，同时考虑到双方分居期间财产上的公平性。该分居制度具有分居形式的法定性、分居协议内容的法定性、分居后果的法定性和特别强调在分居期间子女利益的保护的特点。在我国目前尚不存在真正意义上的分居制度，建立完善的分居制度有利于使当事人进入冷静期，降低离婚的冲动，有利于解决在分居期间所产生的权利义务纠纷，特别是财产纠纷，有利于维护未成年子女的利益，有利于在当事人婚姻关系真正解除时法律纠纷的解决。我国应当建立明确的分居制度，明确分居期间当事人间的权利义务关系，明确分居协议的终止及期限届满的法律后果。

关键词：西班牙分居制度；主要内容；借鉴意义

西方民法中的分居制度起源于中世纪的教会法。在中世纪的欧洲，基督教占统治地位，夫妻间的婚姻关系被认为是基于上帝恩惠缔结的，不能人为地分开，即使夫妻履行婚姻义务完全不可能时也不能离婚。直到十八世纪末期教会法院才创立了分居制度，即在保持婚姻关系的情况下，夫妻之间解除同居义务，同时就财产关系和子女的抚养问题进行了较为详尽的安排。随着社会的发展，政教分离，离婚也成为被普遍认可的一项基本人权，但是基于禁止离婚的社会环境产生的分居制度并未消失。目前世界上很多国家如英国、美国、法国、瑞士等都存在分居制度。作者通过比较，认为西班牙民法中的分居制度规定更体系化，内容较为完善。在此进行评介，期望通过对西班牙

---

* 郑文科，首都经济贸易大学法学院副教授。

民法中的分居制度的介绍，对我国的婚姻立法有所裨益。

一、《西班牙民法典》[1]中分居制度的主要内容

《西班牙民法典》中关于分居制度的规定，集中体现在四章之中：一是在第1卷专门设立"分居"一章，用4个条文的篇幅就分居的成立进行较为详细的规定。二是在第1卷第9章"婚姻无效、分居和离婚的共同效力"、第10章"申请婚姻无效、分居与离婚的预防性措施"、第11章"婚姻无效、分居与离婚的适用法"中就分居对当事人之间身份关系产生的影响、分居对当事人之间财产关系的影响、分居对亲子关系的影响、分居对离婚的影响所做出的规定。

（一）分居的成立及生效

第一，根据司法判决而成立。根据《西班牙民法典》第81条的规定，设立的婚姻可因司法判决而分居。基本条件是：婚姻双方共同，或婚姻一方在取得另一方同意后提出的。分居应当在婚姻缔结三个月后提出，同时递交法定的规范性协议。

第二，根据法官批准的规范协议而成立。根据《西班牙民法典》第90条的规定，规范性协议至少应当包含以下内容：一是基于亲权的对子女的照顾及其照顾的实施方式、与子女的沟通方式、与其通常共同居住的子女和后人的居住问题。二是可能的情况下还应考虑祖孙之间的探访和交流，这个制度应有利于对孙辈的利益的保护。三是家庭日用品的分配。四是婚姻和抚养职责的分配，以及为以上行为的行使的基础与保障。五是可能的婚姻经济制度的清算。六是可能的婚姻一方给予另一方的补助。该条第2款规定，分居的协议应当取得法官的批准；涉及祖孙之间的探访和交流的内容，法官的裁决应取得祖父母和外祖父母的同意。对协议的拒绝必须通过司法决议的形式，一经批准即可履行判决。在无协议时法官可以做出判决并产生司法效力。

（二）分居对当事人间人身关系的影响效果

分居并不仅是夫妻间同居义务的终止，还包含基于婚姻关系而产生的相关权利义务关系的停止。根据《西班牙民法典》第102条的规定，分居后夫妻双方可以分开居住，不再推定继续夫妻生活，配偶一方授予另一方的同意

---

[1] 西班牙议会：《西班牙民法典》，潘灯、马琴译，中国政法大学出版社2013年版。

和权利被撤销。

（三）分居对当事人间财产关系的影响

根据《西班牙民法典》第 83 条的规定，分居的判决使婚姻双方共同生活归于暂停，一方在实施家庭权利时不再与另一方的财产产生联系。如需处理配偶之一方无所有权而又具有使用权的住宅和财产的，须经双方同意或在必要时通过司法授权行使其处分。

虽然基于分居的效力，夫妻间的财产关系也进行分离，但是基于婚姻关系仍然存在的事实，法律中也考虑到了夫妻间财产变化所产生的公平性问题。根据《西班牙民法典》第 97 条，分居使得双方经济状况失衡，被造成经济状况恶化的一方，有权要求在规范性文件或判决中设立或暂时的、或不定期的、或一次性的补偿金。

（四）分居对亲子关系的影响

分居是夫妻间的事，不能因此给子女造成不利影响，西班牙民法中的分居制度充分体现了维护子女利益的思想。根据《西班牙民法典》第 92 条的规定，分居不免除双亲对其子女的义务，但是有正当原因的，可依裁决判决剥夺双亲的监护权，双亲可以协议，法官也可以按照有利于子女的原则判决双亲的监护权由配偶一方全权或者部分行使；双亲在行使监护权时尽量不使兄弟姐妹分离。根据《西班牙民法典》第 96 条的规定，非经法官批准的配偶双方的协议，家庭住宅及其中一切生活用品的使用权应归属于子女及承担子女监护权的一方。双方没有子女的，应根据上述财产在确定的适当时间内的使用性质，客观条件和有利于财产保护的角度合理决定归属于原本不具有权利的一方。维护兄弟姐妹共同生活以及相关财产的归属和使用，优先照顾到子女利益，充分体现了人文关怀。

（五）分居前的预防性措施

由于分居能产生法律规定的法律效果，对当事人有约束力。为了有效保证分居期间当事人的权利特别是财产性权利和对于子女所享有的权利能够得以实现，维护当事人的利益，在分居前当事人可以主张与申请婚姻无效和离婚前相同的预防性措施。根据《西班牙民法典》第 103 条的规定，法官可以采取以下措施：依据子女的利益确定亲权和监护权由配偶双方的其中一方予以保留，确定不行使子女看管与监护权的一方履行子女看护的责任，确定其与子女的沟通和陪伴的时间、形式和地点。在特殊情况下子女可以被托付给祖父母和外祖父母、其他亲戚或其他双亲同意的人；根据客观情况指定配偶一方向另一方移交婚前财产和共同财产，并列出清单，指定其在管理和处置财产时必须遵守的规则，以及关于共同财产、接收的部分共同财产和即将获得的部分共同财产的账目的强制性移交义务；确定按照婚约或公开文件中尤其影响婚姻负担的独立财产的管理和处分机制。

二、西班牙分居制度的主要特点

（一）分居形式的法定性

夫妻间的分居，要么是根据法院判决产生，要么是根据当事人之间订立并且得到法官批准的协议而产生。单纯基于意思自由订立的分居协议不产生效力。基于法定的方式产生分居关系，有利于明确当事人间的权利义务，有利于维护子女的利益。

（二）分居协议内容的法定性

根据法律的规定，经法官认可的分居协议至少应当包含以下内容：一是基于亲权的对子女的照顾及其照顾的实施方式、与子女的沟通方式、与其通常共同居住的子女和后人的居住问题。二是可能的情况下还应考虑祖孙之间的探访和交流，这个制度应有利于对孙辈的利益的保护。三是家庭日用品的分配。四是婚姻和抚养职责的分配，以及为以上行为的行使的基础与保障。五是可能的婚姻经济制度的清算。六是可能的婚姻一方给予另一方的补助。分居协议内容的法定性对于维护当事人的合法权益和子女利益的保护有重要意义。如果最终当事人要解除婚姻关系，也能提高离婚的效率，因为可以将分居协议中的内容直接转化成离婚时财产处理和子女抚养权归属等方面的依据而无需再行处理，法官仅就当事人间的婚姻关系解除即可。

（三）分居后果的法定性

西班牙民法中明确规定了夫妻分居后的人身关系、财产关系和对子女的影响。根据法律的规定，分居的后果与离婚的后果在实质上并无明显不同，仅仅是在形式上仍保留着婚姻关系，在实质上夫妻间的权利义务已作了断。

（四）特别强调子女利益的保护

分居不免除双亲对其子女的义务，但是有正当原因的，可依裁决判决剥夺双亲的监护权，双亲可以协议，法官也可以按照有利于子女的原则判决双亲的监护权由配偶一方全权或者部分行使；双亲在行使监护权时尽量不使兄弟姐妹分离。

（五）将情势变更原则引入分居制度之中

情势变更原则本是合同法中的一项原则，是指当事人之间的合同有效成立后，非因当事人的原因导致合同基础丧失或者发生根本变化导致合同的履行对一方当事人产生重大不利益时，受影响的一方当事人可以请求人民法院变更或者解除合同。情势变更原则的根本目的在于通过公权力的介入，实现当事人之间利益的平衡，实现法律的公平公正价值。在西班牙的民法中，分居制度不仅仅是夫妻双方人身关系和财产关系的分开，还考虑到分开后可能造成的公平性问题。如果分居使得夫妻双方经济状况失衡，被造成经济状况恶化的一方，有权要求在规范性文件或判决中设立或暂时的、或不定期的、或一次性的补偿金。法官可在婚姻双方无合意或者协议时作出判决，更改双方的合意或协议并产生法律效力，或根据情势的根本性变化作出新的协议。[1]

三、《西班牙民法典》中分居制度的借鉴意义

（一）我国法律中关于分居的相关规定

我国目前尚不存在真正意义上的分居制度，只存在作为影响人民法院是否判决准予离婚的分居事实。在我国《婚姻法》第 32 条第 3 款中规定，有下列情形之一，调解无效的，应准予离婚：①重婚或有配偶者与他人同居的；②实施家庭暴力或虐待、遗弃家庭成员的；③有赌博、吸毒等恶习屡教不改的；④因感情不和分居满二年的；⑤其他导致夫妻感情破裂的情形。由此可见，我国婚姻法中的分居并不是作为一个制度存在，仅仅是作为一项法律事实存在。基于分居的法律事实，可以推定当事人之间的感情不和，人民法院可以根据当事人的诉讼请求判决离婚。从此意义上看，分居也是判断感情破裂的一个重要因素。

（二）建立我国分居制度的必要性

同居义务是婚姻关系存续期间夫妻间最基本的义务，如果夫妻间对最基本的同居义务都解除了，其他的权利义务关系也必然受到影响。我国婚姻法中的分居仅仅是作为一项法定的离婚理由存在，这显然不够。

---

[1]《西班牙民法典》第 90 条第 3 款。

建立完善的分居制度首先有利于使当事人进入冷静期，降低离婚的冲动。现在我国的离婚率较高，其中很多人是因冲动而离婚。离婚对社会、对未成年人的不利影响是众所周知的。通过设立分居制度，使当事人在真正解除婚姻关系之前，有一个合理的冷静期，能有效降低冲动离婚的现象。其次，建立分居制度有利于解决在分居期间所产生的权利义务纠纷，特别是财产纠纷。现在社会中的分居，仅仅是当事人一方基于自己的意愿拒绝与对方同居，通常是选择在不同的居所居住。但是双方就财产关系未做出任何安排。在分居后，一方对双方共有财产进行处分等现象经常发生，在最终离婚时因为财产问题反而产生更大的矛盾。通过建立完善的分居制度，就当事人间在分居期间的财产和分居前的财产进行处理，对于将来妥善解决纠纷具有重要意义。再次，建立分居制度有利于维护未成年子女的利益。现在很多夫妻因为感情不和，一方负气离家与配偶进行事实上的分居，对未成年的子女不尽抚养义务，也不履行监护职责，严重损害未成年人的利益。通过建立分居制度，明确夫妻在分居期间各自对未成年子女的权利和义务，有利于维护未成年子女的健康成长。最后，建立分居制度有利于在当事人婚姻关系真正解除时法律纠纷的解决。分居制度实际上发挥两方面的重要作用：一是冷却当事人离婚的冲动，二是起到离婚的预演作用。从西方建立分居制度的国家立法来看，分居和离婚的根本区别仅在于婚姻关系的外在形式是否予以保留。分居是仅保留婚姻的形式但是婚姻的实质被全部掏空；离婚不仅将婚姻关系的实质权利义务关系废除，连其最外表的形式也废除。如果当事人间成立法律认可的分居关系，在其请求解除婚姻关系时，也就不存在其他纷争了。

（三）西班牙分居制度对我国的借鉴意义

第一，建立明确的分居制度。西班牙的分居制度，对于分居的成立和生效之要求过于僵化，大大增加了司法成本。笔者认为我国建立分居制度，主要是改变仅仅存在事实上分居就成为法定离婚理由的规定，要求当事人欲将事实上的分居作为一项法定的离婚理由提出离婚请求的，必须在夫妻间订立正式的分居协议。基于当事人意思自由的原则，对于分居协议的成立和生效不必要求是基于法院判决或者是法官的认可，仅从当事人的行为能力、意思表示的真实性和与法律强制性规定的一致性等方面进行规范即可。

第二，明确分居期间当事人间的权利义务关系。分居要起到对离婚冲动的冷静作用，就要求对分居期限做出明确规定，笔者认为两年的分居期限较短，三到五年为宜；分居要起到简化将来可能出现的离婚诉讼的作用，这就要求通过法律明确列举的方式要求当事人在分居协议中记载一些重要内容，如财产的处理、子女的抚养等。

第三，明确分居协议的终止及期限届满的法律后果。分居是以当事人事实上终止同居义务作为其效力持续发生的基础，如果当事人归于同居则分居协议自动失效；如果当事人分居达到法律规定的最低期限，则任何一方当事人均可向人民法院提起诉讼要求解除婚姻关系。此时，人民法院仅就当事人诉讼请求的证据进行形式审理即可。在存在真实有效的分居协议的情况下可以直接判决准许当事人离婚，这必将大大降低司法成本。

第四，充分考虑分居期间当事人间财产状况的变化，引入情势变更原则。最高人民法院《关于适用〈中华人民共和国合同法〉若干问题的解释（二）》第26条明确规定："合同成立以后客观情况发生了当事人在订立合同时无法预见的、非不可抗力造成的不属于商业风险的重大变化，继续履行合同对于一方当事人明显不公平或者不能实现合同目的，当事人请求人民法院变更或者解除合同的，人民法院应当根据公平原则，并结合案件的实际情况确定是否变更或者解除。"情势变更原则就是为了实现当事人间权利义务的平衡。在夫妻间分居后，如果在此期间当事人的经济状况发生重大变化，再僵化坚持分居协议中的财产处理约定将使一方的生活陷入困境时，该方当事人可以请求人民法院对分居协议中的财产处理约定进行变更。这既是实现法律上公平价值的要求，也是伦理道德的必然要求，毕竟当事人之间还存在合法有效的婚姻关系。

第五，设计分居制度时要将对未成年子女利益的保护放在重要位置。婚姻是以感情为基础、以符合法律规定的形式缔结的亲密法律关系。表面上看是婚姻当事人双方之间的私事，实际上其还存在重大公共性影响，其中重要的一点就是对未成年人的成长有重大影响。在幸福婚姻家庭关系中成长的未成年人，更有利于其健全人格的养成，其对社会造成危害甚至成年后危害社会的概率也极大降低。感情因素在维护婚姻的稳定性上应当也必须要发挥主要作用，但是财产对婚姻关系稳定性上也应当发挥重要作用。在婚姻关系难以为继时，首先要考虑到的应当是未成年子女的利益，特别是在夫妻财产处理上不能完全由婚姻关系当事人基于意思自由确定，因为可能产生不利的后果，如当事人可能将财产利益置于婚姻利益之上，置于未成年子女利益之上，因此通过立法进行适当干预是必要的。笔者认为，我国目前在处理离婚诉讼涉及夫妻财产关系的司法实践中，基本上没有考虑到当事人身份的特殊性，也没有考虑到未成年子女的利益诉求，过于强调所有权的绝对性。夫妻间财产的归属应当置于婚姻之下，置于未成年子女利益之下。尽管夫妻间存在矛盾，但是子女是无辜的，不能因夫妻间的矛盾损害未成年子女的利益。对此笔者认为可以借鉴西班牙民法中的做法，在存在多个子女的情况下特别是在我国目前放开二胎生育政策的情况下，分居期间甚至是在离婚后双亲在行使监护权时尽量不使兄弟姐妹分离；实践中有两个未成年子女的夫妻，离婚时你抚养一个我抚养一个的做法是不人道的；分居期间家庭住宅及其中一切生活用品的使用权应归属于子女及承担子女监护权的一方是有利于未成年子女成长的做法。

法官论坛

集体建设用地租赁合同的效力认定

——以集体经营性建设用地"入市改革"为背景

陈立如[*]　　燕若瑜[**]

摘要： 十八届三中全会在《中共中央关于全面深化改革若干重大问题的决定》中提出"集体经营性建设用地出让、租赁、入股，实行与国有土地同等入市、同权同价"的改革目标，这与我国《土地管理法》（1998 修订）第 63 条存在冲突，造成裁判者在认定集体建设用地租赁合同的效力时遭遇困境。本文试图突破普遍适用的合同效力认定的强制性规范标准，即我国《合同法》第 52 条第 5 项，而选择公序良俗标准——该法第 52 条第 4 项，作为认定合同效力的依据，以避免强制性规范标准下的裁判结果不统一或背离改革目标等问题。本文参考了 15 个改革试点地区的地方性法规或规范性文件，归纳出了"入市改革"中具体类型化的公序良俗。建议以出台地方性司法指导意见的形式，明确此类合同效力认定规则：①集体经营性建设用地租赁合同有效，但不符合规划或用于商品房开发的，合同无效；②集体公益事业、公共设施建设用地租赁合同无效，但出租空闲的公益事业用地或有长期稳定收入来源的基础设施建设项目用地的，可以认定为有效。

关键词： 集体建设用地；入市改革土地租赁合同；合同效力

我国《土地管理法》（1998 修订）第 63 条规定："农民集体所有的土地的使用权不得出让、转让或者出租用于非农业建设"。但在 2004 年我国《土地管理法》修订后的十余年间，关于集体建设用地出让、出租的改革实践从

---

* 陈立如，北京市通州区人民法院党组书记、院长。
** 燕若瑜，北京市通州区人民法院法官助理。

未间断。至十八届三中全会，在《中共中央关于全面深化改革若干重大问题的决定》（以下简称"《决定》"）中最终提出"建立城乡统一的建设用地市场。在符合规划和用途管制前提下，允许农村集体经营性建设用地出让、租赁、入股，实行与国有土地同等入市、同权同价"的改革目标，即本文所称集体经营性建设用地的"入市改革"。

在"入市改革"背景之下，作为裁判者面临的难题是——如何在现有法律制度内，做出符合"入市改革"目标的裁判？合同效力问题是解决其他合同争议的基础和前提。集体建设用地[1]租赁合同的效力问题，面临着"入市改革"目标与我国《土地管理法》（1998修订）的禁止性规定之间的冲突，易在司法实践中引发争议。

一、"入市改革"后的裁判现状：基于典型判例的实证研究

（一）据以研究的典型判例

笔者在中国裁判文书网，以"集体建设用地、出租、合同效力"为关键词，检索（检索日期为2017年6月1日）裁判日期在2013年11月12日之后（即《决定》做出后），对集体建设用地租赁合同的效力做出认定的判决共112份。以其中有统一区域司法适用功能的二审或审判监督程序的判决为待选范围，选取其中9个不同地区，或同一地区裁判结果不同的典型判例（见表1）为研究对象。

表1　据以研究的9个典型判例

裁判文书案号	审判程序	裁判理由	裁判结果
（2015）民抗字第28号	审判监督	违反我国《土地管理法》（1998修订）第63条的强制性规定，适用我国《合同法》第52条第5项的规定	合同无效
（2016）京03民终4448号	二审	我国《土地管理法》（1998修订）第63条中的集体土地不包括集体建设用地	合同有效

---

[1]　本文所研究的集体建设用地系指狭义的集体建设用地即包括经营性建设用地、公益事业及公共设施用地，不包括宅基地。

裁判文书案号	审判程序	裁判理由	裁判结果
（2013）粤高法民一申字第 11230 号	再审	同（2016）京 03 民终 4448 号	合同有效
（2017）陕民申 311 号	再审	非《调整法律实施决定》〔1〕确定的试点地区，违反我国《土地管理法》（1998 修订）第 63 条强制性规定，适用我国《合同法》第 52 条第 5 项的规定	合同无效
（2016）陕 01 民终 549 号	二审	同（2016）京 03 民终 4448 号	合同有效
（2016）琼民申 1356 号	审判监督	①集体经济组织履行民主议定程序；②合同中未约定具体的租赁用途，故不违反我国《土地管理法》（1998 修订）第 63 条的规定	合同有效
（2017）冀 11 民终 84 号	二审	同（2016）京 03 民终 4448 号	合同有效
（2015）合民一终字第 3455 号	二审	我国《土地管理法》（1998 修订）第 63 条中的集体土地不包括集体建设用地（公益设施用地），并且符合规划	合同有效
（2014）南市民再审字第 8 号	再审	同（2016）京 03 民终 4448 号	合同有效

（二）现状的分析

从上表的 9 个典型判例可见，"入市改革"后司法实践中对于此类合同的效力，认识并不统一，存在有效说、无效说两种观点，法律适用不统一。

第一，无效说与"入市改革"的目标相悖。合同无效与允许集体经营性建设用地出租与国有土地同等入市的改革目标相悖。还需注意的是，集体土地被视为"隐形市场"，存在大量集体土地包括集体建设用地出租，有些还是政府大力倡导下的所谓"工业园区建设"，若全面否定此类合同效力，必将遭

---

〔1〕 即 2015 年 2 月 27 日，全国人大常委会通过的《关于授权国务院在北京市大兴区等三十三个试点县（市、区）行政区域暂时调整实施有关法律规定的决定》，本文简称为《调整法律实施决定》。

至交易秩序的严重破坏，从上述典型案例中也可见有效说仍为主流观点。[1]

第二，同为有效说观点，但具体法律解释却不统一。上表同为有效说的判例中，就采用了三种不同的法律解释方法：①对我国《土地管理法》（1998修订）第 63 条进行限缩解释，认为该条中的集体土地不包括集体建设用地，故集体土地租赁合同无效，但出租的是集体建设用地的，合同有效；[2]②对我国《土地管理法》（1998修订）第 63 条进行限缩解释，认为该条的集体土地亦不包括集体公益设施用地；③适用我国《土地管理法》（1998修订）第 63 条，认为合同中不约定具体用途的即不违反该条规定。上述三种法律解释方法，均缺乏相应的论证过程，在缺乏明确法律依据时，似有"法官造法"之嫌。

第三，引用《调整法律实施决定》，易造成司法裁判的混乱。《调整法律实施决定》将我国《土地管理法》（1998修订）第 63 条调整为"在符合规划、用途管制和依法取得的前提下，允许存量农村集体经营性建设用地使用权出让、租赁、入股，实行与国有建设用地使用权同等入市、同权同价。"故适用该决定得出试点地区有效，非试点地区无效的结论。这种裁判结果，不仅不利于统一市场的建立，更会造成司法裁判的混乱。因此，此种做法未被实务界普遍采纳。以北京市为例，该市仅大兴区是《调整法律实施决定》确定的试点地区，但笔者所见的该市的判决中，其他辖区内集体建设用地租赁合同亦判令有效。[3]

第四，集体建设用地的内涵不明。集体建设用地在广义上含宅基地、公共设施及公益事业用地、经营性建设用地，在狭义上也应包含后两者。但在上述典型判例中，多数判决并未查明具体属于哪一种类型的集体建设用地，而统一使用集体建设用地的概念。"入市改革"的对象仅限于集体经营性建设用地，在认定合同有效的判决中，却统一使用了集体建设用地的概念，是否

---

[1]　在笔者对 B 省某区法院法官的访谈中，他们表示实践中大部分案件属于合同履行的争议，当事人对合同效力一般不主张，同时他们表达了这样一种担忧：一旦认定合同无效，将面临大量案件涉及合同无效后，对已形成地上物的处理、损失赔偿等问题，其复杂程度超出想象。

[2]　（案例）详见北京市第三中级人民法院（2016）京 03 民终第 4448 号民事判决书。

[3]　（案例）详见北京市第一中级人民法院（2016）京 01 民终第 1057 号民事判决书（所涉辖区：昌平区）、北京市第三中级人民法院（2016）京 03 民终第 4448 号民事判决书（所涉辖区：顺义区）、北京市房山区人民法院（2014）房民初字第 9934 号民事判决书（所涉辖区：房山区）、北京市怀柔区人民法院（2015）怀民初字第 920 号民事判决书（所涉辖区：怀柔）等。

符合"入市改革"的精神存疑。

（三）裁判思路的总结：合同效力认定的强制性规范标准

对上述典型判例的裁判理由加以归纳，可以总结出"入市改革"后，认定此类合同效力的几种不同的裁判思路，如下图所示：

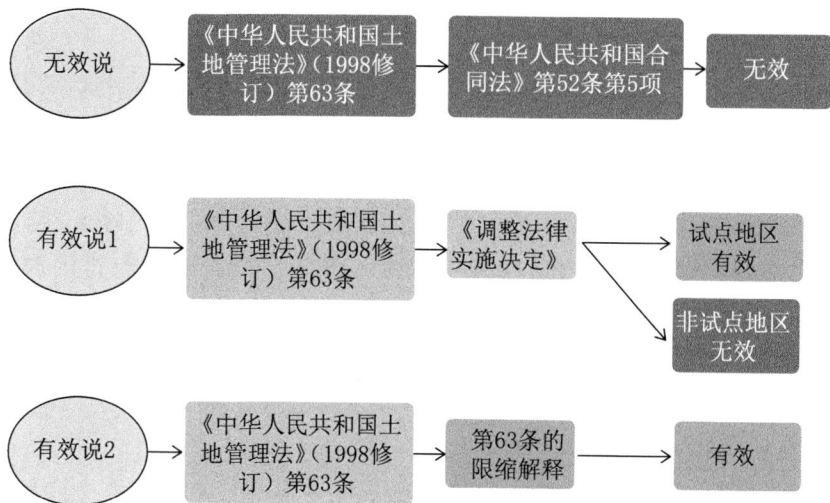

图1　"入市改革"后的裁判思路

民事行为有效的三要件是：①行为人具有相应的民事行为能力；②意思表示真实；③不违反法律、行政法规的强制性规定，不违背公序良俗。[1]前两项在集体建设用地租赁合同问题上不具特殊性，因而非本文讨论范围，本文的研究应集中在第三个要件，即合同效力的强制规范标准及公序良俗标准上。在现行的裁判规则中，无论有效说还是无效说均将问题导向我国《土地管理法》（1998修订）第63条的相关规定。无效说直接适用我国《合同法》第52条第5项，认定合同无效。有效说的第一种裁判路径实际也是适用我国《合同法》第52条第5项，但《调整法律实施决定》在试点地区变更了我国《土地管理法》（1998修订）第63条的规定。有效说的第二种路径则是直接对我国《土地管理法》（1998修订）第63条做出了限缩解释。因此，现行裁判规则，无论裁判结果是有效还是无效，其实质均适用了强制性规范标准，

---

〔1〕 李适时主编：《中华人民共和国民法总则释义》，法律出版社2017年版，第446页。

即以我国《合同法》第 52 条第 5 项作为具体适用的法律依据。

二、认定标准的选择：从强制性规范标准到公序良俗标准

（一）改革背景下强制规范标准的局限性

1. 具体强制性规范《中华人民共和国土地管理法》（1998 修订）的滞后性

虽然现行的裁判思路，殊途同归地适用了强制性规范标准，但之所以得出全然不同的结论，或结论相同但却出现上文所述的问题，其根本原因在于"入市改革"背景下，作为此类合同具体指向的强制性规范——《中华人民共和国土地管理法》（1998 修订）的滞后性。

我国的《土地管理法》（1998 修订）制定于 1986 年，于 1998 年修订，2004 年、2019 年修正。但是，随着工业化、城镇化的推进和农村的改革发展，现行土地管理制度与社会主义市场经济体制不相适应，农村集体经营性建设用地不能与国有建设用地同等入市、同权同价，[1] 对《中华人民共和国土地管理法》（1998 修订）也已进行了修改。我国《土地管理法》（1998 修订）的滞后性具体体现在：

（1）经营性建设用地概念的提出拓展了集体建设用地的范围。该法第 43 条第 1 款规定的集体建设用地仅限于：开办乡镇企业、乡（镇）村公共设施、公益事业建设、农村村民建设住宅（宅基地）。随着《决定》关于经营性建设用地概念的提出，实际拓宽了集体建设用地的范围。我国《土地管理法》（1998 修订）中仅乡镇企业用地是具有生产经营性质的。根据我国《乡镇企业法》第 2 条第 1 款的规定，乡镇企业需以农村集体经济组织或者农民投资为主。集体经营性建设用地指具有生产经营性质的集体建设用地，并不仅限于乡镇企业。

（2）我国《土地管理法》（1998 修订）禁止出租的规定落后于改革实践。该法第 63 条的规定，已成为之后其修改的重要内容。在原国土资源部发布的《中华人民共和国土地管理法（修正案）》（征求意见稿）中，第 63 条被改为"符合土地利用总体规划的集体经营性建设用地，集体土地所有权人可以采取出让、租赁、作价出资或者入股等方式由单位或者个人使用，并签订书

---

〔1〕 原国土资源部关于《中华人民共和国土地管理法（修正案）》（征求意见稿）的说明，载 http://www.mlr.gov.cn/zwgk/zytz/201705/t20170523_ 1508459.htm，访问日期：2017 年 6 月 9 日。

面合同。"[1]该修订表明,《中华人民共和国土地管理法》(1998 修订) 禁止集体土地出租的规定已不适应国家经济秩序的新变化。

2.《中华人民共和国合同法》第 52 条第 5 项本身的解释负担

在《中华人民共和国合同法》第 52 条第 5 项的规则体系中,不是违反了强制性规范的合同一概无效,而是需要具体区分是管理性还是效力性强制性规范。然而立法却未对于具体判断的方法提供指引,导致理论和实践中对此争议不断。有学者因此称"效力性规范是判断的结果而不是原因"。[2]虽然理论上,对效力性强制规范的区分方法进行了众多有益的研究,并提出了许多理论观点,比如形式区分法与实质区分法、文义解释+漏洞填补、规范目的+类型化解释等,[3]但其核心要义均是要求法官运用法解释方法对强制性规范是否排除当事人意思自治进行判断,并且尽量做合同有效的解释。然而学者也承认,"如果法律法规没有明确规定违反禁止性规定的法律后果的情况下,采用法解释方法有一定困难"。[4]因此,在强制性规范滞后的前提下,即使存在法官运用法解释方法以获得正确结论的可能性,但这种法律解释作业依然困难。完成对《中华人民共和国土地管理法》(1998 修订) 第 63 条的修改,还面对着集体建设用地中的公共设施、公益事业用地租赁的效力问题,这些问题要依靠对我国《合同法》第 52 条第 5 项的解释十分困难。

(二) 公序良俗标准对强制性规范标准的补充作用

1.《中华人民共和国合同法》第 52 条第 4 项与第 5 项的内在联系

公序良俗是指公共秩序和善良风俗。在合同效力认定问题上则直接体现为《中华人民共和国合同法》第 52 条第 4 项"损害社会公共利益"的合同无效。

由公序良俗对合同效力的影响出发,便将《中华人民共和国合同法》第

---

〔1〕 详见《中华人民共和国土地管理法 (修正案)》(征求意见稿),载 http://www.mlr.gov.cn/zwgk/zytz/201705/t20170523_ 1508459. htm,访问日期:2017 年 6 月 9 日。

〔2〕 耿林:《强制规范与合同效力——以合同法第 52 条第 5 项为中心》,中国民主法制出版社 2009 年版,第 87 页。

〔3〕 王轶:"合同效力认定的若干问题",载《国家检察官学院学报》2010 年第 5 期;刘凯湘、夏小雄:"论违反强制性规范的合同效力——历史考察与原因分析",载《中国法学》2011 年第 1 期;耿林:《强制规范与合同效力——以合同法第 52 条第 5 项为中心》,中国民主法制出版社 2009 年版,第 182—250 页。

〔4〕 王利明:"论无效合同的判断标准",载《法律适用》2012 年第 7 期。

52 条第 4 项与第 5 项联系在一起：法律、法规的强制性规范也是一种重要的公共秩序，有时违反公序良俗的行为可能也正是违反强制性规定的行为。因此甚至有学者主张将《中华人民共和国合同法》第 52 条第 5 项作为第 4 项的特别法，而在具体适用过程中，应优先适用第 52 条第 5 项，以防该条应发挥的作用落空，[1]有学者则进一步将其明确为，在法律没有对规范后果进行明确规定时，适用公序良俗作为判断合同效力的标准。[2]也就是说，《中华人民共和国合同法》第 52 条第 4 项与第 5 项具有内在的一致性，第 4 项发挥着类似"兜底条款"的作用。

2. 《中华人民共和国民法总则》第 153 条中两者关系的体现

于 2017 年 10 月 1 日起施行的《中华人民共和国民法总则》，在立法上首次正式使用了"公序良俗"这一概念。《中华人民共和国民法总则》第 153 条，是关于法律行为违反强制性规定无效和违反公序良俗无效的规定。首先，在强制性规范标准问题上，《中华人民共和国民法总则》未采用《中华人民共和国合同法》中管理性与效力性规范的区分方法，而是规定了但书条款，以除外形式对强制性规范标准加以限制。但是仍未给法官判断问题的标准，其适用要依赖实践经验的总结，并形成统一的认识。对集体建设用地租赁合同的效力问题，在司法实践尚未累积起足够成熟的经验时，其解释负担还是与《中华人民共和国合同法》第 52 条第 5 项相同。

而强制性规范标准与公序良俗的关系，立法者采用了将其规定于同一条之中的立法里，正是体现了对两者关系的认识。法官在适用时，应将两者的关系理解为补充关系。违反公序良俗作为违反法律、行政法规规定无效的补充，可以弥补现行法律、法规规定的不足，圆满解决法律、行政法规可能存在的不完善和不周延的问题。[3]

（三）公序良俗标准在改革进程中的独立价值

公序良俗标准除了可以作为强制性规范标准的补充外，其自身的独立价值体现在"使得民法借助法官之力汲体系外多方面的营养，从而紧随现实之

---

〔1〕 耿林：《强制规范与合同效力——以合同法第 52 条第 5 项为中心》，中国民主法制出版社 2019 年版，第 114 页；王利明："论无效合同的判断标准"，载《法律适用》2012 年第 7 期。

〔2〕 王利明："论无效合同的判断标准"，载《法律适用》2012 年第 7 期。

〔3〕 沈德咏主编：《〈中华人民共和国民法总则〉条文理解与适用》（下），人民法院出版社 2017 年版，第 1018 页。

发展"。[1]成文法的稳定性与社会生活的变化之间的矛盾，正是可以通过公序良俗这样的原则性规定予以调和。特别是我国处于市场经济的快速发展时期，社会生活的变化更是迅速，集体建设用地入市，从绝地禁止到逐步放开，相关政策、规定都在随着改革的进程和实践的累积，不断变化和修正。同时，基于我国国情，其中许多重要的改革内容都以政策文件、领导人讲话的形式表达，但却并不能为法官所适用。公序良俗则提供了一个重要的管道，使得新的社会生活所需的秩序、改革进程中的重大问题，得以进入民法的调整范围。

因此，在集体建设用地租赁合同效力认定问题上，当现行裁判规则普遍适用强制性规范标准，却难以做出既符合法律规定又不背离改革目标的裁判时，应"另辟蹊径"选择适用公序良俗标准。

三、公序良俗标准之适用：公序良俗的具体类型化

与强制性规范标准相比，两者虽具有内在的一致性，但公序良俗标准的问题则是公序良俗的概念过于抽象和宽泛，可能会形成自由裁量权的滥用。因此，法官适用公序良俗标准的关键，是如何将其具体类型化。

具体类型化问题是理论和审判实务中的难题。梁慧星教授将公序良俗分为 8 种具体类型，即：①国家公序型，包括国家政治、经济、财政、金融等；②危害家庭关系型；③违反性道德行为；④违反人权和人格尊重行为；⑤限制经济自由行为；⑥违反公正竞争行为；⑦违反消费者保护行为；⑧违反劳动者保护行为。[2]此种分类可堪借鉴，但仍显宽泛而尚不足以满足审判实践的需要。[3]笔者在此借助了"入市改革"中试点地方的地方政府制定的规章或规范性文件（以下简称"地方性规范"），以期获得更加明确具体且可供裁判者直接运用的具体类型化。

（一）具体类型化方法：借助改革试点省市的地方性规范

1. 选择地方性规范的理论基础

法律、行政法规的制定必然会有公共利益的考量，地方性规范同样如此。

---

〔1〕 于飞：《公序良俗原则研究——以基本原则的具体化为中心》，北京大学出版社 2006 年版，第 1 页。

〔2〕 梁慧星：《民法学说判例与立法研究》（第 2 册），国家行政学院出版社 1999 年版，第 16 页；李适时主编：《中华人民共和国民法总则释义》，法律出版社 2017 年版，第 482 页。

〔3〕 蔡唱："公序良俗在我国的司法适用研究"，载《中国法学》2016 年第 6 期。

强制性规范标准下，我国《合同法》第 52 条第 5 项将强制性规范限定在法律、行政法规这一效力层级上，最高人民法院《关于适用〈中华人民共和国合同法〉若干问题的解释（一）》第 4 条进一步明确"不得以地方性法规、行政规章为依据"。但任何效力层级的规范性文件都可能体现着公序良俗，我国《合同法》第 52 条第 4 项并不排斥地方性规范。故此，就有学者指出，在认定合同的效力时，地方性规范的违反可以适用我国《合同法》第 52 条第 4 项的规定。[1]

2. 选择地方性规范的现实原因

首先，我国处于改革发展时期的特殊国情，常常以地方改革试点先行再逐步推广的做法，在地方试点经验的基础上形成全国性的规范。这时，新的交易行为可能面临新的公共秩序，则依靠地方性规范加以约束。集体经营性建设用地的"入市改革"，始于 20 世纪 90 年代，由国务院确定的一些省、市先行开展集体建设用地流转试点工作。

其次，法律、行政规范的稳定性与改革进程中社会生活的不断变化之间存在矛盾，地方规范的制定较为灵活。在作为上位法的《中华人民共和国土地管理法》（1998 修订）做出正式修改之前，地方性规范则发挥着类似法律漏洞填补的作用。

最后，在改革进程中常常也通过政策性文件、领导讲话等形式表达公序良俗的考量，相比这些非规范性文件，地方性规范则更为具体，并且具有约束力。同时，一些政策性文件、领导讲话也通过转化为地方性规范的形式对外实施。因此，地方性规范更便于法官适用。

3. 本文选取的 15 个地方性规范

苏州市、安徽省、广东省、河北省、上海市等十余个试点省市，在近 20 年间陆续形成了十多个地方立法或规范性文件。租赁作为流转的重要形式，在这些地方性规定中有较详细的规定。笔者选取了 15 个试点省、市的地方性规范（详见后文附表），借助这些地方性规范将公序良俗以具体类型化。

（二）具体类型化的确认：对 15 个地方性规范的总结

公序良俗应是一个国家和社会范围内的基本秩序，而地方性规范的制定应有根据地方发展状况"因地制宜"的部分。故要对地方性规范中的公序良

---

〔1〕 苏号朋：《合同的订立与效力》，中国法制出版社 1999 年版，第 285 页。

俗加以提炼就必须对其共性规则加以总结。

在共性规则中，以上述 8 种类型的公序良俗分类为审查标准，对不涉及 8 种类型的价值考量予以排除，主要有：①地方规范普遍要求合同采用书面形式，而合同形式属于合同自由价值的范畴；②要求租赁合同需经土地行政管理部门审批，属行政管理权的问题；③需经集体经济组织村民会议 2/3 以上成员或者 2/3 以上村民代表同意，该条保护的是作为民事主体的集体经济组织或其成员的权益。排除上述非公序良俗的共性规则后，便可对涉及公序良俗的规则予以最后确认。

1. 允许集体建设用地中的经营性建设用地出租

经营性建设用地范围不再仅限于乡镇企业用地。[1]我国《土地管理法》（1998 修订）的制定是基于城乡二元背景，而地方性规范允许经营性建设用地出租，呼应了改革背景下城乡二元壁垒的破除，其根本是国家经济秩序的新变化。

2. 限制集体建设用地中的公共事业、公益设施用地出租

农村公共事业、公益设施用地的划定原本是为解决农村公益事业发展落后、公益设施匮乏问题，根本是农民权益的保护。农民权益保护亦是当前国家政治、经济秩序的重要部分。在具体限制的方式上，杭州市则规定得最为具体，即仅允许空闲公益事业及有长期稳定收入来源的基础设施建设项目用地出租。该规定在不影响公益目的的前提下，考虑到了农村大量公益事业、公共设施用地闲置的现状，值得借鉴。

3. 出租集体建设用地需符合土地利用总体规划和城乡建设规划

《中华人民共和国土地管理法》（1998 修订）第 3 条规定，合理利用土地是我国基本国策，各级人民政府应全面规划，严格管理土地资源。土地资源的特殊性，要求利用时需符合规划和用途管制。因此"集体经营性建设用地入市，前置条件是只有符合规划和用途管制"。[2]

---

〔1〕 详见《广东省集体建设用地使用权流转管理办法》第 8 条的相关规定。
〔2〕 陈锡文："农村土地制度改革，三条底线不能突破"，载 http://theory. people. com. cn/n/2013/1203/c226269-23726365. html，访问日期：2017 年 5 月 20 日。

4. 禁止将以租赁形式取得的集体建设用地用于商品房地产开发建设和住宅建设

允许集体土地用作商品房开发会引起房地产市场混乱，如实践中的"小产权房"问题。房地产市场的稳定是当前国家重要的经济秩序，当属公序良俗的范畴。

上述规定便是"入市改革"背景下，具体类型化的公序良俗，违反上述规定，即应导致合同无效的后果。

四、结论：裁判思路的调整和地方指导意见的构想

司法实践中的裁判思路即强制性规范标准（见图1），造成裁判者在"入市改革"目标和现有法律规定之间的困局。通过从强制性规范标准到公序良俗标准的分析，笔者对裁判思路进行了重新整理，并借助地方性规范将公序良俗具体类型化之后，最后获得关于合同效力认定的结论。调整后的裁判思路，如下图：

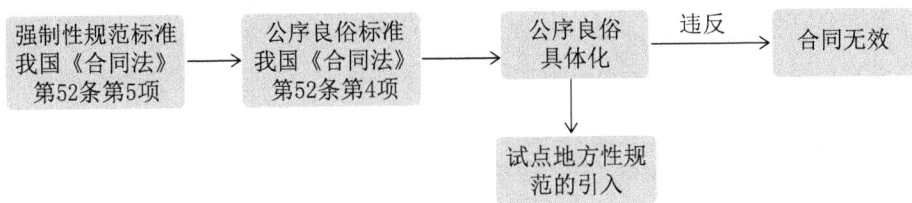

图 2　调整后的裁判思路

在此种裁判思路下，公序良俗标准给予法官以"与时俱进"的管道。笔者在此处将改革试点地区的地方性规范引入公序良俗具体化中，而在改革进程中，公序良俗的新变化，可能会以新的全国性或地方性规定的形式出现，法官同样可将其纳入此裁判思路中。

但这种裁判思路仍然避免不了要求法官在具体确认公序良俗时，进行价值判断。一旦涉及价值判断，不同的裁判者又可能得出不同的结论。合同效力的正确认定是处理其他合同履行纠纷的基础，并且应是法院依职权主动审查的范围。在"入市改革"试点阶段，应通过先行制定地方性的司法指导意见的形式，将集体建设用地租赁合同效力的认定规则明确，以指导审判实践、

统一司法裁判。待相关法律、法规制定或修改后，再以司法解释的形式加以规范。

笔者尝试以某高院出台指导意见的形式，将集体建设用地租赁合同的效力认定的最终结论做出如下表述：

《××高级人民法院关于审理集体建设用地租赁合同纠纷若干问题的指导意见》

（合同效力部分建议稿）

第一条　集体建设用地是指用作建造建筑物、构筑物的集体土地，包括公共设施用地、公益事业用地、经营性建设用地。

第二条　集体建设用地租赁合同，是集体土地所有权人或集体建设用地使用权人，将集体建设用地交付承租人进行非农业建设，并获取收益的合同。

第三条　集体经营性建设用地的租赁合同有效。但具有下列情形，应认定为无效：

①不符合土地利用总体规划和城乡建设规划；

②用于商品房地产开发建设和住宅建设。

第四条　出租集体公益事业、公共设施建设用地的，租赁合同无效，但出租的是空闲的公益事业或有长期稳定收入来源的基础设施建设项目用地的，可以认定租赁合同有效。

附表　本文选取的 15 个地方性规范

序号	文件名称
1	《安徽省集体建设用地有偿使用和使用权流转试行办法》（2002 年）
2	《大连市集体建设用地使用权流转管理暂行办法》（2004 年）
3	《东莞市集体建设用地使用权流转管理办法》（2005 年）
4	《广东省集体建设用地使用权流转管理办法》（2005 年）
5	《广州市集体建设用地使用权流转管理办法》（2015 年）
6	《杭州市人民政府关于开展集体建设用地流转试点工作的实施意见》（2012 年）

续表

序号	文件名称
7	《河北省集体建设用地使用权流转管理办法（试行）》（2008 年）
8	《湖州市区农村集体建设用地使用管理试行办法》（2001 年）
9	《临沂市集体建设用地使用权管理暂行办法》（2001 年）
10	《洛阳市集体建设用地使用权流转管理暂行办法》（2012 年）
11	《三亚市集体建设用地开发利用管理暂行办法》（2014 年）
12	《上海市关于开展农村集体建设用地流转试点工作若干意见》（2010 年）
13	《无锡市集体建设用地使用权流转管理暂行办法》（2007 年）
14	《长沙市集体建设用地使用权流转管理暂行办法》（2010 年）
15	《珠海市集体建设用地使用权流转实施办法（试行）》（2014 年）

调解协议司法确认制度的实践困境与完善路径分析

王平英* 王 静** 汪芬丽***

摘要：确认制度存在以下理论和实践问题：一是程序适用率显著偏低，二是对受案范围的理解和适用争议较大，三是案件管辖存在法律冲突，四是实体问题成审查重点难点，五是审查标准和尺度不一，六是救济程序不明确。针对上述问题，本文结合法律规定和司法实践详细分析成因，并提出以下对策：一是优化程序对接，规定一方申请司法确认的，法院予以受理；针对调解协议瑕疵的情形，建立相应的修改程序。二是赋予中、高院对司法确认案件的管辖权，增加委派、委托案件由委派、委托法院进行司法确认的规定，并对跨域调解的司法确认作出限制性规定。三是明确司法确认案件的受案范围，对"涉及物权确权"进行细化解释，并将关涉人身附属性关系纠纷、确认合同效力的案件排除在受案范围之外。四是明确以形式审查为主的司法确认审查方式，引入见证性质的司法确认方式。五是健全救济程序，明确异议受理条件、期限、审查方式等。根据上述对策，对司法确认的法律和司法解释条文提出明确的修改和补充建议。

关键词：多元调解；调解协议；司法确认

调解协议司法确认制度作为多元化矛盾纠纷解决机制建设中诉调对接的重要一环，是对调解协议从法律上赋予强制执行力的特别程序。司法确认制度从 2011 年至今已经实施近十年，法律规定几经细化充实[1]，逐步进入稳

---

　* 王平英，北京市丰台区人民法院副院长、审判员。
　** 王静，北京市丰台区人民法院立案庭副庭长、审判员。
　*** 汪芬丽，北京市丰台区人民法院立案庭审判员。
　〔1〕 2011 年 1 月 1 日实施的《中华人民共和国人民调解法》第 33 条明确规定司法确认制度。2011 年 3 月 30 日，最高人民法院法释（2011）5 号《关于人民调解协议司法确认程序的若干规定》从

步发展阶段，但实践成效凸显的同时也发现了一些不容忽视的理论和现实问题。为完善调解协议司法确认制度，有效发挥制度价值，笔者对这些新情况、新问题从法律规定和社会效果等角度进行了分析探讨，并提出具体完善的观点和建议，以供大家商榷。

一、司法确认制度的实践困境分析

（一）程序适用率显著偏低

以笔者所在的某直辖市基层法院为样本（见表1）可以看出，相对于法院委托多元调解成功的案件量，申请调解协议司法确认的案件占比很小，且司法确认适用率近几年呈下降趋势。据统计，2017年全市多元调解成功案件量为71 271件，司法确认案件量为2961件，仅占4.2%；出具调解书的案件量为30 788件，占43.2%；按撤诉处理的案件量为37 522件，占52.6%。除法院委派、委托案件外，大量经多元调解渠道化解的民间纠纷也极少申请司法确认，笔者法院所在区各街道社区村调解组织化解的各类纠纷近年来申请司法确认的仅21件。

表1 某市基层法院2011年至2018年司法确认案件情况统计表

年度 \ 数量	多元调解成功数	司法确认案件审理数			
		确认有效	驳回申请	撤回申请	合计
2011 年	299	1	0	4	5
2012 年	266	21	6	6	33
2013 年	326	62	5	34	101
2014 年	293	34	6	30	70
2015 年	443	31	1	40	72
2016 年	2724	34	0	18	52
2017 年	7983	26	0	5	31

（接上页）案件管辖、申请材料、受理条件、审查程序、案外人救济等方面对司法确认制度进行了规定和完善。2011年4月12日，最高人民法院发布《司法确认相关法律文书格式》。2012年8月31日，民事诉讼法修改后第15章专门用一节来规范"确认调解协议案件"。2015年2月4日，新民诉法司法解释第353条至360条对司法确认的申请主体、申请范围、案件管辖、申请形式、申请材料、审查程序等方面作了进一步的细化规定。

数量 年度	多元调解 成功数	司法确认案件审理数			
		确认有效	驳回申请	撤回申请	合计
2018 年 1 月至 4 月	3634	24	0	3	27
合计	15 968	233	18	140	391

（二）对受案范围的理解和适用争议较大

2015 年最高人民法院《关于适用〈中华人民共和国民事诉讼法〉的解释》（以下简称"新民诉法解释"）第 357 条在吸收 2011 年《关于人民调解协议司法确认程序的若干规定》第 4 条相关内容的基础上，修订增加了第 3 项："申请确认婚姻关系、亲子关系、收养关系等身份关系无效、有效或者解除的"，第 4 项："涉及适用其他特别程序、公示催告程序、破产程序审理的"，第 5 项："调解协议内容涉及物权、知识产权确权的"三类不予受理情形，主要争议有：一是关于"身份关系"的理解。有的观点认为劳动合同关系、人事关系、劳务关系等带有人身附属性的合同关系也不应适用司法确认程序。二是关于"物权确权"的理解。一种观点认为应作狭义理解，仅指物权确认纠纷及其项下的所有权确认纠纷、用益物权确认纠纷、担保物权确认纠纷，另一种观点认为应作广义理解，视调解协议中是否涉及物权确认事项来综合判断，如继承、分家析产、离婚后财产纠纷等涉及房产分割的也属于物权确认事项。三是关于确认之诉。目前法律对不宜调解的纠纷类型没有明确的禁止性规定，实践中一般认为如合同效力认定等确认之诉不适合多元调解，是否能进行司法确认尚无定论。

（三）案件管辖存在法律冲突

一是原实体纠纷与调解协议司法确认的地域管辖冲突。一种是当事人自主选择的异地调解，如当事人选择异地口碑较好的调解组织[1]、更加方便双方的调解组织等，另一种是法院在开展特邀调解工作过程中委派、委托产生

---

[1] 以江西电视台卫星频道人民调解委员会为例，依托江西卫视《金牌调解》节目解决当事人纠纷，自 2011 年 3 月 21 日栏目首期开播至 2013 年 6 月，现场调解和场外调解的纠纷分别为 832 件和 180 余件，调解成功率达 92.6%。"电视机前的观众自己可就家庭、婚姻、邻里、侵权赔偿等纠纷利用电话、网络、书面等方式或者通过当地人民调解委员会联系由江西卫视调委会进行受理及调解，跨省域的异地人民调解频频出现，电视调解的不错效果成为当事人选择异地调解的主要理由，在法院审查人民调解协议要求当事人就异地调解作出合理解释时，江西卫视调委会的良好口碑将成为异口同声的回答"。——参见刘加良："解释论视野中的司法确认案件管辖"，载《政治与法律》2016 年第 6 期。

的异地调解，委派、委托的调解组织不在该法院辖区。二是原实体纠纷与调解协议司法确认的级别管辖冲突。一种是调解协议解决的纠纷根据类型、标的额或重大疑难程度应由中级以上人民法院管辖，另一种则是中级以上人民法院委派、委托调解的案件。三是原实体纠纷与调解协议司法确认的专属管辖冲突。如应适用不动产所在地等专属管辖原则的纠纷，通过申请多元调解选择更方便的管辖法院[1]等现象。

（四）实体问题成审查重点难点

笔者从 158 件驳回或撤回的司法确认案件中随机抽取 21 件进行样本分析（见表2），其中 18 件驳回或撤回的原因是由于主体不适格、违反相关法律规定、证据不足、可能侵害案外人合法权益等实体问题，占 86%；另有 2 件因超过法律规定的 30 日申请期限等程序问题被驳回，1 件因协议表述有歧义等不规范问题被驳回。但实际情况远比数据反映的更加突出，部分确认有效的案件其实在初次申请时即发现存在各种实体或程序问题，经法院多次指导重新达成调解协议后才得以确认有效。

表 2　某市基层法院司法确认驳回、撤回案件抽样分析表

问题类型	案件数量	具体原因
实体问题	2	主体不适格：①无继承权的个人列为继承纠纷主体；②当事人是否限制行为能力人无法确认
	7	证据不足：①对借款的给付方式未能充分举证；②无证据证明所涉房屋系被继承人的合法财产；③分家析产纠纷未能提供双方共建房屋的证据；④未能提供双方之间存在民事法律关系的证据（共2件）；⑤提交证据不能证明调解之纠纷确实存在；⑥未能提供充分证据证明双方当事人之间的债务来源
	2	法律关系混同：①法定继承与遗嘱继承混同；②人身损害赔偿与劳动争议混同
	4	违反相关法律规定：①自书遗嘱未注明年、月、日；②属于承包人将建设工程非法转包给没有资质的实际施工人的行为；③约定还款利息超过法律规定的 36%（共2件）

---

[1]　如申请人保定某建筑工程有限公司、山西某旅游开发有限公司因劳务纠纷一案达成调解协议申请司法确认，经法院审查，双方争议的合同是一份水上乐园工程施工合同，法律关系上属于建设工程合同纠纷，如果提起诉讼应当适用不动产专属管辖，但双方通过改案由的方式达成调解协议，并共同向调解组织所在地而非不动产所在地基层法院申请司法确认。

问题类型	案件数量	具体原因
	2	违反政策规定：①居民身份无法直接取得农村房屋的所有权；②将车辆过户给没有购车指标的个人
	1	可能侵害案外人合法权益：变更产权未征得抵押权人同意
程序问题	2	申请确认的期限已经超过法律规定的30日
规范性问题	1	调解协议关于利息的相关约定内容不明确，理解时存在歧义

（五）审查标准和尺度不一

集中体现在对新民诉法解释第 360 条第 5 项"内容不明确"的理解上。一是内容明确是否应达到执行标准。目前普遍的意见是，"确认调解协议的目的之一是使调解协议获得现实的强制执行力，强制执行的前提是执行的内容明确具体，如果执行内容不明确不清楚，那么确认调解协议也就失去了意义"〔1〕。但也有观点认为这样的标准太过苛刻，不利于鼓励促进调解的发展，调解协议是具有民事合同性质的协议，达到双方权利义务明确的标准即可。二是对调解协议内容有瑕疵的处理。调解员毕竟不是专业法律工作人员，在制作调解协议时有些语言表达较为模糊、不严谨、不周延，容易产生歧义，属于不涉及调解协议实质的内容瑕疵，如何处理法律并无明确规定。有意见认为，可以通过释明的途径并根据当事人意愿决定是否予以确认，或者在发现调解协议语言不规范后，可以征得当事人同意在不改变调解协议意愿和实质内容情况下对原协议进行修改等。〔2〕但由于缺乏明确依据，有的法官认为按"内容不明确"驳回申请更为严谨，经调解组织修改后可再对新的调解协议进行确认。

（六）救济程序不明确

新民诉法解释第 374 条对司法确认案件裁定错误的救济作了明确规定，当事人对人民法院作出的确认调解协议的裁定有异议的，应当自收到裁定之日起 15 日内提出；案外人有异议的，应当自知道或者应当知道其民事权益受到侵害之日起 6 个月内提出。但对于提出异议后法院受理的条件、期限，以

〔1〕 沈德咏主编：《最高人民法院民事诉讼法司法解释理解与适用》（下），人民法院出版社 2015 年版，第 938 页。

〔2〕 沈德咏主编：《最高人民法院民事诉讼法司法解释理解与适用》（下），人民法院出版社 2015 年版，第 944 页。

及受理后法院处理的期限、处理的法律后果均无明确规定，欠缺可操作性。

二、司法确认制度困境的背后成因解析

司法确认制度设立的主要目的是为了方便民众简便、快捷、经济和彻底地解决纠纷，同时促进调解的发展，使其在纠纷解决方面发挥更大作用，[1]但当前面临的实践困境一定程度上制约了司法确认制度的功能发挥。

（一）制度限缩和扩张趋势并存，各地对制度导向的理解把握不尽相同

从法律规定来看，"限缩"主要体现在新民诉法解释第357条规定的受理条件有严格化趋势，"扩张"主要体现在两方面：一是申请司法确认的对象解释扩大，"申请司法确认调解协议"的范围并不限于人民调解协议，而是包括行政机关、商事调解组织、行业调解组织或其他具有调解职能的调解组织等调解达成的调解协议。[2]二是裁定驳回申请的情形取消了最高法《关于人民调解协议司法确认程序的若干规定》中第7条第1项"违反法律、行政法规强制性规定"的内容。从当事人角度来看，则主要是见证性需求的扩张：一是获得合同继续履行的司法认可，当事人双方达成的调解协议实际上是合同原权利义务的变更或新权利义务的确定，申请司法确认是为了在司法权威见证下促成合同继续履行，在房屋买卖、腾退补偿等履行周期较长、流程复杂的合同纠纷领域表现明显[3]。二是获得公司财务制度规定的入账凭证，主要是一方申请人为国有企业的案件中，虽然双方达成调解协议并同意即时履行，但因公司财务制度需要而申请司法确认。各地在实际开展调解工作过程中对上述制度导向及当事人需求存在认识差异，因此对相关法律规定的理解把握标准也不统一，如有的法院理解应持审慎态度，从严格依法保护当事人合法权益的角度出发，对受案范围及审查标准作严格解释，形成"严进严出"的

---

〔1〕 沈德咏主编：《最高人民法院民事诉讼法司法解释理解与适用》（下），人民法院出版社2015年版，第950页。

〔2〕 沈德咏主编：《最高人民法院民事诉讼法司法解释理解与适用》（下），人民法院出版社2015年版，第923页。笔者所在法院确认有效、驳回申请的251件案件中有39件调解组织为人民调解之外的其他调解组织，占15.5%。

〔3〕 如申请人李某、明某因房屋买卖合同纠纷一案达成调解协议申请司法确认，双方交易因明某未按约定解除房屋抵押而无法继续进行，双方达成的调解协议对房屋核验、房屋价款支付、解除抵押、办理贷款、资金监管、房屋过户等交易环节作出了明确的约定，实际上是对原合同履行方式的变更，双方继续履行的意愿强烈，司法确认被他们视作一道法律上的心理保险。

导向；有的法院则持开放鼓励的态度，对法律法规的解释从充分鼓励调解发展的角度出发，形成"宽进宽出"的导向；等等（见表3）。

表3　2016 年度某市部分基层法院司法确认案件统计表

案件量 \ 法院	A 法院	B 法院	C 法院	D 法院	E 法院	F 法院
收案量	101 225	62 679	51 685	42 613	36 271	23 805
结案量	102 629	66 850	50 280	46 688	35 657	23 399
受理司法确认案件量	87	207	1463	52	396	68
确认调解协议有效案件量	87	163	1136	34	395	60
不予受理和驳回申请案件量	0	0	0	0	0	6
撤回申请案件量	0	44	327	18	1	2

（二）诉调对接各环节衔接不畅，法官及当事人适用不便

司法确认是随着人民法院特邀调解工作的开展配套推出的诉调对接重要方式。2015 年 10 月 13 日，中央全面深化改革领导小组第十七次会议审议通过的《关于完善矛盾纠纷多元化解机制的意见》下发后，各地法院大力发展多元调解与速裁紧密衔接的诉调对接工作模式，即时履行办理撤诉、出具调解书的对接方式在司法实践中大量适用，其他如支付令、公证债权文书等创新方式也开始逐步探索实践。司法确认相比其他对接方式有诸多"不便"之处：一是与撤诉、出具调解书的对接方式相比手续复杂，法院委派、委托调解的案件调解成功后申请司法确认的，双方当事人应办理原案件的撤诉手续，30 日内共同申请司法确认立案，转入与原案件完全独立的特别程序。虽然有相关指导意见指出，"一方当事人申请而另一方当事人表示同意的，可以视为双方当事人共同申请"[1]，但由于没有明确规定，且实践中操作标准不明确，很多法院还是要求双方当事人共同到场申请立案。二是与支付令、公证债权

---

[1] 沈德咏主编：《最高人民法院民事诉讼法司法解释理解与适用》（下），人民法院出版社 2015 年版，第 922 页。

文书的对接方式相比审查标准严格，法院审查调解协议相关情况时，应当通知双方共同到场对案件进行核实。三是由于法律规定司法确认裁定只有调解协议有效和裁定驳回申请两种，因此在审查过程中如果双方当事人申请确认调解协议无效或申请变更、撤销调解协议的，只能重新达成调解协议再申请确认或直接起诉。许多当事人认为程序太过麻烦，增加了其诉讼成本，法官在指导和审查时也存在程序转换方面的不便。

（三）案件管辖与原实体纠纷管辖不匹配

法律规定司法确认案件由调解组织所在地基层人民法院或者人民法庭管辖，而未做其他与原实体纠纷有关的管辖限制，也没有规定调解组织的管辖范围及标准。因此，实际上赋予了当事人自主选择调解组织进而选择司法确认管辖法院的权利，这与普通民事纠纷的管辖原则大相径庭。虽然法律规定得很明确，但管辖冲突常常让法院陷入两难境地：一是超出级别管辖的，如果一律由基层法院审查，存在管辖下沉的矛盾，增加了案件质量风险，如果以引导当事人至中、高级人民法院出具调解书的方式取代司法确认，则往往由于案件标的较大，增加了当事人在诉讼费方面的成本，司法确认的制度优势也未能得到全面体现。二是当事人明显规避地域管辖的，如果一律不加审查，可能导致更多司法确认案件向特定法院集中，带来案件管辖集中化的可能，增加了虚假诉讼、恶意调解损害他人利益的风险，也增加了司法确认的审查难度，如果严格审查不予受理，则因缺乏明确的禁止性规定显得于法无据。三是法院委派、委托辖区外调解组织开展调解的，如果由调解组织所在地法院确认，可能引发当事人认为原法院推脱案件的质疑，如果由委派、委托法院确认[1]，则可能存在程序错误的风险。上述情况究其原因均在于司法确认案件的管辖与原实体纠纷的管辖不匹配，因此，现行法律规定的所有司法确认案件均由调解组织所在地基层法院管辖已不能应对司法实践中出现的新情况、新问题。

（四）相关调解监督制约机制不完善，导致审查偏实质化

关于司法确认形式审查与实质审查之争一直存在。2015年新民诉法解释第358条被认为是司法确认审查方式的明确规定。"法院对调解协议的审查采取的是形式审查和有限的实体审查相结合的方式，也就是书面审查和到庭审查相

---

〔1〕 依据2011年最高人民法院《关于人民调解协议司法确认程序的若干规定》。

结合的方式"。[1]但在实践中，由于调解过程发生在诉讼程序外，调解监督制约机制尚不完善，法官难以通过书面审查即达到对调解协议的内心确认。首先，调解员调解能力参差不齐。笔者按照一、二级案由进行粗略统计，调解协议涉及的纠纷类型达 20 余种，其中不乏建设工程合同、医疗损害、房屋买卖等专业性较强的纠纷，调解员大多没有受过专业的法律思维训练，难以胜任相关调解工作。其次，虚假诉讼难以甄别。目前调解组织管理还较为松散，对虚假调解缺乏有效的监管和制约手段，另外，司法确认案件的庭审非对抗性也让法官在防范虚假诉讼上有更强的风险意识。最后，错案责任。调解协议被驳回或撤回，调解员不承担任何法律责任，而调解协议一经确认有效即产生一定的消极意义的既判力[2]，当事人丧失再诉的权利，一旦发生错误法官将承担错案责任，导致法官更加谨小慎微，司法确认案件的开庭率畸高，庭审对当事人的证据材料审查与普通民事诉讼并无二致。

三、司法确认制度的完善路径

"调解的最大优势和价值是其合意性和自主性，因此，立法不应鼓励当事人和调解机构将所有调解协议都提交确认，而应将自觉履行作为根本目标。"[3]因此，"司法确认并非'主动出击型'制度，其应当处于一种备而不用的状态；司法确认裁定书同样应当主要发挥督促自觉履行的威慑功能，而非实质性的执行名义。"[4]但司法确认程序一旦启动，则应以其完备兼具创新的制度设计，充分体现诉调对接的便捷优势，体现司法对多元化纠纷解决机制的充

---

〔1〕 沈德咏主编：《最高人民法院民事诉讼法司法解释理解与适用》（下），人民法院出版社 2015 年版，第 936 页。

〔2〕 司法确认是否具有既判力一直争议较大。从外国和我国台湾地区规定看，有的确认决定具有既判力，有的没有，有的只有相对的既判力，具体可参见向国慧："调解协议司法确认程序的完善与发展——结合《民事诉讼法》修改的思考"，载《法律适用》2011 年第 7 期。2015 年新民诉法解释出台后，最高人民法院在理解与适用中总结了理论界关于既判力的判断标准和正当性根据的四种观点后指出，司法确认裁定应当具有一定的消极意义的既判力，即法院对调解协议内容进行确认后，当事人不得就相关内容再行起诉，法院也不得受理相关内容的起诉；它不具有积极意义上的既判力，即确认裁定对后诉中法官的判断不产生拘束力。——具体可参见沈德咏主编：《最高人民法院民事诉讼法司法解释理解与适用》（下），人民法院出版社 2015 年版，第 949—952 页。

〔3〕 范愉："诉讼与非诉讼程序衔接的若干问题——以《民事诉讼法》的修改为切入点"，载《法律适用》2011 年第 9 期。

〔4〕 潘剑锋："民诉法修订背景下对'诉调对接'机制的思考"，载《当代法学》2013 年第 3 期。

分保障。

（一）优化程序衔接

在程序启动上，强化对双方合意的尊重，明确规定一方当事人申请而另一方当事人口头或书面表示同意的，视为当事人共同申请，法院应当受理。在程序设计上，对申请确认调解协议无效，或申请变更、撤销调解协议的，由于涉及更多实体审查的内容，与司法确认程序属于非诉程序的性质和特点不符，不予处理具有其合理性。为进一步简化程序，建议区分当事人合意处分调解协议是否涉及实质内容，明确规定不同的程序处理方式：涉及实质内容处分的，设置退回调解组织补充修改程序，法院可以指定补充修改的期限，并从司法确认审查期限内扣除；不涉及实质内容处分的，人民法院可以在征得当事人同意后，在不改变调解协议原意和实质内容的情况下对原协议进行修改，调解协议修改后交当事人签字认可，并将相关情况记入笔录，人民法院按照修改后的调解协议进行确认。[1]

（二）完善管辖标准

一是适应诉调对接发展新阶段和新情况的需要，赋予中、高级人民法院司法确认案件管辖权，对于调解协议涉及内容、标的等超出基层法院级别管辖范围的案件，由中、高级人民法院予以司法确认，有助于司法业务范围的统一。二是增加由委派、委托法院管辖更为适宜的，也可由委派、委托法院予以确认[2]的补充性规定，不仅对于基层法院，对于中、高级人民法院委派或委托调解的纠纷，达成调解协议的，也应赋予中、高级人民法院司法确认的职权，以提高诉调对接成效。三是对当事人跨地域申请调解组织调解达成调解协议后申请确认的案件管辖做出限制性规定，明确当事人立案时应当提交调解组织登记注册的相关证明以及司法行政机关或行业调解组织主管机构同意异地受理的证明，调解组织所在地基层法院方可据此受理。

（三）明确受案范围

司法确认程序是特别程序，在性质上是非诉程序，审查标准明显低于其

---

[1] 沈德咏主编：《最高人民法院民事诉讼法司法解释理解与适用》（下），人民法院出版社2015年版，第938页。

[2] 借鉴吸收2011年3月30日起施行的最高人民法院《关于人民调解协议司法确认程序的若干规定》第2条第2款的规定："人民法院在立案前委派人民调解委员会调解并达成调解协议，当事人申请司法确认的，由委派的人民法院管辖。"

他诉讼案件，因此应设定相对合理的受案范围。从尊重当事人对物权的自由处分权利角度出发，不应对"涉及物权确权"作扩大解释，应仅指涉及物权的归属、内容发生争议的情形，其他因继承、离婚、买卖、赠与等基于法定事由或者当事人合意发生的物权变动、分割等情形不属于物权确认的范畴。另外，关于确认当事人双方之间存在劳动合同关系、人事关系、劳务关系等人身附属性关系纠纷，以及确认合同效力的各类纠纷，由于"赋予司法确认书执行力的正当性源泉是当事人之间的合意"〔1〕，所以应当从司法确认裁定仅具有消极意义上的既判力出发，将当事人不能通过合意自由协商处分的权益排除在司法确认的受案范围之外。

（四）明确以形式审查为主的司法确认审查方式，引入见证性质的司法确认方式

一是明确规定对调解协议的实质审查仅限于围绕调解协议的自愿性和合法性展开，包括参与调解的双方是否具有民事行为能力、是否是适格主体，以及是否属于新民诉法解释第 360 条规定的各类情形，除此之外司法确认裁定发生错误的，不应追究法官的错案责任，解除承办法官的后顾之忧，纠正当前司法实践中司法确认实质性审查的发展趋势。二是引入见证性质的司法确认方式。如前所述，通过司法确认获得强制执行力的调解协议，当事人不得就相关内容再行起诉。但不可否认，司法实践中的许多纠纷，当事人双方申请法院确认，实际上看重的是法院作为权威第三方的见证作用，如果简单地以调解协议不具备执行的明确内容予以驳回，明显不利于今后围绕房屋买卖、腾退协议等各类纠纷开展调解。因此，建议借鉴法国的做法〔2〕，对双方权利义务明确但不具备执行条件的调解协议，以司法确认决定书的方式确认此类纠纷调解协议的效力，并明确规定决定书仅具备见证效力，不具备强制执行效力，当事人如果在继续履行中发生纠纷可以另行起诉。这种见证形式的司法确认决定书一定程度上符合当前我国社会人民群众多元的司法需求，

---

〔1〕 潘剑锋："论司法确认"，载《中国法学》2011 年第 3 期。

〔2〕 法国新民事诉讼法第 130 条规定，以笔录方式对和解协议的确认不具有既判力。这种笔录只能具有可以签发执行依据的效果。这种形式的确认判决文书具有行政性质，不是一种诉讼性质的裁判决定，法官只不过对协议予以见证，而并不赋予其既判力。当事人可以经本诉途径对其提出攻击，但不能向上诉法院提出上诉，第三人也不能针对其提出取消裁判的异议。——［法］让·文森、塞尔日·金沙尔：《法国民事诉讼法要义》（上），罗结珍译，中国法制出版社 2005 年版，第 217—275 页。

有利于促进调解的健康发展。在具体实践中，建议选取部分法院对见证形式的司法确认进行试点，根据试点结果再决定是否推广以及制定具体的操作规定。

（五）健全有效的救济程序

建议立法机关、最高人民法院等进一步明确具体的程序规则，一是异议的受理条件，当事人、利害关系人应当提交异议申请书及相关证据材料，法院应当对异议是否符合受理条件进行形式审查，并于7日内决定是否受理。二是异议的审查期限可比照司法确认案件30日内审结的规定，明确人民法院应当于30日内作出异议是否成立的裁定。三是异议的审查方式建议以书面审理为主，必要时可通知异议人到场核实相关情况。四是异议结果对应产生的法律后果，如异议成立应当裁定撤销或改变原裁定，当事人可以选择重新达成新的调解协议申请司法确认或另行起诉。五是对于不能提出异议的情形，由于见证形式的司法确认决定书可以直接再诉，不应再赋予当事人提起异议的权利。考虑到目前经验不足，今后可根据实践结果和问题再作出更为细化的规定。

四、对法律、司法解释的修改及补充建议

为进一步完善司法确认制度，笔者建议对我国民事诉讼法进行修改，并对新民诉法解释进行修改和补充后出台新的司法解释。

（一）我国民事诉讼法的修改建议

建议《中华人民共和国民事诉讼法》第194条修改为："申请司法确认调解协议，由一方或者双方当事人依照人民调解法等法律，自调解协议生效之日起三十日内，按照第一审民事案件级别管辖的规定，向调解组织所在地有管辖权的人民法院提出。"

（二）新民诉法解释的修改和补充建议

（1）建议新民诉法解释第353条修改为："申请司法确认调解协议的，当事人应当本人或者由符合民事诉讼法第五十八条规定的代理人向调解组织所在地有管辖权的人民法院或者人民法庭提出申请。"

（2）建议新民诉法解释第353条增加一款规定，作为第2款："人民法院在立案前委派调解组织调解并达成调解协议，当事人申请司法确认，向委派的人民法院提出。"

（3）建议新民诉法解释第 354 条修改为："两个以上调解组织参与调解的，各调解组织所在地人民法院均有管辖权。双方当事人可以共同向其中一个调解组织所在地人民法院提出申请；双方当事人共同向两个以上调解组织所在地人民法院提出申请的，由最先立案的人民法院管辖。"

（4）关于跨域调解增加一款规定作为新民诉法解释第 354 条第 2 款："当事人申请由与纠纷无实际联系的地点的调解组织调解，申请司法确认调解协议的，应当在立案时提交调解组织登记注册的相关证明以及司法行政机关或行业调解组织主管机构同意调解组织受理纠纷的证明。"

（5）建议新民诉法解释第 357 条增加以下三项规定：

①申请确认存在或者不存在劳动关系、人事关系、劳务关系或者申请解除劳动关系、人事关系、劳务关系的；

②申请确认合同效力的；

③申请确认调解协议无效或者申请变更、撤销调解协议的。

（6）建议新民诉法解释第 358 条第 1 款修改为："人民法院审查相关情况时，通知双方当事人共同到场对案件进行核实或者通过书面形式进行核实，审查调解协议是否自愿、合法。"

（7）针对当事人申请司法确认后、共同要求变更调解协议内容的情形增加一条规定："确认调解协议的裁定作出前，当事人共同要求变更调解协议，涉及实质内容变更的，人民法院应当退回调解组织进行修改并确定修改期限，退回修改的期间不计入审查期限。不涉及实质内容变更的，调解协议经双方当事人共同修改后，人民法院可以对修改后的调解协议进行审查。上述情况，人民法院应当记入笔录。"

（8）对确认调解协议裁定提出异议增加一条规定："当事人、利害关系人对确认调解协议裁定提出异议的，人民法院依照民事诉讼法第 119 条规定审查是否符合受理条件，于当事人提交申请材料之日起七日内决定是否受理。具有见证效力的确认调解协议裁定，当事人提出异议的，人民法院不予受理。人民法院应当自受理之日起三十日内审查完毕。"

国家司法救助案件司法化的困境与进路

——以四级法院关于国家司法救助工作规定的规范性研究为视角

伍　红* 　陈名利**

摘要：国家司法救助制度是落实中央"保障基本人权"的一项重要制度探索，是深化司法体制综合配套改革的重要抓手，推动国家司法救助制度法治化、救助案件司法化，现实意义重大。但国家司法救助存在救助范围不统一、救助标准不细化等问题，严重制约了司法救助案件的司法化。本文以四级法院关于司法救助的规范为研究视角，选取最高人民法院、北京市高级人民法院、广州市中级人民法院、天津市宝坻区人民法院相应的司法救助规范为蓝本，运用规范性研究方法，结合笔者所在法院工作具体实际展开研究，指出现行国家司法救助制度存在的问题并分析原因，最后提出解决问题的进路。

关键词：司法救助；司法化；困境；进路

国家司法救助是人民法院在审判执行工作中，对权利受到侵害无法获得有效赔偿的当事人，采取的辅助性救济措施。[1]当事人因诉陷入生活困难，一方面损害了其基本权益，另一方面损害了司法的权威和公信力，同时又给社会增加了不稳定因素，这就背离了法治国家的建设目标。新时代背景下，

---

　　* 伍红，男，北京市丰台区人民法院审监庭庭长。
　* * 陈名利，男，北京市丰台区人民法院审监庭法官助理。
　　〔1〕 最高人民法院《关于加强和规范人民法院国家司法救助工作的意见》第1条。本文所指国家司法救助制度，仅指由全国四级法院系统对涉诉当事人因案件导致生活困难而对救助申请人进行司法救助的制度。以下如无特指，本文所称国家司法救助制度、国家司法救助、司法救助、救助案件等概念均为法院系统开展的国家司法救助。

紧紧抓住人民群众日益增长的司法需求同人民法院工作发展不平衡、保障群众权益不充分之间的矛盾，[1]保障人民的基本权益，平衡与消弭这种矛盾，是司法改革不断的追求。

国家有针对性地建立起国家司法救助制度，对生活困难的当事人予以救助，体现了高度的国家责任感。[2]作为最高人民法院《第四个五年改革纲要（2014—2018）》明确规定的司法改革规划内容，国家司法救助制度的改革方向被确定为"救助制度法治化，救助案件司法化"。但是目前在实践中，各级法院在推动司法救助具体工作中，出现了诸如救助范围不统一、缺乏细化审查标准等问题，严重制约了司法救助制度的法治化发展。研究如何解决以上难题，现实意义重大。

一、实践反思：国家司法救助案件办理过程中存在的问题

（一）案件受理渠道单一

最高人民法院《关于规范涉诉信访司法救助工作的意见（试行）》（以下简称"《意见》"），第8条明确规定符合司法救助条件的当事人可以向人民法院立案部门提出申请，也可以由审判、执行部门准备相关材料移转立案，即两种方式：一是依申请，二是依职权。但笔者研究样本法院相应的司法救助规范发现，[3]三级样本法院均要求由审执部门依职权报送救助案件。其中北京高院规定当事人向立案部门申请的，立案部门应当告知其向原审执部门提出；广州中院和宝坻区人民法院则只规定了当事人向原审执部门提出申请这种方式。

该规定不仅背离了《意见》的规定，还实际导致了案件受理渠道狭窄，如若原审执部门未尽到告知和报送案件的义务，当事人则申请救助无门。实际上，笔者所在的B市F区法院也仅有依职权报送一种方式，且案件体量小，2016年12件，2017年35件，相比该院每年5万件案件来说，微乎其微。实

---

〔1〕 周强："最高人民法院工作报告"，载 www.court.gov.cn，访问日期：2018年5月2日。

〔2〕 参见刘合华等："《关于加强和规范人民法院国家司法救助工作的意见》的理解与适用"，载《人民司法（应用）》2017年第1期。

〔3〕 分别为《北京市高级人民法院关于规范国家司法救助工作的实施细则（试行）》第8条、第9条，《广州市中级人民法院关于开展司法救助工作的实施细则》第11条，《天津市宝坻区人民法院国家司法救助工作实施办法（试行）》第13条。

践中，选择这样的限制，有诸多因素，但推进救助案件司法化，不宜在立案登记制的大背景下，择一适用。

（二）国家司法救助范围不统一

救助范围直接决定了救助案由和对象的宽度和广度，《意见》以列举式规定了救助的范围，但地方各院规定出现了救助范围不统一的现象（详见表1）。

救助范围宽度存在差别。《意见》第3条列明的七种救助情形，并不包括行政及国家赔偿案件。[1]广州中院和宝坻区人民法院规定国家赔偿案件当事人可以申请司法救助；北京高院对行政及国家赔偿案件未做明确规定，而是在《北京法院国家司法救助案件办理规范》中以"释疑"的方式，表明符合条件的行政诉讼、国家赔偿案件中的困难群众，可以适用兜底条款进行救助。

救助对象的广度不同。广州中院对通过司法救助促成刑事和解或民事调解的刑事被害人及其亲属可予以救助，其他三个法院则无规定。四级法院关于"亲属"和"近亲属"的规定也略有不同，广州中院规定某种情况下"亲属"可以获得司法救助，而北京高院及宝坻区人民法院均规定救助范围为"近亲属"。

表1　四级法院国家司法救助规范异同[2]

文件名称	救助范围	案件性质	具体情形	救助额度
最高人民法院《关于加强和规范人民法院国家司法救助工作的意见》	八种+1（涉诉信访人）	刑事民事	①刑事被害人，重伤或严重残疾，加害人死亡或没有赔偿能力；②刑事被害人，急需救治无力支付医疗费；③刑事被害人死亡，加害人死亡或无赔偿能力，依靠被害人生活的近亲属得不到赔偿；④刑事被害人，财产重大损失，加害人死亡或	案件管辖法院所在地上一年度职工月平均工资为基准，不超过36个月工资总额

[1] 《关于加强和规范人民法院国家司法救助工作的意见》的理解与适用阐明，按照救助原因划分包括行政司法救助、国家赔偿司法救助等。

[2] 资料来源：各法院官方网站，于2018年5月10日访问。天津市宝坻区人民法院网 www.tjbdfy.chinacourt.org；广州市中级人民法院网 www.gzcourt.gov.cn。

续表

文件名称	救助范围	案件性质	具体情形	救助额度
			无赔偿能力得不到赔偿；⑤举报人、证人、鉴定人受到打击报复致使财产或人身损害得不到赔偿；⑥追索赡养费、抚养费、抚育费等，被执行人无履行能力；⑦道交等民事侵权得不到赔偿；⑧其他	
北京市高级人民法院《关于规范国家司法救助工作的实施细则（试行）》	八种+1（涉诉信访人）	刑事民事	同上	每案一般不超过5万元。后北京市又出台《救助标准实施细则》规定不超过36个月工资总额
广州市中级人民法院《关于开展司法救助工作的实施细则》	八种+1（涉诉信访人）	刑事民事国家赔偿	①刑事被害人及亲属有民事赔偿请求，被告人及亲属无赔偿能力，通过司法救助促成刑事和解或民事调解的；②法院审执过程有过错，当事人无法获得国家赔偿；③其他几种同上	不超过36个月工资总额。同时又针对不同情况规定了每案不超过3万元及5万元的情况
天津市宝坻区人民法院《国家司法救助工作实施办法（试行）》	四种+1（涉诉信访人）	刑事民事行政国家赔偿	①本院在审，刑事被害人人身损害或财产重大损失，无法获得赔偿；②本院在审，被侵害人或近亲属无法获得赔偿危及生命的民事、行政、国家赔偿案件；③本院正在执行在短期内又无法得到执行，危及申请人生命；④举报人、证人、鉴定人受到打击报复致使财产或人身损害得不到赔偿	不超过36个月工资总额

实际上，从笔者所在法院2016年、2017年司法救助案件类型分布上来看，救助范围就与广州市和宝坻区两地不同，没有行政诉讼及国家赔偿案件的司法救助案件（详见图1），且该法院救助规范未规定该类型案件可以救

助，法院救助对象也未扩大到"亲属"范畴，仅涵盖申请人及其近亲属。

笔者所在法院2016年司法救助案件类型　　　笔者所在法院2017年司法救助案件类型

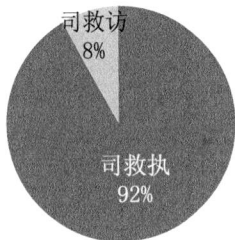

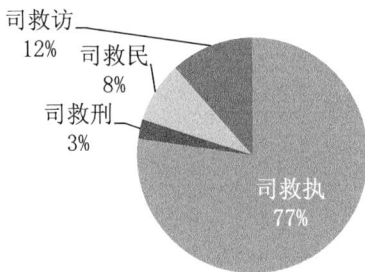

图1　笔者所在法院 2016 年、2017 年司法救助案件类型分布图

（三）缺乏具体可操作的审查标准

根据《意见》第 3 条规定，国家司法救助案件（不含涉诉信访救助案件）的三个基本要件可以归纳为：一是申请人因涉诉案件导致财产或人身受到重大损失，二是申请人因此生活陷入困难或急需医疗费，三是申请人无法通过诉讼从赔偿义务人处获得赔偿。在满足案件属于司法救助的范围这一前提条件下，个案满足以上三个基本要求，一般符合救助标准，但在审查时仍有诸多障碍，分而论之。

其一，申请人因涉诉案件导致财产或人身受到重大损失。《意见》区分了人身损害和财产损失两种情形。一是关于人身损害（伤害），刑事案件要求被害人遭受侵害造成重伤、严重残疾或死亡，而举报人等遭到打击报复和民事侵权案件人身损害达到何种标准没有明确规定。[1] 二是关于财产损失，均要求受到重大损失，重大损失如何认定难以掌握。大量个案依靠法官自由裁量权进行审查，必然导致裁判尺度不统一。

其二，申请人因此生活陷入困难或急需医疗费。一是人身损害（伤害）导致残疾、死亡等，致使其本人或依靠其生活的近亲属陷入生活困难的情况，在实践中尚可较为明确地认定。二是急需救治无力支付医疗费如何把握标准不一，医疗费是否包括二次手术费、后期康复治疗费等费用，对医疗费的救

---

〔1〕《北京法院国家司法救助案件办理规范》关于人身损害标准在"释疑"中解释为：人身受到的伤害是指《人体损伤程度鉴定标准》中规定的轻微伤、轻伤、重伤，包括死亡。

助是全面覆盖还是部分覆盖，都尚无定论。三是财产重大损失需导致申请人陷入生活困难，增加了申请人的证明负担，实际上二者之间不一定具有因果关系；在办案实践中，从生活困难这一层面推导，申请人只要能证明因涉诉导致生活困难，财产重大损失则不属于必要审查要件，导致这一规定流于形式。

其三，申请人无法通过诉讼从赔偿义务人处获得赔偿。申请人无法获得赔偿的情况，一是因赔偿义务人（被执行人）无财产（可供执行），需要执行部门的四查材料作为审查依据，[1]但四查材料不规范，经常只有两查或三查，或者查询形成时间过早，在司法救助案件中不足以证明被执行人无财产可供执行；是否穷尽执行措施也有所不知，给审查带来难度。二是案件正在审理中，被侵权人的损失情况尚未得到生效法律文书的确认，难以确定损失情况，进而难以确定因此陷入生活困难的程度，最终给确定救助金额带来障碍。

（四）缺乏细化的困难认定标准和救助金计算标准

经审查，初步认为符合救助标准的、最为关键的环节是认定困难等级和确定救助金额，但目前最大的障碍是缺乏量化标准。《意见》第6条规定，救助金不超过案件管辖地上一年度职工月平均工资的36个月总额。各地根据总的原则稍作细化调整，广州将困难情况分为生活困难、生活特别困难和生活极度困难三种情况，但未明确认定标准；广州同时对救助金区分了个案不超过3万元和5万元的情形。北京将困难情况划分为生活较困难、生活困难、生活特别困难三个等级，并划分了不同案由下与之对应的救助金确定标准，基本分为1—6个月、1—12个月，7—36个月、12—36个月的参考区间，但区间幅度大，划分较为粗略。[2]宝坻区人民法院则只做了原则性规定。

各院基本上将困难情况按三个等级进行划分，但如何科学地界定申请人的情况属于哪个等级，没有划分标准，实践中还需法官查阅其他规定，并结合审判经验予以认定，随意性较大。审判实践中，计算救助金额需要结合申请人损失情况、困难情况和裁判执行情况综合进行确定，但与困难等级、损

---

〔1〕 四查材料指法院执行部门针对被执行人名下房产、银行存款、车辆登记、工商股权登记等查询情况。

〔2〕 详细规定见《北京市规范国家司法救助标准实施细则（试行）》第2条、第6条规定。

失情况相对应的救助金计算幅度较为粗略，或者没有对照适用幅度，给案件审理带来适用难题，极易导致同案不同救，使得裁判尺度不统一，或者简单一刀切，影响申请人实质公平。

（五）司法救助委员会功能定位不明确

最高院、北京高院、宝坻区人民法院均规定，合议庭拟决定救助的案件，由法救助委员会讨论决定。广州中院设立司法救助工作领导小组，组成人员基本和司法救助委员类似，但人员范围又比一般司法救助委员会涵盖得广。[1]同时规定只有救助金额超过本院规定限额时，才由领导小组讨论决定。[2]

从各院规定可知，目前司法救助案件的"决定权"[3]不在合议庭，而在司法救助委员会，但司法救助委员会是否拥有个案"决定权"值得存疑。根据《中华人民共和国人民法院组织法》和《中华人民共和国国家赔偿法》相关规定可知，我国行使审判权的组织为各级人民法院依法组成的合议庭、审判委员会和国家赔偿委员会。司法救助委员会组成人员力求全面，涵盖审执、信访、财务和其他行政部门的人员，多种类型人员共同行使审判权，其决定糅合了不同考量因素，专业性和权威性就难以保障。司法责任制下，员额制改革明确员额法官才能行使办案的权力，救助案件司法化必然要求行使审判权的主体法定化。

司法救助委员会对救助案件以何种形式作出决定，能否像审判委员会一样直接作出决定，文件均无规定，实践中也很难把握。比如笔者所在的法院，经过司法救助委员会决定救助的案件，仍需报审判委员会讨论，最终以本院审判委员会的名义作出同意救助的决定。这一方面拖延了大量的时间，与司法救助"救急济困"的目的相背离。另一方面相当于司法救助委员会空设，

---

[1]《广州市中级人民法院关于开展司法救助工作的实施细则》第2条第1款规定：我院司法救助工作由司法救助工作领导小组组织领导。领导小组组长由本院院长担任，分管信访工作的院领导为领导小组副组长，其他院领导、各庭处室主要负责人为领导小组成员。司法救助工作领导小组下设办公室……

[2]《广州市中级人民法院关于开展司法救助工作的实施细则》第13条第3项规定：……司法救助工作领导小组办公室收到审判、执行案件经办部门转交的申请资料后，三个工作日内填写审查意见。符合发放条件的，该办公室予以核定，报分管副院长、院长审批，如拟发放的救助资金超过本细则第六条规定的救助限额，由院领导提请司法救助工作领导小组讨论决定；不符合发放条件的……

[3]此处"决定权"是指负责审理国家司法救助案件的合议庭，经过司法救助案件审理程序查明申请人困难情况、赔偿义务人的赔偿能力等，直接以合议庭的名义作出"予以救助"或者"不予救助"的决定，并制作和发放国家司法救助决定书。

造成程序繁复，浪费宝贵的司法资源。

二、探究溯源：问题产生的原因

国家司法救助在实践中出现的问题，不限于本文以上分析的几点，更多的问题还有待进一步论证。这些问题的产生原因是多方面的，既有立法层面的，也有司法层面的，还有制度本身的。

（一）立法缺位：尚未制定国家司法救助法

我国司法救助起步晚，尚处于探索阶段，没有制定统一的国家司法救助法。现行国家司法救助在中央层面主要由中央政法委及各部委的意见或通知等政策性文件或最高院司法解释性文件予以规范，但很多问题未能明确，审查标准较为粗略，实践难以运用。在地方层面表现为，各级法院分别就司法救助工作制定本院的实施细则，各地规范又具有相当大的差异性。差异主要来源于三个因素，一是各地法院对《意见》的理解不同，比如广州中院设置司法救助工作领导小组，只对超过 36 个月月平均工资限额予以救助的案件进行讨论并作出决定，而非《意见》要求的由司法救助委员会对每案进行讨论决定。二是各地实际情况不同，如案件体量不同、资金力量不同等，如北京高院案件体量大，资金分配及使用要求就更高，规定超限额救助的案件需本院党组讨论决定。三是国家司法救助法还未出台的情况下，上级法院指导性意义的文件不具备强制力，自然导致下级法院相关规范和司法实践随意性大，法律本身具有一定的惰性，影响司法能动，如救助范围的规定，倘若按照兜底条款等形式来掌握未明确规定的情形，将可能直接导致"无规定则不救助"的情况出现。应当制定国家司法救助法，打破四级法院各行其是的藩篱，将全国司法救助工作以法律的形式统一起来。

（二）司法层面：审判经验少，实践考量因素多

2014 年 1 月，中央政法委等六部委联合发布《关于建立完善国家司法救助制度的意见（试行）》，对国家司法救助制度作了总体性规定，初步建立起全国范围内统一司法救助制度。司法救助制度的运行仅有几年时间，各地还在探索完善阶段，司法救助的理论研究和救助案件的类型化研究比较薄弱，具体做法有赖于各院在司法实践中不断积累经验和平衡掌握。《意见》等规范的规定较为原则化，给各级法院预留较大的自由裁量空间。

各院为防止救助案件急速增长，给法院审判工作和财政资金带来压力，对救助案件的立案申请程序作了适当限制，主要由原案件审执部门告知、指导准备材料、代为申请立案。救助案件与一般案件不同，其目的不是为了定分止争，而是"济急救困"和"维护稳定"，具有较强的伦理色彩和政治色彩；案件审查的基本原则也与普通案件不同，更强调时效性，除书面审查原则，实地考察也是极为必要的，从立案起10日内应当审查完毕，这决定了救助案件量不能过大，否则审判压力巨大；救助案件相对专业，审查材料要求较高，比如执行案件需要提供被执行人四查材料，当事人往往难以取得，这就给立案和后期审查带来不必要的麻烦；决定救助的案件，将从专项财政中直接拨付救助款项，在目前救助资金还不宽裕的情况下，需要对收案数量和质量进行较为严格的把控。

各院对司法救助的重视程度不够，司法救助在司法系统分配的审判资源不足。法院的工作重点是普通审判业务，最初司法救助案件与普通案件的设置权重系数不均衡，司法救助案件的权重比例小于1，结案两件或更多才等同于结一件普通案件，法官的积极性不高，救助案件有"临时业务"或"附加业务"的思想导向。以笔者所在法院为例，2017年年初，救助案件不纳入结案任务指标进行考量，经过多次与本院审管部门商定，才计入考核指标。再比如案件由原审执部门准备材料进行报送，除了指导当事人准备材料，还需进行初步核实，并撰写救助报告，虽然增加了工作量，但又不纳入业绩考核，客观上导致了消极报送的后果。虽然司法救助委员会联合全院多部门协调处理，但是各部门都不重视此项工作，最终落实的审判资源不足，整体工作推进较为滞后。

（三）制度层面：司法救助是一个隐蔽的"概念"

司法救助制度本身还存在诸多问题，有待进一步完善。比如尚未建立统一公开机制，社会对司法救助的立案、程序、标准等重要信息无从知晓；司法系统内部尚存认识盲区，大量法官不知道如何帮助当事人申请司法救助，也因救助案件不公开无法进行类案研究。

再如，司法救助缺乏有效宣传，社会认知度低，导致司法救助还未形成规模效应，社会效果局限。通常认为司法救助较为敏感，如"司救访"案件，不管是司法系统还是社会公众，存在"小闹小钱、大闹大钱、不闹没钱"的偏见，认为宣传会助长社会不良风气，引起社会不满情绪，法院一般选择隐蔽的处理方式办理救助案件。这就使得司法救助制度本身的完善，需要突破重重阻力，完善进程缓慢。

三、进路建构：双向推动落实司法救助案件司法化

（一）司法实践：为司法救助夯实司法化实践基础

探索建立司法救助公开制度。建立与普通案件相同的网上公开机制，将司法救助决定书予以公开，对申请人是否属于救助范围、是否应予救助应当充分说理，完善决定书对生活困难事实认定的阐述，公开个案救助金计算标准，载明有无获得过其他社会性救助，载明与原审执案件的关联，阐明原案件执行后法院对救助金部分的扣缴权力等；将案件办理程序、标准等予以公开，既有利于社会广泛知晓，同时也加强社会监督，不断推动救助案件司法化。

加强类案审判研究。按照司救刑、司救民、司救执、司救访等类别，研究司法救助案件类型化特点、审查要件、救助标准等，为统一裁判尺度提供经验指导。

加大社会宣传力度。结合典型案例以案说法，向社会广泛宣传司法救助的理念、目标、程序等，有序引导社会关注、关心司法救助，引导当事人通过正常途径缓解生活困难，减少盲目信访的概率，促进社会和谐稳定，使司法救助逐渐产生规模社会效应，走上规范的司法化道路。

（二）完善立法：制定国家司法救助法

实现司法救助案件司法化最直接、最有效、最快捷的方式，即是加强顶层设计，制定统一的国家司法救助法，提供法律依据和保障。主要从以下几个方面来完善立法：

第一，明确司法救助工作制度规则。其一，立案程序。坚持依申请和依职权启动两种方式。当事人选择到立案部门立案的，立案部门进行初步审查后，将申请材料移交司法救助办公室，办公室应审查是否属于救助范围、申请材料是否齐全等，符合要求的移交立案部门进行立案；材料不齐全的，由立案部门一次性告知补正后予以立案；不属于救助范围的，退回立案部门，由立案部门通知申请人不予立案，并做好释明工作。依职权启动的，可按照现有模式进行。其二，领导机构。各级人民法院司法救助委员会由立案、审

判、执行部门的员额法官组成；信访、财务等部门相关人员列席司法救助委员会，其意见作为作出决定的参考，并记入司法救助委员会决议。其三，组织与规则。司法救助案件的审理应当由审判员组成合议庭。合议庭经审理拟决定救助的案件，报司法救助委员会讨论通过并备案，合议庭直接以自己的名义作出司法救助决定书。其四，决定的形式。目前我国审判委员会决议主要以三种形式作出：一是会议决定，二是会议纪要，三是指导性意见。[1]参考审判委员会运行模式，合议庭争议较大，或者案情疑难复杂的，由司法救助办公室组织提请司法救助委员会进行听证，按照少数服从多数的原则作出最终决定，该决定应当以司法救助委员会的名义作出，由合议庭执行，并在司法救助决定书中将救助委员会决定情况予以公开。对于司法救助类案可以形成会议纪要或指导性意见，指导类案审判，统一裁判尺度。

第二，适度扩大救助范围，明确救助具体情形。为了彰显司法的人文关怀，使司法救助惠及更多生活苦难的涉诉群众，在现有的八种救助范围基础上，适度扩大救助范围，并以列举式条款明确救助具体情形。

一是明确行政诉讼和国家赔偿案件当事人及其近亲属，因所涉案件正在审理或其他原因无法得到及时赔偿，危及生命或者陷入生活困难的，可予以救助。明确将这两类案件纳入司法救助的范围，不再以"兜底条款"把握该类型案件的救助范围，可以有效破除"无规定则不作为"的制度弊病。

二是刑事案件类，因加害人及其近亲属没有赔偿能力，但认罪态度好，积极配合刑事案件侦查及办理，通过司法救助能够促成刑事和解或民事调解的刑事被害人及其近亲属可予以救助。通过这种方式既可以使被害人及其近亲属得到及时有效的救助，又可以减少当事人的讼累，同时减轻法院的工作负担。

三是扩大执行案件救助范围，在追索赡养费、抚养费、抚育费等案件中，因被执行人没有履行能力，申请执行人陷入生活困难的，应当予以救助。按

---

[1] 张璇、廖钰："论'统一裁判尺度'在基层法院的实现路径——以基层法院审判委员会的微观运行为视角"，载贺荣主编：《公正司法与行政法实施问题研究——全国法院第25届学术讨论会获奖论文集》（上册），人民法院出版社2014年版。每一种形式的决议对具体案件的审理结果和裁判尺度的影响均有所不同，审委会的会议决定是对案件如何裁判作出的最终决定，合议庭应当按照规定进行下判；若是会议纪要和指导性意见，合议庭进行参考后，再行下判，其中合议庭法官具有一定的自由裁量权。

照相关精神，该项下救助案件结合司法救助的经验，可以扩大到追索社会保险金、劳动报酬、经济补偿金、抚恤金等案件的申请执行人。

四是扩大民事侵权案件救助范围，除道路交通事故造成人身损害的情况，对因提供劳务受害、义务帮工受害、产品缺陷致人损害等导致人身损害急需医疗费，或重大财产损失陷入生活困难的，也可予以救助。事实上，大量民事侵权案件导致被侵权人人身遭到损害，亟需医疗费，或造成残疾无法从事原来的工作，失去生活最主要经济来源。在民事案件审理过程中未能得到赔偿，判决后生效裁判得不到执行，当事人往往将不满转嫁到法院，加大了法院维稳的压力。将救助范围适当扩大，救助关口前移，可以提前消化一部分矛盾，缓解执行压力。同时对于道路交通事故等民事侵权案件，被侵权人死亡的，对其近亲属在死亡赔偿金和精神抚慰金判项内予以适当救助，抚慰其受伤的心灵。[1]

第三，分类制定细化审查标准。分别按照刑事、民事、行政、国家赔偿、执行、涉诉信访案件类型，制定细化的审查标准。对人身伤害（损害）标准和财产重大损失如何认定作出相对统一的界定，并基本按照与困难等级相对应方式划分损失等级。

以刑事被害人及其近亲属申请救助案件为例，应当综合考量以下因素：①被害人是否死亡、重伤、残疾，生效判决或司法鉴定确定的被害人伤残等级，被害人的财产损失情况，其损失与本人持有财产比例情况；②被害人是否急需救治，或需要二次、多次手术，且无力承担医疗费；③被害人收入是否为家庭主要生活来源；④被害人家庭基本情况，父母、配偶、子女的综合情况，应包含工作收入、身体状况、教育情况等；⑤被害人家庭房产、存款、车辆、股票等财产情况；⑥被告人人身及财产情况，具体审查项可参考前五点内容；⑦其他情形。

笔者根据审判经验并结合现行司法救助规范，尝试将刑事被害人伤残等级和财产损失划分为三个等级，根据对应划分等级细分适用救助金幅度，以作参考（详见表2）。该表内关于财产损失划分标准也可适用于其他案由的案

---

〔1〕 笔者所在法院受理的一件司法救助案件，申请人谌某一子一女在一起道路交通事故中死亡，被执行人无财产可供执行。申请人申请司法救助，法院经审查认为申请人陷入生活困难非因案件所致，谌某及妻子可以通过劳动改善生活，决定不予救助。从规定上看，本案不符合司法救助办案规定，但从情感上看，合议庭人员均认为值得同情和救助。因此在此种情况下对于是否予以适当救助可做探讨。

件，财产损失由申请人提供证据加以证明；计算损失占其家庭收入（或个人收入）的比例基数，即申请人个人财产或家庭财产数额，可以探索由执行部门对申请人及近亲属的财产状况进行"四查"，以便科学合理地计算申请人的损失情况。

表2　刑事被害人伤残等级（经鉴定或生效判决所确定）和财产损失与救助金幅度对照表

死亡和伤残等级	财产损失	定档	适用救助金幅度
死亡、伤残五级以下	损失家庭收入60%以上	一档	24—36个月
伤残五级至八级（含五级）	损失占家庭收入30%至60%（含）	二档	12—24个月
伤残八级以上（含八级）	损失占家庭收入30%以下	三档	1—12个月

对于未进行伤残鉴定而经医疗诊断、鉴定为重伤的，可参照伤残等级五级至八级的情况，计算司法救助金。其他鉴定结果，如工伤鉴定等，参照上述伤残鉴定等级予以酌情考量。决定救助金额时除上述救助标准外，还应该结合原审判决情况、执行回款及可能回款情况、实际费用支出情况、实际经济困难情况、伤残申请人工作能力及其需要赡养（抚养）对象情况等多方面原因，综合考量。

第四，统一生活困难认定标准。统一生活困难认定标准并不是机械地进行一刀切，而是制定相对统一的认定标准，以便于普遍意义上认定申请人的生活困难等级，同时赋予法官因个案具体情况不同而提级或者降级认定困难情况的自由裁量权。

同样根据审判实际和救助规范，本文建议将困难等级分为以下三档：①生活困难：申请人及其近亲属人均收入低于本市最低工资标准。②生活非常困难：申请人及其近亲属人均收入低于本市最低生活保障标准1.5倍及以下。③生活特别困难：参照国务院《社会救助暂行办法》规定的特困供养人员。关于生活困难的认定，还可参照民政部门等关于最低生活保障、困难残疾人生活补贴等规定进行把握。

表3　申请人生活困难等级与救助金幅度对照表

生活困难等级	定档	适用救助金幅度
特别困难	一档	24—36个月/不超过应判决给付或未执行标的额
非常困难	二档	12—24个月
困难	三档	1—12个月

四、结语

在波澜壮阔的司法改革洪流中，落实司法责任制，"让审理者裁判，让裁判者负责"不是一句空话，也不应该选择性地适用，应该落实到行使审判权的每一个组织、每一个环节中。国家司法救助案件要逐渐实现司法化，需要坚持合议庭审查制，由合议庭法官负责。出台统一的国家司法救助法为法院审理司法救助案件提供科学的指导；明确办案规则，为合议庭和司法救助委员会依法行使审判权提供充分的依据，是法治建设的必然选择。只有这样，让"国家司法救助制度法治化、司法救助案件司法化"的改革目标才能得以实现，让"人民群众在每一个司法案件中感受到公平正义"的庄严承诺才能最终得以实现。

死刑复核裁定书之说理

——以 481 份死刑复核裁定书为样本

苏月玲*

摘要："保留死刑，严格控制死刑"[1]是我国的死刑政策。2007 年 1 月 1 日将死刑立即执行的核准权重新收归最高人民法院，并逐步扩大律师在死刑复核程序中的参与度，就是为了实现"少杀、审杀"。在死刑复核不采取公开开庭审理的情况下，死刑复核裁定书可以说是呈现以及检验死刑复核程序的最主要平台，死刑复核裁定书说理是否充分也就影响着死刑复核程序的运行、民众对该程序的监督及司法的公信力。本文以最高人民法院在其官方网站上公布的 481 份死刑复核裁定书为样本，以裁定书说理为研究角度，总结目前死刑复核裁定书说理存在的问题，分析原因并提出建议。

关键词：死刑复核；说理

"裁判文书说理是指裁判者对案件事实的认定与裁判结果的逻辑演绎"[2]。裁判文书说理影响司法公信力，正如有的法官所说"裁判文书的心证公开……进行详细的阐述说理，加强判决的说服力"[3]。只有对审理的过程充

---

* 苏月玲，女，汉族，北京市丰台区人民法院法官。

〔1〕 参见最高人民法院、最高人民检察院、公安部、司法部《关于进一步严格依法办案确保办理死刑案件质量的意见》。

〔2〕 孙华璞、王利明、马来客主编：《裁判文书如何说理：以判决说理促司法公开、公正和公信》，北京大学出版社 2016 年版，第 1 页。

〔3〕 董世华："法官心证公开制度研究——从法官心证公开、法官释明权谈司法公开"，载最高人民法院司法改革领导小组办公室编：《司法公开理论问题》，中国法制出版社 2012 年版，第 162 页。

分说理，才能使结论的得出具有正当性和严谨性，否则就容易导致跳跃式认证。"一言以蔽之，权利来自不义"[1]，比如非法证据排除制度正是源自并完善于每一个由刑讯逼供导致的冤假错案，同样也是为了防止恶行的重复发生。裁定文书说理也是同样的道理，比如聂树斌案中死刑复核裁定书说理简单，当然这受限于当时的司法环境，但试想如果当时能够充分说理，或许能在最后的一环防止错案的发生。

正如吉斯塔夫·拉德布鲁赫在《法学导论》中说的那般："审判不公开和判决书不说理都是对公众情感的一种蹂躏。"[2]裁定书说理是司法公开、程序正义的应有内涵，不是一道"选择题"，而是一道"必答题"。

一、死刑复核裁定书说理实证研究

（一）样本裁定书概况

本文以最高人民法院在其官方网站上公布的死刑复核裁定书为样本，[3]以最高法死刑复核裁定书的说理为视角，分析我国的死刑[4]复核程序。受限于数据，本文的所有观点仅从本文样本裁定书中得出。

本文样本裁定书的基本情况：截至 2018 年 6 月 6 日，以最高法在其官方网站上公布的 483 份[5]死刑复核裁定书为样本，其中有 2 份裁定书重复，故有效样本裁定书共 481 份，涉及 533 人，其中不予核准的共 10 份，涉及 11 人。样本裁定书年份分布及数量：2011 年 2 份，2 人；2012 年 4 份，5 人；2013 年 109 份，127 人；2014 年 256 份，281 人；2015 年 110 份，118 人。

481 份样本裁定书共来自 30 个省级高院，如表 1 所示：

---

〔1〕 ［美］艾伦·德肖维茨：《你的权利从哪里来?》，黄煜文译，北京大学出版社 2014 年版，第 8 页。

〔2〕 转引自陈瑞华：《法律人的思维方式》（第 2 版），法律出版社 2011 年版，第 163 页。

〔3〕 由于不能确定最高法院是否将所有的死刑案件都公布在网上，因此所有的数据都基于这 481 份死刑复核裁定书，载 http://www.court.gov.cn/wenshu/gengduo-1.html。

〔4〕 此处的死刑是指死刑立即执行，不包括死刑缓期执行。

〔5〕 样本裁定书的公布时间为 2013 年 7 月 2 日至 2016 年 1 月 11 日。

表1 复核案件来源高院

排名	省份	案件数量	排名	省份	案件数量
1	河北	44	16	湖北	12
2	云南	39	17	广西	12
3	新疆	33	18	江西	12
4	河南	30	19	北京	11
5	山东	28	20	吉林	11
6	辽宁	26	21	天津	9
7	四川	24	22	重庆	9
8	浙江	24	23	福建	9
9	黑龙江	22	24	贵州	8
10	山西	19	25	陕西	7
11	湖南	19	26	安徽	5
12	广东	19	27	宁夏	3
13	上海	14	28	海南	3
14	内蒙古	13	29	甘肃	2
15	江苏	13	30	青海	1

样本裁定书所涉及的533人，共涉及17种死刑罪名，其中涉嫌故意杀人罪290人、抢劫罪124人、毒品类犯罪68人，共482人，约占90.4%；涉嫌其他类型死刑罪名的共51人，约占9.6%。以上的数据显示，最高人民法院复核的案件类型相对集中，各高院报请复核的案件数量存在较大差距。

（二）死刑复核裁定书说理存在的问题

1. 裁定书内容模式化

虽然罪名和具体的案情存在差异，但是样本裁定书的结构呈现出模式化的特点，裁定书主要包括四部分（不包括首部和署名），如下表：

表 2　死刑复核裁定书结构

组成	结构	具体内容
第一部分	被告人的基本信息	姓名、性别、出生年月、文化程度、职业、住址、曾经犯罪情况和本次的逮捕情况等
第二部分	死刑案件诉讼过程	控诉机关、罪名、一审判决时间和结果、有无上诉、高院二审（或复核）时间和结果、最高院组成合议庭、是否讯问被告人、听取辩护律师意见、审查检察机关意见
第三部分	认定的事实和证据	简述复核确认的案件事实，简单罗列一审、二审经质证的证据内容和种类，总结"足以认定"；回应辩护意见
第四部分	复核的结果	本院认为：简述构成何罪；简单陈述量刑情节。总结一审、二审"认定的事实清楚，证据确实、充分，定罪准确，量刑适当。审判程序合法。"依照××法条规定，做出核准结果，或不核准结果

值得注意的是，在 10 份没有核准死刑的裁定书中，其中 6 份[1]的说理略有不同，虽然还是包括这四个部分，但是在第三部分，即事实和证据认定部分，裁定书记载的是原来审理的中院和高院认定的事实及证据，而最高院对事实的认定仅体现在第四部分的核准结果部分。因此，可以说目前我国的死刑复核裁定书总体存在着模式化的特点。

2. 裁定书说理简单化

在样本裁定书中，除林森浩案件的复核裁定书在事实与证据部分说理较充分外，其他的裁定书均存在着说理简单化的问题。第二部分关于"讯问被告人""听取辩护律师意见""审查检察机关意见"，缺乏过程和结果的展示，无法看出讯问、听取、审查的方法、内容和回答、辩护意见、检察机关的具体意见，以及合议庭对上述意见的判断及依据。第三部分简单罗列证据后，以"足以认定"作为总结，易造成合议庭根据证据的数量而非内容来认定事实的"错觉"。此外，虽然写明"被告人×××已供认"或者"被告人×××曾供

[1]　这 6 份死刑复核裁定书分别是：顾立新故意杀人死刑复核裁定书，载 http://www.court.gov.cn/wenshu/xiangqing-88.html；田志军故意杀人死刑复核刑事裁定书，载 http://www.court.gov.cn/wenshu/xiangqing-8650.html；吴亚东故意杀人死刑复核刑事裁定书，载 http://www.court.gov.cn/wenshu/xiangqing-9711.html；孙春生故意杀人死刑复核刑事裁定书，载 http://www.court.gov.cn/wenshu/xiangqing-189.html；李德明故意杀人死刑复核刑事裁定书，载 http://www.court.gov.cn/wenshu/xiangqing-176.html；闫保柱故意杀人死刑复核刑事裁定书，载 http://www.court.gov.cn/wenshu/xiangqing-154.html。

认"，但是供认的内容是否与法院得出的事实结论完全一致并不明确。第四部分复核结果，简单说明构成何罪、描述量刑情节后，直接得出"情节、后果严重，社会危害大，应依法惩处"的结论，在绝大多数死刑罪名具有多个量刑幅度的情况下，没有详细论证为何非要选择死刑中的立即执行，缺少了从事实到结果的论证过程。

3. 缺乏对排除合理怀疑的心证展示

我国2010年死刑案件证据标准和2012年刑事诉讼法在证明标准部分增加了"排除合理怀疑"标准，其"引入实际是对'证据确实、充分'在主观方面的解释与要求"[1]，结合司法解释的规定，这一主观标准应当是结合法官的经验和逻辑进行推理，使根据所有证据得出的事实能够排除合理怀疑，从而确保结论具有唯一性，但没有一份样本裁定书中记载复核法官对是否能够排除合理怀疑的推理过程。在样本裁定书中只有林森浩案件复核裁定书通过展示证据的内容、证明对象后，认为通过证据印证原则形成了完整的证据链，其余裁定书都是对一审、二审质证认定的证据进行简单罗列后总结为"足以认定"。

4. 重事实说理，轻量刑说理

目前，死刑复核采用全面性审查原则，既要审查事实也要审查法律适用。样本裁定书显示所有未核准死刑的理由都不是事实认定错误，故相对于事实说理，最高法在量刑上说理的空间更大。但裁定书缺乏单独的量刑说理，在第四部分，往往仅简单列举案件的部分量刑情节就对一审、二审的裁定认定"量刑适当"，这种概括式的量刑说理，并不能解释最高法的量刑选择，且对于存在可以从宽量刑情节的案件未充分说明不采纳的理由。如在赵旭故意杀人案[2]、张兴艳绑架案复核裁定书[3]中，存在以结论代替说理的倾向。

5. 对辩护意见回应不足

曾有学者电话询问死刑复核的法官，得到的回复是："如果有辩护律师当面或者以书面的形式向合议庭反映了意见，那么裁定书就会有'听取了辩护

---

〔1〕 卞建林、张璐："'排除合理怀疑'之理解与适用"，载《国家检察官学院学报》2015年第1期。

〔2〕 赵旭故意杀人死刑复核刑事裁定书，载http://www.court.gov.cn/wenshu/xiangqing-11113.html。

〔3〕 张兴艳绑架死刑复核刑事裁定书，载http://www.court.gov.cn/wenshu/xiangqing-11121.html。

意见'的表述，否则就不会出现此类表述"[1]，在481份样本裁定书中，共有46份写明"听取辩护律师意见"，约占9.6%；在这46份裁定书中，仅有2份将律师意见写进裁定书，约占载明律师意见裁定书的4.3%，约占全部样本裁定书的0.4%；在未核准死刑的10份裁定书中，有5份写明"听取辩护律师意见"，占50%。

以是否载明辩护意见及其采纳与否的理由为标准，死刑复核期间有效辩护率低。只有两份载明了是否采纳辩护意见及理由，其中一份是"连恩青故意杀人案"[2]，但存在以案件事实反驳司法鉴定专业的倾向，根据裁定书原来司法鉴定过程中确实发现被告人的基本信息以及CT报告单的日期纪录存在问题，最高法未以新的鉴定意见而以查明的案件事实进行反驳。虽载明了"医院重新进行了会诊并作出了解释和修正"，但会诊的医院是否为原做出鉴定意见的医院，如果是如何保证会诊结果的客观公正性？会诊之后做出的解释的具体内容是什么？怎么进行修正的？修正以后的司法鉴定意见对定罪量刑是否有影响？有多大影响？会不会可能导致死刑的不核准？这一系列问题都难以从裁定书中直接得出。

二、死刑复核裁定书说理的制约因素

(一) 印证式定罪模式的延续

死刑复核裁定书说理的方式与一审、二审判决书的说理方式存在异曲同工之处，即以结论代替论证，背后透露的是印证式定罪的模式，即传统的三段论模式。有学者指出："如果包括定罪在内的刑事司法活动被简约地理解为事实与法律之间的印证契合过程，那么司法活动的核心任务就不会被界定为司法结论是否具有实质合理性，也不会被界定为对规范理解的妥当性考量，而只会被放置到对案件事实真相的发掘上。"[3]死刑复核的裁定书特征显示最高法在死刑复核的过程中也存在三段论的印证思维模式。

这种模式从一审延续到死刑复核程序，与"逐层审查确认"式司法权运

---

[1]　陈学权："死刑复核程序中的辩护权保障"，载《法商研究》2015年第2期。
[2]　"连恩青故意杀人死刑复核刑事裁定书"，载http://www.court.gov.cn/wenshu/xiangqing-8351.html。
[3]　王志远：《从"印证"到"论证"：我国传统定罪思维批判》，法律出版社2016年版，第211页。

行机制之间存在联系，尤其是事实部分。主要依据卷宗的复核方式，会形成对最高法审理事实的确认，而难以跳出现有的材料，真正地对案件事实进行质疑。

（二）半封闭性质的审理方式

在我国 2012 年刑事诉讼法修改以后，"最高人民法院于 2013 年 6 月 27 日在河北省黄骅市法院参照二审的庭审程序对杨方振因抢劫罪被判死刑一案开庭进行了复核，这也是最高法院自收回死刑立即执行核准权以来，首次参照二审的庭审程序开庭"，[1] 故杨方振案也被誉为"中国死刑复核第一案"，可惜的是，该案也是最高法通过开庭审理的唯一一案。实践中，最高法进行死刑复核采取阅卷加单独询问的半封闭性质的审理方式，不利于落实辩护律师全覆盖。

死刑复核程序并未实行强制辩护，样本裁定书载明"听取辩护律师意见"的比率仅为 9.6%，在另一份研究中显示辩护律师参与死刑复核率仅为 8.63%[2]。本文样本数据显示，在 533 名被告人中，初中以下学历的共 453 人，约占 85%；在 533 名样本被告人中，农民、农民工、无业人员共 455 人，约占 85.4%，由此可见，大部分被告人受教育程度低，经济能力较弱，更需要律师的帮助，但也缺乏聘请律师的经济条件。2015 年最高法出台的《关于办理死刑复核案件听取辩护律师意见的办法》中第 5 条第 2 款规定："一般由案件承办法官与书记员当面听取辩护律师意见，也可以由合议庭其他成员或者全体成员与书记员当面听取。"在不开庭的情况下，这种方式意味着合议庭其他成员无法直接了解辩护律师的意见，也就难以有针对性地回应。同时，控辩双方无法直面交锋，最高法更无法从双方争论中提出争议焦点进行回应。更有甚者，在复核的过程中如果律师和检察院都不主动介入，也就意味着除了讯问被告人以外，最高法完全是闭门裁断。

（三）全面审理原则的异化

死刑案件的一审程序，在审理方式、诉讼原则、证据规则等方面，都是最有利于发现案件事实的程序，所以一审应当是死刑案件事实审理的重心。

---

〔1〕 罗海敏、郑旭："死刑复核开庭与否是个问题"，载《法制日报》2013 年 7 月 13 日，第 7 版。

〔2〕 吴宏耀、张亮："死刑复核程序中被告人的律师帮助权——基于 255 份死刑复核刑事裁定书的实证研究"，载《法律适用》2017 年第 7 期。

但是我国法律死刑案件的二审、死刑复核程序都实行全面审理原则，且我国存在的"逐级的上行审查使得死刑程序控制体系形成一种等级化的权威结构。"[1]，似乎等级越高对案件事实的认定就会越准确，所以就导致了将认定死刑案件事实的任务倾斜到死刑复核程序，从而导致一审程序在死刑案件的失重现象。在裁定书中表现为：量刑说理不足、不核准理由以量刑不当为主。样本裁定书中未核准死刑的 11 人中，无一人系因事实认定错误未被核准，全部都是因为量刑适用不当，可不立即执行。正如有学者实证研究得出的结果："从死刑复核实践中不核准率下降以及不核准事由越来越集中于死刑适用不当来看，全面审查原则在确保死刑案件办案质量方面的作用下滑。"[2]

复核案件数量过多，且主要采取查阅卷宗的方式，一审、二审移送的卷宗对证据列举充分、事实认定明确，在此基础上更容易对案件事实形成确信，也更容易对事实问题进行说理。进行详细的量刑说理需要深挖法理，又额外增加了工作量，加之以卷宗为主，使全面审理原则异化为以事实审查为核心的复核行为。

（四）"少杀"功能的缺位

2007 年核准权收回后，四部委即最高法、最高检、公安部和司法部联合发布的确保死刑案件质量的《关于进一步严格依法办案确保办理死刑案件质量的意见》指出，"保留死刑，严格控制死刑"是我国的基本死刑政策，要做到"少杀、慎杀"，并且指出"凡是可杀可不杀的，一律不杀"，由此可知，死刑复核程序的功能不仅应当实现慎杀，还应当实现少杀。对被告人从轻情节的考量，影响"可杀可不杀的，一律不杀"目的的实现。裁定书显示，目前缺乏量刑上的说理，尤其缺乏对可能从轻、减轻的情节进行说理，少杀功能缺位。

"许多司法人员在办理死刑案件中，总是以犯罪人没有从轻情节为由'果断'适用死刑立即执行，完全将'可杀可不杀的，一律不杀'的刑事政策束之高阁。"[3]因此，在死刑案件中死刑立即执行的适用率远远高于死缓的适用率，如胡云腾曾指出："死刑立即执行犯约占每年死刑犯总数的

〔1〕 魏晓娜："死刑程序为谁而设?"，载《比较法研究》2014 年第 4 期。
〔2〕 高通："最高人民法院死刑复核全面审查原则再检视"，载《法学家》2017 年第 3 期。
〔3〕 任志中：《死刑适用问题研究》，知识产权出版社 2012 年版，第 14 页。

80%，换言之，死缓适用率约为 20%。某高级法院 1983 年 8 月至 1990 年 3 月死缓适用率约为 26.5%。我国每年判处死缓的罪犯人数在死刑犯中的比例不足 1/4。"[1]

三、从"三个维度"完善死刑复核裁定书之说理

（一）说理主体维度：专且全

1. 专：以案件类型划分复核庭室，实现复核专业化

根据最高法官网，目前五个刑事审判庭采用以行政区划为主、案件类型为辅的管辖标准。以审判长为标准，在 481 份样本裁定书中共有 73 组不同审判长的合议庭，数量超过我国省份的数量。样本裁定书死刑罪名共 17 个[2]，其中约 90.5% 的案件集中在故意杀人、抢劫、毒品类犯罪上，其他类型犯罪仅占约 9.5%，案件类型集中。故建议以案件类型划分审判庭。将原来五个审判庭的工作人员按照审判指导及死刑复核两类工作划分为两组，其次将负责死刑复核工作的人员按照案件类型分为四个审判庭，将故意杀人罪、抢劫罪、毒品犯罪案件分属于其中的三个审判庭，第四个审判庭复核其他类型案件，以此能更好地兼顾专业化及公平性。

2. 全：全体听取、全面记载，避免"判后答疑"

从公平角度，应当规定死刑复核期间合议庭成员全体听取律师、检察机关意见，避免传达过程中的偏差及先入为主。从效率角度，可以采取远程视频的方式听取。

鉴于样本中约 85% 的被告人经济能力和教育程度低，建议本次修改刑事诉讼法应规定死刑复核期间实行强制辩护制度，落实辩护律师全覆盖。同时，应当全面记载辩护律师信息、辩护意见，并对意见采纳与否的理由进行详细说理，以公开倒逼律师有效辩护。

同时，应摒弃"判后答疑"[3]的思维，有时最高法会对复核的案件进行

---

[1] 胡云腾：《死刑通论》，中国政法大学出版社 1995 年版，第 270—271 页。

[2] 其中涉及的两个罪名已经被取消死刑，样本中 1 人涉嫌"伪造货币罪"、1 人涉嫌"集资诈骗罪"。

[3] 最高人民法院司法改革领导小组办公室编：《司法公开规范总览》，中国法制出版社 2012 年版，第 155 页。

裁后答疑，比如刑三庭对于贾敬龙复核结果进行答疑[1]。这一制度的出发点是为了让当事人更加服判，但是容易造成以判后答疑代替说理的倾向。基于死刑案件特殊性，一旦执行，无法按撤回键。因此，所有的理由都应当记载于死刑复核裁定书中，而不能判后答疑。

（二）说理对象维度：准且详

1. 准："互联网+"背景下，准确限定说理范围

在"互联网+"背景下，人民法院视频审理案件早已实现[2]。随着智慧法院的建设，采取远程会见当事人、远程开庭的成本低且高效。鉴于死刑复核的被告人多被羁押在地方，采取远程视频方式听取被告人、律师、检察机关的意见符合程序公正和实体公正。依托智慧法院，采取开庭审理的方式复核，同时，摈弃全面审理原则，侧重量刑及程序审理。

同时，准确限定说理范围。程序性事项应当进行审查并明确记载；对事实和证据采取"有异议"的标准，即在被告方对案件事实和证据提异议时，重点审查有异议的证据，载明证据名称、内容、证明目的、异议之处、采纳与否的理由等，对无异议的证据名称及证明目的做简单载明；对量刑，应当采取"二进阶否定式"[3]的方式充分说理，转变直接选择死刑立即执行的固定思维模式。

2. 详：结合刑罚目的理论，丰富说理情节

我国死刑罪名大多具有一定的量刑幅度，且死刑适用的情形是"罪行极其严重"，死缓适用的情形为"不是必须立即执行"，包括"应当"和"可以"的量刑情节，最高法在《关于常见犯罪的量刑指导意见》中，明确规定了量刑情节包括酌定量刑情节。

我国台湾地区"最高法院"一份三审的判决书中载明：科刑过程不外乎……在正义报应、预防犯罪与协助受刑人复归社会等多元刑罚目的间寻求

---

[1] "贾敬龙为何'罪该处死'？——最高法刑三庭负责人就贾敬龙故意杀人死刑复核案问题答记者问"，载 http://www.chinacourt.org/article/detail/2016/11/id/2349424.shtml。

[2] 鲍雷、刘玉民、高文斌："北京高院远程视频审理减刑案"，载 http://www.chinacourt.org/article/detail/2011/06/id/452454.shtml；赵春艳："北京丰台法院远程视频审理刑事速裁案25分钟审结三起"，载 http://legal.people.com.cn/n/2015/1021/c42510-27723556.html。

[3] 作者说明：在第一阶层否定非死刑量刑之后才能进入第二阶层，在第二阶层否定死刑缓期执行和死刑缓期执行限制进行之后，才能核准死刑，通过否定性的方式防止直接考虑死刑立即执行的思维定式。

衡平，而为适当之裁量等，将犯罪人有无教化的可能作为适用无期徒刑和死刑之间的重要区别情节。从慎用死刑以及实现刑罚多个目的角度，丰富死刑案件复核的量刑情节说理具有重要的意义。在量刑说理方面，可参照我国台湾地区的做法，将死刑被告人的人格形成以及可教化性，作为选择死刑与非死刑、死刑立即执行与死缓的情节。

增加"排除合理怀疑"说理，尤其对证据和事实提出异议时，除了应当对证据名称、内容、证据能力、证明目的、采纳与否及理由进行说明外，还应当结合法官心证载明证据之间是否形成印证，如何印证，是否存在疑点，是否达到了排除合理怀疑的标准。

（三）说理程序维度：采用二进阶否定式说理模式

死刑复核程序最核心的独立价值在于量刑的取舍。在我国仍保留的 46 个死刑罪名中，除个别犯罪规定"情节特别严重的"绝对适用死刑，其他的死刑罪名均可在死刑、无期徒刑、有期徒刑之间选择，且拐卖妇女、儿童罪和暴动越狱、聚众持械劫狱罪中的"情节特别严重"也是需要再解释的，故最高法对死刑案件是否最终适用死刑立即执行具有很大的自由裁量权。

为了发挥死刑复核程序统一死刑适用、少杀、慎杀的功能，最高法在死刑复核裁定书中应采用"二进阶否定式"说理方式，即若在死刑与非死刑刑罚中做选择，只有否认了非死刑刑罚后才能在死刑立即执行与死刑缓期执行（包括死缓限制减刑）之间做选择，只有否认了"可不立即执行"后才能核准死刑。在此过程中，应当结合法定量刑情节、酌定量刑情节、辩护意见、检察意见、法理、情理，对"罪行极其严重"以及刑法分则各死刑罪名量刑和个案的量刑情节进行充分解释、论证，并在死刑复核裁定书中详细说明选择的过程及理由。这种二阶层否定式的论证可以逐渐改变直接选择核准死刑立即执行的惯性思维，从而为解释法律和个案的量刑情节留下空间。

四、结语

2013 年最高法发布《关于实施量刑规范化工作的通知》（已失效）规定："裁判文书要充分说明量刑理由。但不要将具体量刑步骤、量刑建议以及量刑情节的调节幅度和调节过程在裁判文书中表述。"由此可见，尚未达到"彻底的量刑说理"。

虽然死刑复核裁定书说理并不能取代死刑复核程序本身，但仍对该程序具有倒逼作用。盼此文能以数据展示死刑复核裁定书说理的现状，以促进死刑复核程序本身，丰富死刑复核裁定书说理，实现看得见的正义。

学者专论

孝老保障的古今法律解读

尚　珍[*]

摘要： 孝老是中国独有的文化，孝治则是以孝治国，将孝道用于治道，其原因在于中国特有的家国体制。我国古代在法律上将不孝行为作为最严重的犯罪加以惩治，在唐代发展为恶逆、不睦和不孝罪，其中不孝罪的法律内涵最为丰富，除了惩治违反孝道的犯罪外，法律还给予老年人以政治、经济和司法的诸多特权，其中汉代的王杖简文对了解孝老法律保障提供了最为集中和全面的史料。当今由于受到西方公民社会的平等和权利观念的影响，新时代以个人为基础的平等互惠和保护弱势群体原则已经取代了传统体现身份法的尊卑上下原则，以权利义务为主要内容的法律对于老年人的权利和相关人员的法律义务做出了具体规定，发展出新时代的孝老精神，国家也以部门法和中央地方分级立法的方式构建了整个新时代的孝老法律保障体系。

关键词： 孝老；孝治法律保障；古今法律解读

一、孝老的本义

"孝老"其本义为关爱照顾老人。据东汉许慎的《说文解字》言："孝，善事父母者，从老省，从子，子承老也。"清代段玉裁《说文解字注》言："孝，善事父母者。《礼记》：'孝者，畜也。顺於道。不逆於伦。是之谓畜。'从老省，从子。子承老也。说会意之恉。"[1]从东汉经学家许慎到清代小学家段玉裁对孝的解释来看，孝的本义是针对子女和父母之间设定的伦理规范，但这一解释可能是掺杂了后代的认识。从字源上看，从老省，字的直接意义

---

* 尚珍，首都经济贸易大学法学院副教授。

〔1〕 （汉）许慎撰：《说文解字注》，上海古籍出版社 1981 年版，第 398 页。

是年老的长者，可能并非只限于父母，应该也包括宗族内的其他老年家庭成员，包括已经去世的祖先。孝的产生和华夏族的祖先崇拜息息相关。《汉书·郊祀志》开篇即言："祀者，所以昭孝事祖，通神明也。"[1] 这里通过祭祀的形式将"昭孝"和"事祖"联系在一起，通过祭祀祖先来弘扬孝道。注释《孝经》的当代学者胡平生指出："孝的对象不仅有父母，还包括了祖妣、宗室、兄弟婚媾诸老等。孝的道德，实际上是对老年家庭成员的尊重、敬爱、赡养和祭祀。"[2] 胡先生的这一看法笔者以为是非常中肯的，孝的对象虽然后来主要适用父母和祖父母，但绝非限制于此，对于家族内的列祖列宗和诸老都是适用的，上为老，下为子，凡是长辈和晚辈的关系都属于孝的调整范围，所以孝可以界定为调整家庭或家族内部事务敬老爱老的伦理规范。

二、孝治的历史内涵

何为"孝治"，就是以孝治国。传统中国将孝的家庭（家族）伦理规范发展为国家的伦理规范，这是古代中华文明的特色。中国国家的基础与古代希腊罗马不同，他们的国家是完全打破氏族血缘，建立在公民社会基础上的，然而中国没有打破血缘，而是将其中央王权建立在无数基层村落共同体之上，正如学者朱苏力所言："最初的村落往往源自一个家庭或'三家村'，大量的村落从血缘上看就是家族或宗族（出了五服的族人）。"[3] 既然国家是建立在这些基层村落共同体或者家族之上的，所以国家适用了治家的原则去治国，历代统治者将"齐家、治国、平天下"视为一体。《孟子·离娄上》说："人有恒言，皆曰天下国家。天下之本在国，国之本在家。"

据《论语·为政》，"或谓孔子曰：子奚不为政。"子曰："《书》云：'孝乎惟孝，友于兄弟，施于有政'，是亦为政，奚其为为政？"[4] 可见，孔子就主张将孝友原则，"施于有政"，即用于治国安邦。

有关孝道和孝治古代最权威的著作当属《孝经》，清代纪昀认为该书是孔

---

〔1〕（汉）班固撰：《汉书》，中华书局1962年版，第1189页。

〔2〕胡平生："《孝经》是怎样的一本书"，载胡平生译注：《孝经译注》，中华书局1996年版，第33页。

〔3〕苏力：《大国宪制：历史中国的制度构成》，北京大学出版社2018年版，第24页。

〔4〕上海古籍出版社编：《十三经注疏》，上海古籍出版社1997年版，第2463页。

子"七十子之徒之遗书"〔1〕，大约成书于秦汉之际。这本书的地位很高，在唐代被尊为经书，南宋以后被列为"十三经"之一。《孝经·开宗明义章第一》称："子曰：夫孝，德之本也，教之所由生也……身体发肤，受之父母，不敢毁伤，孝之始也。立身行道，扬名于后世，以显父母，孝之终也。夫孝，始于事亲，中于事君，终于立身。"〔2〕从《孝经》的观点看，孝道原则，既是"事亲"原则，又是"事君"之道，还是个人立身处世的原则。

中国古代国家还有两个称谓，一是社稷，二是宗庙。《周礼·春官宗伯·小宗伯》言："小宗伯之职，掌建国之神位，右社稷，左宗庙。"〔3〕这两个神位也被后世作为国家的代称。其中社稷是指古代帝王、诸侯所祭祀的土神（社）和谷神（稷），其所祭祀的土地和谷物，相当于国家的领土和人民。而宗庙则是祭祀祖先的场所，可见，中国古代国家政治统治和祖先崇拜关系是极为紧密的，对祖先崇敬的"孝道"当然成为传统中国国家治理理念之一。

《孝经》根据不同人的身份差别规定了行"孝"的不同内容，《孝经》的作者将人分为五种身份，天子、诸侯、卿大夫、士和庶人，其中只有庶人之孝的内容才是供养父母，即"用天之道，分地之利，谨身节用，以养父母，此庶人之孝也。"天子之"孝"则是"爱敬尽于事亲，而德教加于百姓，刑于四海。盖天子之孝也"；诸侯之"孝"要求"在上不骄，高而不危，制节谨度，满而不溢"；卿大夫之"孝"则是"非法不言，非道不行，口无择言，身无择行"；士阶层的"孝"要求"忠顺事上，保禄位，守祭祀"。〔4〕可见孝的内容是非常丰富的，绝非像庶人供养父母那么简单，对其他身份而言，则是要求治国和治理领地的其他责任。

三、古代孝老保障的法律解读

（一）以法律惩治不孝的行为

古代孝老的法律上的保障是设立了"不孝罪"。不孝罪在中国古代曾经是一个最大的罪名。西周时不孝不友叫"元恶大憝"。《尚书·康诰》记载，周

---

〔1〕 （清）永瑢等主编：《四库全书总目提要》，中华书局1965年版，第263页。
〔2〕 胡平生译注：《孝经译注》，中华书局1996年版，第1页。
〔3〕 上海古籍出版社编：《十三经注疏》，上海古籍出版社1997年版，第766页。
〔4〕 胡平生译注：《孝经译注》，中华书局1996年版，第4—11页。

公告戒康叔说："元恶大憝，矧为不孝不友……乃其速由文王作罚，刑兹无赦。"[1]战国时学者荀子更是指出："元恶不待教而诛"。[2]《孝经·五刑》称："五刑之属三千，而罪莫大于不孝。"[3]唐代将这种不孝罪发展为十恶中的"三恶"，即恶逆、不睦和不孝。恶逆，根据唐律，"恶逆谓殴及谋杀祖父母、父母，杀伯叔父母、姑、兄姊、外祖父母、夫、夫之祖父母、父母。"所谓恶逆就是对祖父母和父母犯了殴打和谋杀的严重犯罪，对家族内的其他尊长犯了杀害的罪行。唐律中对"不睦"的解释是"谓谋杀及卖缌麻以上亲，殴告及大功以上尊长、小功尊属"。[4]"恶逆"和"不睦"非常类似，其中区别《唐律疏议》指出："议曰：殴，谓殴击，谋，谓谋计。自伯叔以下，即据杀讫，若谋而未杀，自当'不睦'之条。'恶逆'者，常赦不免，决不待时；'不睦'者，会赦合原，惟止除名而已。以此为别，故立制不同。"[5]恶逆犯人是不能被赦免的，立即执行，而不睦则是可以被赦免的。

唐律中不孝罪的内涵最为丰富，大致分为祖父母和父母健在时的不孝行为和祖父母、父母去世后的不孝行为[6]。

祖父母、父母健在时的不孝行为有三种：

第一，"告言诅詈祖父母父母"。《唐律疏议·斗讼》规定："诸告祖父母父母者绞""詈祖父母父母者绞"[7]，从秦代开始，法律规定子女一般不能控告父母，子女控告父母的案件官府不受理。秦代《法律答问》曰："公室告可（何）也？非公室告可（何）也？贼杀伤、盗他人为公室告。子盗父母，父母擅杀死、刑、髡子及奴妾，不为公室告。""非公室告，勿听"。[8]

第二，"祖父母父母在别籍异财"。《唐律疏议·户婚》规定："诸祖父母父母在，而子孙别籍异财者，徒三年""诸居父母丧兄弟别籍异财者，徒一年。"[9]

---

〔1〕 钱宗武、杜纯梓：《尚书新笺与上古文明》，北京大学出版社2004年版，第169页。

〔2〕 梁启雄：《荀子简释》，中华书局1983年版，第99页。

〔3〕 胡平生译注：《孝经译注》，中华书局1996年版，第27页。

〔4〕 刘俊文撰：《唐律疏议笺解》，中华书局1996年版，第63页。

〔5〕 刘俊文撰：《唐律疏议笺解》，中华书局1996年版，第58页。

〔6〕 下列关于不孝行为的引文，均来自刘俊文撰：《唐律疏议笺解》（上册），中华书局1996年版，第61—63页。

〔7〕 刘俊文撰：《唐律疏议笺解》，中华书局1996年版，第1623页。

〔8〕 张晋藩：《中华法制文明的演进》（修订版），法律出版社2010年版，第194页。

〔9〕 刘俊文撰：《唐律疏议笺解》，中华书局1996年版，第936页。

第三，不听教令，供养有缺。《唐律疏议》解释说："谓可从而违，堪供而缺者。须祖父母、父母告者乃论。"《唐律疏议·斗讼》规定："诸子孙违反教令及供养有缺者，徒二年。"[1]明、清律稍轻，均杖一百。

祖父母、父母去世后有两种不孝行为：

第一，闻祖父母父母丧，匿不举哀；居父母丧身自嫁娶，若作乐，释服从吉。《唐律疏议·户婚》规定："诸居父母丧而嫁娶者，徒三年，妾减三等，各离之。知而共为婚姻者，各减五等。"[2]《唐律疏议·职制》规定："丧期未终，释服从吉，若忘哀作乐，徒三年；杂戏徒一年，即遇乐而听及参加吉席者，各杖一百。"[3]

第二，诈称祖父母父母死。

唐代不孝罪名一直延续到了清代才结束。

（二）以法律给予和保障老年人特权

1959年和1981年甘肃省武威市城南新华乡缠山村磨嘴子东汉墓中两次出土了记载养老、惠老的简册。这些养老惠老简册的发现对于古代尊老养老制度研究起了重要作用。其简文内容有：

《制》诏御史曰：年七十受王杖者，比六百石，入官廷不趋，犯罪耐以上，毋二尺告劾。有敢征召侵辱者，比大逆不道。

《制》诏丞相御史：高皇帝以来，至本（始）二年，朕甚哀老小：高年受王杖，上有鸠，使百姓望见之，比于节。有敢妄骂詈殴之者，比逆不道。得出入官府。节第（但）行驰道旁道，市卖复，毋所与，如山东复；有旁人养谨者，常养扶持，复，除之。王杖不鲜明，得更缮治之。[4]

《制》诏御史曰：年七十以上，人所尊敬也。非首杀伤人，毋告劾。年八十以上，生日久乎？年六十以上，毋子男为鳏，女子年六十以上，毋子男为宾，买市，毋租，比山东复。复人有养谨者扶持明，著令。[5]

孤、独、盲、侏儒，不属律（隶）人，吏毋得擅征召，狱讼毋得系。布

---

〔1〕 刘俊文撰：《唐律疏议笺解》，中华书局1996年版，第1636页。

〔2〕 刘俊文撰：《唐律疏议笺解》，中华书局1996年版，第1023页。

〔3〕 刘俊文撰：《唐律疏议笺解》，中华书局1996年版，第799页。

〔4〕 刘奉光："汉简所记敬老制度研究"，载《西南政法大学学报》2003年第6期。

〔5〕 这一简文来自胡平生："《孝经》是怎样的一本书"，载胡平生译注：《孝经译注》，中华书局1996年版。

告天下，使明知朕意。夫妻俱毋，子男为独，田毋租，市毋赋，与归义同。沽酒醪列肆，尚书令臣咸再拜受诏。[1]

这里以王杖简文为据，总结老年人所享有以下特权：

第一，享有政治特权。其一，老人享有六百石官员的礼遇。简文有"年七十受王杖者，比六百石"。其二，老人出入官府不必行"趋走"之礼，简文为"入官廷不趋"。其三，老人可以在官家道路旁边行走，简文为"行驰道旁道"。其四，不得征召、支使、谩骂、殴辱老人，简文为"有敢征召侵辱者，比大逆不道。""有敢妄骂詈殴之者，比逆不道。"

第二，享有司法特权。西周时的《周礼》就规定有三赦制度，规定八十岁以上的人有着司法特权。其中《周礼·秋官·司刺》记载，司刺掌"三赦之法"，内容有"壹赦曰幼弱，再赦曰老旄，三赦曰蠢愚。"[2]其中"老旄"即老耄。据《礼记·曲礼》记载："八十、九十曰耄，七年曰悼。悼与耄，虽有罪，不加刑焉。"[3]

《汉书·刑法志》记载汉景帝于景帝后三年（公元前141年）就发布诏书宽宥老人，他说："高年老长，人所尊敬也；鳏寡不属逮者，人所哀怜也。其著令：年八十以上，八岁以下，及孕者未乳，师、朱儒当鞠系者，颂系之。"[4]汉景帝对涉及刑狱的老年人及其他弱者免予刑具的捆缚。汉宣帝元康四年（公元前62年）曾下诏书赦免老人的司法责任。其诏书言："朕念夫耆老之人，发齿堕落，血气既衰，亦无暴逆之心，今或罗于文法，执于囹圄，不得终其年命，朕甚怜之。自今以来，诸年八十非诬告杀伤人，它皆勿坐。"[5]也就是说，老人只有在诬告、杀人、伤人三种情形上承担刑事责任，其他的刑事责任都被免除了。

从武威汉简中看，也看到了这两种司法特权：其一，老人杀人如果不是杀人首犯，可以免于起诉。简文为："制诏御史曰：年七十以上，人所尊敬也。非首杀伤人，毋告劾。""犯罪耐以上毋二尺告劾。"其二，涉及刑狱不能

---

〔1〕 这一简文来自胡平生："《孝经》是怎样的一本书"，载胡平生译注：《孝经译注》，中华书局1996年版。

〔2〕 上海古籍出版社编：《十三经注疏》，上海古籍出版社1997年版，第880页。

〔3〕 上海古籍出版社编：《十三经注疏》，上海古籍出版社1997年版，第1232页。

〔4〕 （汉）班固撰：《汉书》，中华书局1962年版，第1106页。

〔5〕 （汉）班固撰：《汉书》，中华书局1962年版，第1106页。

捆绑。简文为："狱讼毋得系"。从汉简看，老人除了杀人首犯外，其他犯罪的刑事责任都被宽免，比汉宣帝的诏令更加具有司法特权。

对于老年人的刑事责任，唐律有着更为全面的规定。如《唐律疏议·名例》记载："诸年七十以上，十五以下及废疾，犯流罪以下，允许收赎；年八十以上、十岁以下及笃疾，犯反、逆、杀人应死者，上请皇帝裁决，盗及伤人，亦收赎；余皆勿论；九十以上、七岁以下，虽有死罪，不加刑（缘坐应配没者，不用此律）。"[1]

第三，享有经济待遇和照顾。其一，免除劳役和租赋。简文为："夫妻俱毋，子男为独，田毋租，市毋赋""吏毋得擅征召""有敢征召侵辱者，比大逆不道"。这些简文都体现了老人被免除租赋、兵役和徭役。其二，允许他们从事商品经营活动，可以卖酒，不收税赋，简文为："沽酒醪列肆""买市，毋租，比山东复""田毋租，市毋赋""市卖复，毋所与，如山东复"。这些简文表明老人可以自由买卖活动，可以从事卖酒经营，而且不加税。其三，凡有人赡养鳏夫和寡妇，可以免除他们的劳役和租赋，简文为："有旁人养谨者，常养扶持，复，除之。"其四，定期定额给老人发放福利。《汉书·文帝纪》记载："年八十以上，赐米人月一石，肉二十斤，酒五斗。其九十以上，又赐帛人二匹，絮三斤。赐物及当禀米者，长吏阅视，丞若尉致。不满九十，啬夫、令中致。二千石遣都吏循行，不称者督之。刑者及有罪耐以上，不用此令。"[2]汉文帝给年八十、九十以上的老年人每月定期发送酒肉粮食和布帛，这些优待老人的福利政策在许多王朝都得到继承和延续。

四、孝老的当代法律解读

传统的孝老法律是一种特权法和身份法，绝对的等级尊卑观念导致只要求儿女一方单方尽法律义务，子方成为父母那一方的盲从者和附属物，没有任何平等和互惠关系可言，个人丧失了基本的权利和自由，没有基本的人格独立。从而出现了二十四孝中所宣传的"郭巨埋儿""曹娥殉父"等荒诞的愚孝故事，甚至达到"父要子亡，子不得不亡"的程度。近代以来，孝老在西方民主、平等和自由文化思想的冲击下，发生了巨大变迁。新时期的"孝老"

---

〔1〕 刘俊文撰：《唐律疏议笺解》（上册），中华书局 1996 年版，第 298—301 页。
〔2〕 （汉）班固撰：《汉书》，中华书局 1962 年版，第 113 页。

吸收和借鉴了西方平等和自由的文化价值，以应有的理性对待孝老，其表现在以下几方面的变革：

第一，以权利义务之概念重新解读孝老。老人被赋予了权利，其生命权、人身权、政治权、宗教信仰权、财产权、婚姻自由权、财产处分权、房屋居住权、文化教育权、社会活动和诉讼权等基本权利受到法律基本保障。侵犯老人这些权利将受到法律的制裁，严重的将承担刑事责任。

第二，不孝、恶逆、不睦等罪名被废除。刑法上的虐待罪、遗弃罪、家庭暴力等罪名都涵盖了保护老人基本权利的内涵。当然这些罪名不仅仅是为了保护老人，还包括小孩、残疾人等其他弱势群体。

第三，身份称谓在法律上已经改变。传统中不孝的法律关系当事人是子女和父母、祖父母。但《中华人民共和国老年人权益保障法》等相关法律中，已经将父母和子女的称谓替换成老年人、赡养人、家庭成员。《中华人民共和国老年人权益保障法》第2条规定："本法所称老年人是指六十周岁以上的公民。"并无父母和祖父母的称谓。第13条规定："老年人养老以居家为基础，家庭成员应当尊重、关心和照料老年人。"第14条规定："赡养人应当履行对老年人经济上供养、生活上照料和精神上慰藉的义务，照顾老年人的特殊需要。赡养人是指老年人的子女以及其他依法负有赡养义务的人。赡养人的配偶应当协助赡养人履行赡养义务。"这些法条都表明现代法律孝老从传统的父母子女观念中慢慢脱离。

第四，不平等的尊卑孝顺原则已经为平等互惠原则取代。如《中华人民共和国婚姻法》第21条第1款规定："父母对子女有抚养教育的义务；子女对父母有赡养扶助的义务。"《中华人民共和国婚姻法》第28条规定："有负担能力的祖父母、外祖父母，对于父母已经死亡或父母无力抚养的未成年的孙子女、外孙子女，有抚养的义务。有负担能力的孙子女、外孙子女，对于子女已经死亡或子女无力赡养的祖父母、外祖父母，有赡养的义务。"可见，这一义务是平等互惠的。

第五，老年人的保障更多地从人道主义和保护弱势群体原则出发。老年人是指六十周岁以上的老人，当他们的体力和精力弱化到一定程度时，法律将其定义为限制民事行为能力人或无民事行为能力人，并在民法上给予特殊保护，法律会为其设定监护人以照顾他们生活起居。人年老时，将逐步丧失许多能力，体力、智力和精神状态都将大大减弱。他们在温饱、医疗、住房、安全、社会交往和社会参与方面逐步成为社会中的弱势群体，和其他群体比，他们在权能上处于一种相对不对等的状态，其人身和财产权利非常容易受到侵犯。从法律保护的角度，就是要体现宪法和法律的公平和平等原则，是对正义本质的具体实现，政府和社会此时将不再局限于形式平等，而是给予老年人更多的关注和法律支持，对老年人的婚姻、人身和财产给予切实保障。因此，基于弱势群体给予特别保护的原则，法律也规定了其他人对于老人的义务。《中华人民共和国老年人权益保障法》规定了赡养人一系列的法律义务，比如第14条的经济供养和生活照料的义务，第15条规定了使患病老年人及时得到治疗的义务，第16条规定了妥善安排老年人住房的义务，第18条规定了关心老年人精神需要的义务，第21条规定了子女不得干预老年人离婚、再婚及婚后的生活的义务，第22条规定了不得侵犯老年人财产权益的义务，第25条规定了禁止对老年人实施家庭暴力的义务。

第六，国家和社会将承担越来越多的养老责任。《中华人民共和国老年人权益保障法》设立的第三章社会保障和第四章社会服务都以法律的形式规定了国家和社会的责任。比如其第28条规定："国家通过基本养老保险制度，保障老年人的基本生活。"第37条规定了地方政府的扶助责任，即"地方各级人民政府和有关部门应当采取措施，发展城乡社区养老服务，鼓励、扶持专业服务机构及其他组织和个人，为居家的老年人提供生活照料、紧急救援、医疗护理、精神慰藉、心理咨询等多种形式的服务。对经济困难的老年人，地方各级人民政府应当逐步给予养老服务补贴。"第58条规定："提倡与老年人日常生活密切相关的服务行业为老年人提供优先、优惠服务。城市公共交通、公路、铁路、水路和航空客运，应当为老年人提供优待和照顾。"这些法律规定都体现了政府和社会对老年人的关爱和照顾。

五、当代法律关于孝老规定的立法特点

（一）各部门法对孝老的法律保障

宪法、老年人权益保障法、刑法、民法、婚姻法等部门法都规定了如何保护老年人的权益。我国宪法规定平等权是人的基本权利之一，尤其在保护弱势群体方面，政府和社会应当不局限于形式平等，而是适当向老年人倾斜更多的帮助，以达到真正的平等。

我国《宪法》规定，公民可以向国家和社会寻求帮助，老年人有着这种权利。该法第 45 条第 1 款规定："中华人民共和国公民在年老、疾病或者丧失劳动能力的情况下，有从国家和社会获得物质帮助的权利。国家发展为公民享受这些权利所需要的社会保险、社会救济和医疗卫生事业。"第 49 条第 3、4 款规定："父母有抚养教育未成年子女的义务，成年子女有赡养扶助父母的义务。禁止破坏婚姻自由，禁止虐待老人、妇女和儿童。"成年子女有赡养扶助父母的义务。赡养父母是子女应尽的法定义务。任何人不得以任何方式加以改变，也不得附加任何条件进行限制。

《中华人民共和国婚姻法》第 21 条第 1 款规定："父母对子女有抚养教育的义务；子女对父母有赡养扶助的义务。"第 28 条规定："有负担能力的祖父母、外祖父母，对于父母已经死亡或父母无力抚养的未成年的孙子女、外孙子女，有抚养的义务。有负担能力的孙子女、外孙子女，对于子女已经死亡或子女无力赡养的祖父母、外祖父母，有赡养的义务。"

《中华人民共和国刑法》第 261 条规定："对于年老、年幼、患病或者其他没有独立生活能力的人，负有扶养义务而拒绝扶养，情节恶劣的，处五年以下有期徒刑、拘役或者管制。"该条是遗弃罪的具体规定。

《中华人民共和国老年人权益保障法》对老人方方面面的权利和相对方的具体义务都规定得最为详细，前文已经提到过，这里就不再详述了。

（二）各级立法的法律保障体系

在全国人大制定了各项法律之后，各省市自治区也制定了自己的地方法规来配合这些法的实施。如《中华人民共和国老年人权益保障法》公布后，各省自治区和直辖市都相应地制定了自己的条例或实施办法。如北京、上海、重庆、广东、福建、四川、黑龙江、河南、云南、江苏都有自己的老年人权益保障条例，有的省叫实施办法，比如湖北叫《湖北省实施〈中华人民共和国老年人权益保障法〉办法》，广西叫《广西壮族自治区实施〈中华人民共和国老年人权益保障法〉办法》；有的省叫若干规定，如海南叫《海南省实施〈中华人民共和国老年人权益保障法〉若干规定》，各省、市叫法不同，但大致类似。其中上海市甚至制定了更细致的规定，如 2014 年制定了《上海市养老机构条例》，2016 年上海市第十四届人大四次会议表决通过的《上海市老年人权益保障条例》提出"探索建立符合本市实际的老年人长期护理保险制度"。据报道，"从 2017 年 1 月起，上海以《条例》为支撑，在徐汇、普陀、金山三区开展长期护理保险试点，一年来共有 2.5 万名老人申请服务，正式获得护理服务的老人达到 1.4 万。"[1]

六、结论

综上所述，中国有着特有的家国体制，有着独特的孝老传统，传统社会将其作为治国的根本原则之一，违背孝老原则，将作为最为恶劣的罪行给予惩治，整个国家和社会对于老年人给予了诸多特权，有礼遇的，有经济的，还有司法的，这些特权被治国者通过法律和政策予以保障，但进入现代文明以后，家国体制被公民社会所取代，以身份制为核心的尊卑和不平等的法律原则被以契约式的权利义务理念为核心的平等互惠、照顾弱势群体和人道主义等新原则所取代，对老年人采取新的方式给予保护和关爱，旧的罪名被废除和取代，国家和社会团体的孝老责任越来越重，国家以部门法、中央和各地区立法相互配合，构建了当代孝老的法律保障体系。

---

[1] 祝越："法律护航，让老年人得到更多实惠"，载《上海文汇报》2018 年 1 月 21 日，第 2 版。

论民事诉讼管辖权异议的法律规制

高　雁*

摘要：管辖权异议制度是为了保障当事人程序权利的平衡而设置的。多年的运用后发现存在许多问题，特别是当事人过度使用的管辖权异议请求权，严重干扰了司法进程。管辖权异议制度滥用的根源在于法律规定得粗犷，缺乏对异议权程序性的规定，也缺乏对程序滥用的制约，因此需要在立法制度上进行修正，明晰异议权的范畴和程序规定，设置滥用权利的拦截制度，保障审判的有效开展。

关键词：管辖权异议；法律缺陷；法律规制

近些年我国民事诉讼领域的改革力度不断加大，对民事诉讼程序权利的保障制度越来越规范化。特别是立案登记制出台以来，原来的老大难——起诉难基本上得到改善，保障当事人的程序权利成为民事诉讼活动各方的基本共识。但是诉讼程序权也不能保护过度，我们一方面要维护当事人的正当的程序权利，另一方面也要保障诉讼的顺利进行。单方面给予一方当事人过大的程序权利，不仅仅会拖延诉讼，浪费本已稀缺的司法资源，对于另一方当事人来讲，程序的拖沓，损害了他们的合法利益，使得他们能明显感到程序不公平。当事人维护自己诉讼权益从积极方面来讲对法院的司法活动，以及民事案件最终公平解决有推动作用，但是当事人利用程序瑕疵，干扰民事诉讼进程，甚至是恶意拖诉也应当在法律上得到有效规制。

＊　高雁，首都经济贸易大学法学院副教授。

一、管辖权异议适用的现状

（一）当事人提管辖权异议较为任性

管辖权异议是指当事人向受诉法院提出的该院对案件无管辖权的主张。从法律规定来看管辖权异议只要当事人提出，法院必将受理，而我国民事诉讼当事人又十分偏爱提管辖权异议，因此目前的管辖权异议制度在失控的边缘徘徊。根据相关人员的统计，立案登记制实施后管辖权异议案件出现了特别快的增长。以最高人民法院受理的对全国各高级人民法院管辖权异议裁定不服提起上诉的二审案件为例，增幅达到 85% 以上，明显超出了民事案件收案 25% 的增幅。显然，滥用管辖权异议的问题一直存在，纯粹管辖权异议对案件增幅贡献不大，而实务中称之为不真正管辖权异议案件呈明显上升趋势，此类案件是当前管辖权异议之诉的数量增长点和业务难点。[1]另有学者对其所在地方法院的管辖权异议使用状况进行了梳理。2015 年 C 市两级法院共受理管辖权异议案件 6555 件，比 2014 年的 3262 件翻了一番，2016 年受理 9197 件，比 2015 年同期增长 40.3%。总体看，管辖权异议案件的快增态势十分明显。其中基层法院受理管辖权异议案件的占比较大。近三年 C 市辖区基层法院受理管辖权异议案件分别为 1821 件、4055 件、5541 件，分别占全市法院管辖权异议案件总数的 55.82%、61.86%、60.25%，占比均在一半以上。中级人民法院受理的管辖权异议案件以二审为主。近三年 C 市中院受理管辖权异议分别为 1441 件、2500 件、3656 件，其中，二审案件分别为 1191 件、2089 件、3060 件，占比分别为 82.65%、83.56%、83.7%。近三年 19 014 件管辖权异议案件中，仅有约 15% 即 2852 件被法院裁定移送有管辖权的法院，绝大部分案件的最终结果是被法院裁定驳回。[2]虽然这些数据并不是全国最完整的管辖权异议数据，但仍然具有一般的说服力。管辖权异议在近几年的诉讼中增长趋势明显，且管辖权不当异议成为更棘手的问题，法官们在严格遵守程序规定的约束下，似乎有些束手无策。

---

〔1〕 万挺、张闻：“管辖权异议之诉附带审查诉讼要件问题研究——以遏制滥诉为目标”，载《法律适用》2018 年第 1 期。

〔2〕 郝廷婷、龚成：“滥用民事管辖权异议程序的规制路径——兼谈管辖权异议案件前置审查环节的设置”，载《法律适用》2018 年第 3 期。

那么当事人又为何在民事诉讼中如此热衷于提管辖权异议呢？其原因可以说是多方面的。

首先，当事人进入诉讼后对自己利益的维护达到了高度敏感的状态。法院既然是原告选定的，而法律又给予其他当事人以异议权，当事人的第一反应必然是有权就用。管辖权之战实质是利益之争。这种管辖利益主要来自人民意识中存在的司法或审判地方保护主义观念，即一种假定——"司法地方保护假定"——当案件审理法院为一方当事人所在地的法院时，该法院在审判时有可能作出有利于该当事人的裁判。之所以说是一种假定，是因为个案事实上也许并非如此，不过是人们基于对某些个案结果的现实考察或经验而形成的一种假定。尽管只是一种可能性，但人们也要试图尽可能予以避免。[1]当然，减少自己经济上的支出也是考虑议题，但不是重要考量。

其次，法律上给予了当事人提出管辖异议的权利，而这种权利又无明确限制。从目前的法律规定上看，规定过于简单。仅在《中华人民共和国民事诉讼法》第127条第1款规定："人民法院受理案件后，当事人对管辖权有异议的，应当在提交答辩状期间提出。人民法院对当事人提出的异议，应当审查。异议成立的，裁定将案件移送有管辖权的人民法院；异议不成立的，裁定驳回。"当事人未提出管辖异议，并应诉答辩的，视为受诉人民法院有管辖权，但违反级别管辖和专属管辖规定的除外。在2009年最高人民法院《关于审理民事级别管辖异议案件若干问题的规定》中有一些关于级别管辖权异议规定，但对于目前争议较多的主体制度、异议的客体以及异议审理的程序都没有作出具体规定。当事人面对如此多的程序空白点，当然会趋利避害，最大限度地利用法律赋予的权利，至少拖延诉讼对自己也多是有利可图的。对方当事人可能会因为诉讼的拖延妥协，自己也为下一步动作争取时间，总之既然法律许可，何乐而不为。

最后，提起管辖权异议的成本低，根据《诉讼费用交纳办法》第13条第6项规定："当事人提出案件管辖权异议，异议不成立的，每件交纳50元至100元。"而由于法律规定得粗放，一般而言法院对于滥用管辖权异议的行为也大多不采取法律制裁。目前法院已经出现了一些对于滥用管辖权异议的罚款措施，先不谈罚款是否合理，但就罚款本身，该措施也难以解决管辖权异

---

〔1〕 张卫平："管辖权异议：回归原点与制度修正"，载《法学研究》2006年第4期。

议制度的功能异化问题。

（二）法院对异议权滥用处理不规范

立案后，当事人为平衡诉讼权利，自发利用管辖权异议制度寻求诉讼要件审查的博弈平台，要求人民法院对诉之合法性进行审查，一方面导致管辖权异议案件出现不合比例的增长，另一方面，办理管辖权异议案件时，遇到涉及主管、诉的利益、重复诉讼等诉讼要件问题，不愿审、不敢审、不会审的现象突出，各地法院认识、做法不一，当事人反应强烈。对于目前当事人热衷提管辖权异议的现象，绝大多数法官很无奈。民事诉讼法允许当事人自由地提出管辖权异议，未有明确的限制规定。法官唯有经过审理从法定程序上审查当事人的管辖权异议的申请，但是面对如此多的肆无忌惮的管辖权异议申请，一些法院开始了行动，于一些恶意提管辖权异议的现象进行妨害民事诉讼的强制措施，具体而言就是采取罚款措施。目前出现了一些高热点的案例，如原告于2017年2月13日向南京市玄武区人民法院起诉，要求与被告离婚，被告以原告户籍地在鼓楼区东井村为由提出管辖权异议，后经查证，被告属于虚构原告户籍地和管辖理由。被告干扰法庭调查，滥用管辖权异议，浪费司法资源，妨害了民事诉讼的正常进行。为教育当事人、培养诚信的诉讼秩序，对被告罚款2000元，被告于2017年7月31日交纳罚款，并表示悔过。[1]又如近日，惠州市惠东县人民法院处罚了一名滥用"管辖权异议"的当事人。该男子在明知惠东法院具有管辖权的情况下，为拖延时间恶意提起管辖权异议之诉，惠州市中级人民法院驳回原告有关管辖权异议的上诉。后惠东法院以该当事人妨碍民事诉讼为由，对其罚款10 000元予以惩戒。[2]对于管辖权异议中申请人不诚信的诉讼行为，一些法官可能认为应当处罚，一些法官怕法律依据不足，所以真正对于这种违背诚实信用原则的行为采取处罚措施的比例并不高，也因此案例引发了热度与探讨。笔者认为，关于民事诉讼权利运用只要当事人的具体行为没有特别大的恶意，不宜采取制裁措施限制当事人的程序权利适用。比如目前我国一些当事人随意上诉拖延诉讼时间的现象也时有发生，上诉权也是一种自由的基本权利，不能以其上诉毫无

---

〔1〕 参见 https://mp. weixin. qq. com/s? _ _ biz＝MzA4MjY1MzY0NA%3D%3D&chksm＝847014dcb 3079dca942d9b370ca7df68f012ae5e4303a5352df14d85e5c1b08b723da97ecd0e&idx＝2&mid＝2651245695& scene＝21&sn＝b2edae9bfb17e319996d0e377a6227c1。

〔2〕 参见 http://news. mzyfz. com/detail. asp? cid＝32&dfid＝2&id＝382688。

实际意义就采取罚款措施。在其他程序权利上当事人也常常无理由反对，法官也不可能采取法律惩罚措施，法官从法律上驳回即可。笔者认为，采取一些法律手段防止恶意拖诉不是完全不可接受，但应当慎之又慎。

二、管辖权异议制度主要法律缺陷

（一）提出管辖权异议主客体不够明确

一般认为，原告起诉，被告必当具有管辖权异议权，那么争论的焦点就是原告是否具有管辖权异议权，其他诉讼主体是否具有管辖权异议权。从何种视角解释当事人异议权主体范围？对于第三人管辖权异议权，最高法已经有了明确规定，两种第三人均无管辖权异议提出权。那么被依法追加的必要共同诉讼人是否具有管辖权异议权呢？特别是原告，一般意义上原告选择了管辖法院，应当不具有异议权，但是如果是被依法追加的必要共同诉讼原告，他的选择权被剥夺了，是否可以具有管辖权异议权呢？此外，对于移送后审理是否还能够提出管辖权异议，以及原告是否对管辖权转移具有异议权就是需要探讨、厘清的法律问题了。此外，也有些学者提出原告误向无管辖权的法院起诉，法院受理后发现错误，也有权提出管辖权异议，[1]对此种观点似乎争议声更大。

管辖权异议基本分类包括级别管辖、地域管辖、指定管辖、移送管辖以及管辖权转移。由于管辖权异议规定的篇幅比较少，从法律规定来讲主要是地域管辖权异议，对于级别管辖，最高法《关于审理民事级别管辖异议案件若干问题的规定》第1条就明确规定："被告在提交答辩状期间提出管辖权异议，认为受诉人民法院违反级别管辖规定，案件应当由上级人民法院或者下级人民法院管辖的，受诉人民法院应当审查，并在受理异议之日起十五日内作出裁定"，而对其他管辖类型当事人是否存在异议权缺乏明确规定。特别是对于裁定管辖，对当事人是否可以提出管辖权异议争议还是比较大的，尤其是经过当事人一方异议，法院移送管辖，当事人是否还具有异议权？

（二）管辖权异议裁定职权化严重

目前有关管辖权异议审理程序法律规定几乎是空白的，完全由法官依职权判断。如果当事人提出证据证明是原告故意制造管辖连接点，以致法院误

---

[1] 参见章武生主编：《民事诉讼法新论》（修订版），法律出版社2002年版，第145页。

认为原告具有了管辖权，法院是否需要开庭听取对方当事人意见或者进行辩论等，法律对此没有具体规定，目前基本上由法官书面审理，缺乏庭审或质证程序，这种行政化做法必然引发当事人的不信任，也不符合审判程序的特点。

至于管辖权异议是否应当允许上诉问题，也是一个管辖权异议制度下的重要议题。管辖权制度设立是法院的内部分工，其目的是便利法院分工和当事人进行诉讼，目前被当事人当作诉讼战争的有力武器，应当说是我国民事诉讼中的特色现象。有关上诉权的行使主要是针对实体权利的保护，以及程序权利涉及实体重大利益的行为。管辖权异议权从根本上讲是纯粹的程序权利，如果给予过度的保护，对诉讼整体过程的反作用也是十分明显的，当事人对诉讼的拖延也多表达不满。

三、对当事人管辖权异议权的法律规制

（一）对于管辖权异议主体、客体应当进一步明确

应当对必要共同诉讼原告是否具有异议权进行分析。必要共同诉讼在诉讼类型上分为固有的和类似的。作为类似的必要共同诉讼不存在法院追加问题，因此不必考虑它的管辖权异议问题。反之对于固有的必要共同诉讼，即便其没有起诉，法院也要追加其为共同原告。被追加的原告参加到已经开始的诉讼中，是否就应当视为认可了早前的原告管辖选择权呢？在民事诉讼中确立管辖连接点程序公平原则是重要的考量。既然固有的必要共同诉讼原告是被法院追加进来，并未行使程序的选择权，那么从程序上应当赋予其异议权。至于其他类型的原告误向无管辖权的法院起诉，其程序救济应当是撤诉，法律也无需否定其另选合适的法院起诉的权利。这样也有助于原告审慎地选择管辖法院，避免对被告造成不必要的负担。有关管辖权异议客体指定管辖、移送管辖和管辖权转移这类完全由法院依职权行使的裁定管辖，笔者认为就没有必要赋予当事人异议权，避免管辖权异议制度复杂化，管辖权异议制度一次就好。管辖权设置实质是法院的分工，对于法院裁量的部分不建议给予当事人异议权。

（二）应当对管辖权异议权裁决设立前置程序

我们一方面要约束当事人过度地运用管辖权异议，同时也应当限制法院

过大的职权，让管辖权异议制度有效进行，让诉讼当事人在诉讼中感受制度的公正，同时也可以纠正程序过度问题。目前的管辖权异议裁判主要是法官根据当事人申请和提供的证据进行的书面判断，缺乏程序化过程，没有充分听取当事人的意见，当事人自然会对法官的裁判信任度打折。应当设立附带程序，允许当事人双方到庭发表自己的意见，法官居中裁判，裁判根据也要详细说明，这样的操作也为限制当事人滥用管辖权异议权的制裁措施打下了坚实基础，用程序的正当化减少滥用管辖权异议的现象。

（三）禁止管辖权异议裁定的上诉

我国目前还或多或少地存在地方保护主义状况，地区法律水平不均衡，加之我国幅员辽阔，异地诉讼的确会加大当事人的诉讼负担，甚至是诉讼的不利益。但这不是管辖权异议制度本身要解决的问题，管辖权异议权的设定是维护当事人公平原则，过度维权就是对权利的滥用。成本的增加会驱使当事人提出诉讼管辖权异议，但实事求是地讲，比起胜诉，当事人对诉讼成本的增加并不是十分看重的。只要法律规定的管辖制度能够明确、有效地执行，法律的公正和效率能够得到贯彻，当事人都能够尊重法律裁决。民事诉讼法取消了管辖错误成为再审的法律理由也是基于管辖权只是一种单纯的程序权利，不必给予重复的保护、不给当事人再次争论的机会的考量。当然我们也应当考虑我国目前的实际情况，对管辖权异议程序审慎处理，因此，适当权利维护程序也是必要的。

城市社区居民委员会选举制度探讨[*]

刘润仙^{**}

摘要： 1990 年实施的《中华人民共和国城市居民委员会组织法》历经 30 年，其规定的选举制度因较为抽象，在选民资格、候选人资格条件、选举违法行为的查处方面亟待修改或者完善。社区居民委员会选举是实现基层民主建设的首要环节，是实现自我管理、自我服务、自我教育、自我监督的基础。我国各地陆续出台了居民委员会组织法的实施办法与选举规程，在一定程度上保障了选举的顺利进行，但仍然存在着对于流动人口的选举权利保障不足、居民委员会候选人附加不当条件、选举违法行为处理规则缺乏等问题。时逢城市居民委员会组织法修订之际，笔者提出立法应详细规定选民和候选人资格条件、引入司法程序解决选举违法行为等建议。

关键词： 社区居民委员会；居民委员会组织法；选民条件；居委会成员；候选人条件；委托投票

据权威部门统计，2016 年年底我国居民委员会（以下简称"居委会"）的数量已经达到了 103 292 个，居委会成员人数达到 540 226 人，[1]规模可谓不小。不少城市居民对于社区居委会的存在司空见惯，往往与送温暖、搞联谊活动、开各种证明等简单事务相联系，认为其可有可无。如果不是因为对所在社区物业公司不满，笔者不会关心本社区的组织（包括居委会），更不会

---

* 本文是首都经济贸易大学规划项目《城市社区居民委员会选举制度探讨》（项目编号：2017XJ0005）阶段性成果。

** 刘润仙，首都经济贸易大学法学院副教授。

〔1〕 数据来源于中华人民共和国民政部编：《中国民政统计年鉴：中国社会服务统计资料》，中国统计出版社 2017 年版，第 120 页。

竞选居民代表并全程参与居委会的选举活动。在参选过程中，笔者发现了现行立法对选民资格条件、居委会成员候选人条件、直接选举与间接选举的选择权以及选举违法的处理等存在着缺漏，觉得有必要进行探讨，遂以"城市社区居民委员会选举制度探讨"为题申报了首都经济贸易大学课题，并得以立项。

一、社区居委会是社会建设体系的重要组成部分

在中国，关于社区的概念最早出现在20世纪30年代，费孝通等人因翻译英文"COMMUNITY"时引进，是指以一定区域为基础的人群。经过20世纪90年代社区体制改革之后，城市社区的概念大量出现在官方文件之中，被广泛使用。社区的核心要素有：一定地区、人口、一定社区组织（包括居委会）及居民的认同感。[1]

社区的建设与社会建设有密切关系，所谓社会建设是指："按照社会的发展规律和运行机制，通过发展社会事业、完善社会治理、维护社会秩序等工作推动社会的发展和进步。"[2]我国改革开放之前社会管理的模式是由政府包揽，但随着经济体制的改革，城市居民依附单位的程度降低，1990年1月1日施行的《中华人民共和国城市居民委员会组织法》（以下简称"居委会组织法"）意味着"街居制"成为社会建设的一部分。同年我国社区建设试点，经过10年的探索，2000年11月中共中央办公厅、国务院办公厅转发了《民政部关于在全国推进城市社区建设的意见》，社区制正式成为社会建设制度体系的主要组成部分。[3]

社区的建设离不开居委会的组织建设，选举制度是其建设的第一步。从这几年的居委会的选举情况看，社区居民因为在社区的共同利益较少，如果没有更多利益诉求，参选的热情普遍不高，较少出现问题和矛盾。2015年6月笔者就是因为对所在小区物业服务不满，希望居委会能发挥更大作用而参与了居委会选举工作。在城市个别社区因候选人落选、派系斗争也出现过选

---

[1] 马仲良主编：《社区工作概论》，中国社会出版社2013年版，第5—7页。

[2] 李培林：《社会改革与社会治理》，社会科学文献出版社2014年版，第4—5页。

[3] 刘金伟："从国家建设到社会建设——新中国成立后中国社会建设的历程研究"，载宋贵伦主编：《中外社会治理研究报告》（下），中国人民大学出版社2015年版。

举纠纷，如笔者所在社区在选举过程中便存在居民代表因对选举结果不满而抢夺选票及不交出选票的违法情况。在个别地区的居民小组长的选举中，落选的候选人检举在居民小组选举中存在暴力威胁、跟踪票箱及选上的组长是重大刑事案件的成员，区民政局通过发通知的形式，将该社区的居委会和居民小组的选举结果确定为无效，引发了数千名居民填写请愿书，要求上级政府确认该选举有效。[1]

习近平总书记在十九大报告中谈到社会治理体系时曾提出，加强社区治理体系建设，推动社会治理重心向基层下移，发挥社会组织作用，实现政府治理和社会调节、居民自治良性互动。十八大报告指出，完善基层民主制度，在城乡社区治理、基层公共事务和公益事业中实行群众自我管理、自我服务、自我教育、自我监督，是人民依法行使民主权利的主要方式。健全基层党组织领导的充满活力的基层群众自治机制，保障人民享有更多更切实的民主权利。十八届三中全会提出，发展基层民主，健全基层选举、议事、公开、述职、问责等机制，加强党委领导，发挥政府主导作用，鼓励和支持社会各方面参与，实现政府治理和社会自我调节、居民组织良性互动。

从这些文件的规定可以看出，党中央对社区居委会寄予较大的希望，将居委会制度定位为群众自我管理、自我服务、自我教育、自我监督的自治组织，要在社会治理体系建设中发挥重要作用，而另一方面社区居委会选举制度过于简单，与居委会的作用不相匹配。总之，居委会组织法的修订迫在眉睫。

二、社区居委会选举制度存在的问题

（一）居委会的政治地位与法律地位

就居委会的政治地位而言，《中华人民共和国宪法》在第 3 章"国家机构"的第 5 节"地方各级人民代表大会和地方各级人民政府"中的第 111 条第 1 款规定："城市和农村按居民居住地区设立的居民委员会或者村民委员会是基层群众性自治组织。居民委员会、村民委员会的主任、副主任和委员由居民选举。居民委员会、村民委员会同基层政权的相互关系由法律规定。"从法学的体系解释方法角度分析，居委会同社区的其他组织不同，属于与国家

---

[1] 吉龙华等："村委会、居委会选举效力认定问题"，载《社科纵横》2014 年第 2 期。

政权有联系的自治组织，具有鲜明的政治性，是连接政府与社区群众的桥梁，除了具有基层性、自治性、群众性之外，还有鲜明的政治性，[1]因此居委会的任何工作包括选举工作需要政府的指导和引导，也需要社区党支部在选举过程中起到领导与核心作用。

就法律地位而言，宪法与居委会组织法均没有规定。而自 2017 年 10 月 1 日起实施的《中华人民共和国民法总则》（以下简称"民总"）则明确了居委会的法律地位，其中第 96 条[2]与第 101 条[3]明确了居委会是特别法人，可以从事为履行职能所需要的民事活动。民总的规定强化了居委会的独立地位，在法律上明确了它独立于基层政府机关或者派出机关，对其更好地履行公共管理与公共服务具有特别的意义。

（二）选举方式的选择

居委会组织法第 8 条规定了居委会的选举方式，即直接选举与间接选举。直接选举由本居住地区居民或者每户代表选举；间接选举是由每个居民小组代表 2 人至 3 人进行选举。但是对于选择两种方式的选举权的享有者并没有做出规定。实践中，由省一级政府确定直接选举与间接选举的比例，由基层政府根据实际情况确定每个社区的选举方式，而社区选举委员会只能按照部署实施。随着我国社区建设步伐的加快，直接选举的比例在各地不断加大，从 2018 年开始，居委会将与村委会一样全部实行直接选举，不再采取间接选举。原因是民政部门想通过直接选举方式提高居民参与的热情，加快自我管理、自我服务、自我教育、自我监督的步伐。

（三）选民与居委会成员候选人条件

关于选民资格，居委会组织法规定的候选人条件较为简单，年满 18 周岁（不分民族、种族、性别、职业、教育程度、收入）的本居住地居民，除了依照法律被剥夺政治权利的人。

在实践中，流动人口的选民资格被附加了其他条件，如省、直辖市、市、

---

〔1〕 潘烈青："贯彻市委'1+6'文件精神扎实推进社区居民自治 2017 年版（序一）"，载上海市民政局基政处、上海市街镇工作协会编：《居民自治：经验提炼与梳理》（上），华东理工大学出版社 2017 年版。

〔2〕《中华人民共和国民法总则》第 96 条：本节规定的机关法人、农村集体经济组织法人、城镇农村的合作经济组织法人、基层群众性自治组织法人，为特别法人。

〔3〕《中华人民共和国民法总则》第 101 条第 1 款：居民委员会、村民委员会具有基层群众性自治组织法人资格，可以从事为履行职能所需要的民事活动。

县、市辖区或者乡镇政府选举办法中规定,户籍不在本社区,需要在本区居住一年以上方有资格参加选举。有人认为这样规定不妥,剥夺了流动人口的选举权,但笔者不同意这样的说法,同时认为居委会组织法按照户籍确定不同的选举条件不妥。社区是居民生活的中心,在法律上已将其界定为住所,以住所为统一的标准认定选民更符合社区的特点。建议修改居委会组织法时,将住所作为选民的统一条件,消除了有户籍和无户籍的区别,更利于建立和谐社区。在确定住所时,首先看户籍,如果离开户籍所在地居住满一年的,居所地视为其住所。

关于居委会成员候选人的条件,居委会组织法并没有规定,但从居委会的职责看,其专业性较强,如人民调解、治安保卫等,所以居委会成员候选人的条件应具体明确。对于居委会成员候选人资格,现行居委会组织法规定得较为笼统,主要从积极条件——遵纪守法、办事公道、热心为居民服务等几个方面做出了规定。在一些省份的相关规定中,还增加了其他条件的规定,如2012年修订的《安徽省城市社区居民委员会换届选举规程》中增加了:正确贯彻执行党和国家的路线、方针与政策;清正廉洁,在居民中有较高威信;具有一定的岗位专业知识和工作协调能力,身体健康。值得注意的是,该选举规程中明确了市、区(县)可以根据实际情况,对于候选人的年龄、文化程度、专业技能等条件提出具体要求。这里并没有包括社区选举委员会,显然不合适。2015年北京市人民政府办公厅印发的《关于北京市第九届社区居民委员会换届选举工作的意见》中规定的候选人资格基本与居委会组织法的规定相同,只是增加了以下内容:支持党员干部、群团组织负责人和到社区就业的高校毕业生、复转军人通过民主选举程序成为居委会成员。值得肯定的是,该文件规定了各社区居民选举委员会可以结合实际情况,对于候选人的具体条件有权提出建议并经过会议后生效。2015年《福建省社区居民委员会选举暂行规定》中第29条增加了以下规定:具有一定的文化水平和组织、协调、管理能力;鼓励党政机关、企事业单位在职或者退休党员干部、社区民警、业委会负责人、物业服务机构负责人、群团组织和社会组织负责人、大学毕业生、社会知名人士及社区专职工作人员按照规定参选居委会成员。同年《湖北省社区居民委员会选举办法(试行)》中要求候选人已经登记参加了选举;具有一定的文化水平、社会工作技能和组织、协调、管理能力。

有些市、区(乡)或者社区选举委员会在细化候选人的条件过程中将遵纪守法具体规定为：不拖欠物业费、没有违章建筑等。

笔者认为，从立法主体看，居委会组织法应当确定候选人的基本条件，条件应包括政治能力、自治能力两方面的规定，就政治能力而言，遵纪守法即可；就自治能力而言，对于专业知识、沟通、协调能力进行要求即可。从立法技术看，居委会组织法在正面规定的同时，应作出反面的规定，除了政治权利被剥夺之外，还应当包括属于犯罪或者其他违法行为。在细化该条件的诸多主体中，笔者认为应当包括社区选举委员会，但细化的范围应有限制，只能对于正面规定进行细化，反面不能进行细化，因为涉及排除一个人的自治权利的主要事项只能由自治法的基本法——居委会组织法进行决定。另外，拖欠物业费和违章建筑是否属于违法行为，情况较为复杂。拖欠物业费行为的原因较多，如物业服务公司未能提供约定的服务，业主大会通过决议要更换物业公司，而物业公司拒绝撤离，业主当然不能缴纳物业费，在这种情况下该行为是合法行为。至于违章建筑的建设行为只有相关部门认定之后才构成行政违法行为。总之，只有经有关机关认定后的违法行为（包括犯罪行为）没有执行完备，才可以成为禁止的条件。

（四）委托投票的问题

在村民委员会选举过程中，因为委托投票引发的问题较多，虽然在居委会选举过程中该问题较少，但各地政府怕出问题，不让居民委托他人投票。有的地方即使允许，也需要出具直系亲属关系的证明文件。在居委会组织法中应当明确委托授权的形式条件和限制条件，如需要书面授权或者微信、短信等电子形式，需要本人亲自签名或者出示微信或者短信的截屏。如果有联系方式的，选举委员会应当联系委托人。

（五）关于在选举期间违法行为的处理

如果在选举中发生了违法行为，如贿选、作弊等行为，导致选举结果全部无效或者部分无效，谁有权决定选举的效力，是否可以起诉到法院，由法院最终决定选举的效力？对于选举违法之人，如何进行处罚，法律依据是否明确？

在各地的居委会选举制度中有涉及，但没有明确法院的最终确定权力。如《北京市居民委员会选举办法》第 32 条和第 33 条规定，违反本办法的，由乡（镇）人民政府或者街道（地区）办事处予以纠正。违反治安管理规定或构成犯罪的，由公安机关或者司法机关处理。《福建省社区居民委员会选举暂行规定》第 69 条规定，视情况由社区选举委员会批评教育；情节严重的，由区（市、县）选举指导组予以警告；违反《中华人民共和国治安管理处罚法》或构成犯罪的，由公安机关或司法机关处理，但并没有明确违反了《中华人民共和国治安管理处罚法》和《中华人民共和国刑法》哪一条规定。

《中华人民共和国治安管理处罚法》第 3 章第 1 节关于扰乱公共秩序行为和处罚中第 23 条规定，破坏依法进行的选举秩序的，处警告或者 200 元以下罚款；情节较重的，处 5 日以上 10 日以下拘留，可以并处 500 元以下罚款。《中华人民共和国刑法》第 256 条关于破坏选举罪并没有包括居委会的选举，可能适用的罪名有：妨碍社会管理秩序罪中的聚众扰乱社会秩序罪、聚众扰乱公共场所秩序、交通秩序罪、聚众斗殴罪等。如何进行破坏，《中华人民共和国治安管理处罚法》中并没有明确的规定，在刑法中没有将之列入显然并不合理。

三、关于修改城市社区居委会选举制度的建议

（一）关于立法名称以及居委会政治地位和法律地位方面

鉴于 20 世纪 90 年代居委会进行了改革，名称已经变为社区居委会，笔者建议将原来的居委会组织法改为《中华人民共和国城市社区居民委员会组织法》（以下简称"城市社区居委会组织法"）。关于居委会的政治地位，明确居委会是与国家政权有联系的自治组织，要坚持基层政府的工作指导。近年来我党加强了社区党支部的建设，支部对居委会有领导作用，居委会的各项工作应将接受党的领导与发展自治有机结合。关于居委会的法律地位，鉴于《中华人民共和国民法总则》已经做出规定，建议将居委会的法律地位这样规定：居委会是具有法人资格的自治组织，对其合法财产享有所有权或者其他财产权利。

（二）关于选民资格方面

选民资格中的主要问题是如何保护流动人口的选民权利，笔者认为未来的城市社区居委会组织法可以借鉴民法中的规定，以住所作为是否具备选民资格的判断标准。如何确定住所？原则上以户籍为确定的标准，如果户籍与居住地不一致的，居住一年以上的，居住地为其住所。户籍不在本社区的居民，需要提供居住一年以上的证明文件，向本社区选举委员会申请并经其同

意后，可以登记为选民。选民的年龄等条件就不在此一一赘述了。

（三）关于居委会成员候选人的条件方面

目前我国居委会组织法以及各省、市大都规定了积极条件，消极条件较少规定，因此笔者建议从积极条件与消极条件两方面加以规定。积极条件主要是：遵纪守法、热心公益、身体健康、群众威信高、已经登记为选民的人。消极条件或禁止条件主要是：下列人除外：①刑事案件查处中的犯罪嫌疑人；②行政案件查处中的行政违法人；③生效民事判决的被执行人。除了各省、市、区（乡）有权细化候选人的条件之外，社区选举委员会也有权细化居委会成员候选人的积极条件。

（四）关于委托投票方面

已经登记的选民因为各种原因不能亲自投票的，可以通过书面委托或者微信、短信的方式委托他人投票，委托书需要注明受托人的姓名、委托人的联系方式。为了保障选举的公平性，受托人可以接受三人以下的委托投票。选举委员会需要对于委托书进行形式上的查验，必要时可以通过电话核实委托的真实情况。

（五）关于选举违法处理方面

关于选举违法的处理，建议如下：在选举中出现贿选、胁迫等违法行为，由社区选举委员会予以制止，并上报基层政府或者派出机关，情节严重的，报公安机关处理，对公安机关处理不服的，可以直接向人民法院提起诉讼；构成破坏选举罪的，追究其刑事责任。

四、结论

社区居委会是实现社会治理的重要基层自治组织，而选举制度是保证其实现自治功能的第一步。对于修订后的居委会组织法，关于选举制度中的选民条件，本文提出应采用住所标准确定，而就居委会成员候选人条件，本文认为应从积极条件和消极条件两个方面进行规定。对于委托投票，本文认为不应过多限制，但需要社区选举委员会进行形式上的审核。对于选举违法问题的处理，社区选举委员会有权进行处置，公安机关和其他司法机关也有权介入。

包容开放的世界经济法体系构建

袁达松* 赵雨生**

摘要：世界经济体系发展至今，与之配套的治理体系和机制已经不能充分解决其内在矛盾。针对现有问题，中国提出了"中国方案"，但仍然难以撼动现有格局。由此，中国应加强包容性法治的理论和实践的规则及制度总结，倡导建立在学术研究、法治机制和治理成果上的世界经济法，推动构建世界维度的经济法"善治"，而这一世界之维的经济新治理体系，可以从 WTO 规则体系的发展和升级上予以推进。

关键词：包容性法治；经济法治；世界经济法

一、中国—世界经济格局变化下的法治变革挑战

（一）现有中国—世界经济治理体系及其不适应性

随着金融危机的爆发和经济全球化发展，中国和世界各国经济交往不断深入，彼此经济依存度攀升，保护主义频繁抬头，同时新兴经济体在世界经济中的占比不断提升。数据显示，以金砖国家（BRICS）和 11 个新兴市场国家（E11）为代表的新兴经济体集团分别占据世界 GDP 份额的 23% 和 30.4%。中国更是占据世界 GDP 份额的 15% 以上。[1]现有的世界经济治理体系，即建立在战后经济体系上的世界贸易组织、国际货币基金组织以及世界银行等国

---

* 袁达松，北京师范大学教授、博士生导师。

** 赵雨生，北京师范大学法学院经济法学硕士研究生。

〔1〕 参见《博鳌亚洲论坛新兴经济体发展 2018 年度报告》，对外经济贸易大学出版社 2018 年版，第 7—15 页。其中 BRICS 和 E11 的国家部分重复，中国 GDP 数据来自国家统计局。

际组织为主导的治理模式，[1]虽然在一定的历史时期促进了全球经济治理，推动了世界经济的恢复与发展，但时至今日已经不能反映当下的世界经济力量对比，更缺乏很好地解决新出现的国际经济问题的能力，世界经济治理体系和治理能力均出现短板，亟待规则调整法治变革。

（二）已有中国—世界经济治理体系的努力成果和不足之处

有研究机构认为，全球经济体系已经逐渐从"中心—外围"模式转变为"双循环"模式，中国处于产业链的中心位置，连系上游的日本、美国和欧洲，承接下游的亚洲、非洲和拉丁美洲发展中国家，是国际经济贸易体系中的纽带。[2]随着中国经济实力的提升，中国参与世界经济治理日益频繁，中国在世界经济治理体系中的分量也在增加，在世界经济治理规则调整过程中也发挥着特有的作用。有学者认为，中国由此成为全球经贸循环当中必不可少的枢纽性存在。[3]但是，一方面是中国在世界经济总量中份额的增加，并没有带来规则制定和决策权的相应变化。另一方面，中国开始遭受前所未有的遏制或者孤立，旧有世界经济秩序面临强烈的分裂主义和孤立主义冲击。首先，国际经济规则的制定掌握在拥有相对话语权的发达国家利益集团手中，新兴国家难以获取与自身体量相当的话语权。诸如跨太平洋伙伴关系协定（TPP）和近日美日欧三方贸易部长发布的联合声明等[4]，均体现了发达国家利益集团对世界经济治理规则进行"另起炉灶"或重新制定的要求。中国现有的理论和国际实践很难撼动其格局。其次，中国现时还难以在大范围主导和承担世界经济治理之重任。中国在亚洲基础设施投资银行与"一带一路"倡议中的地位和作用不言而喻，但是其规模和建设进展还处于起始阶段，[5]其推进欠缺和世界经济体系相衔接的法律规则，中国参与世界经济治理所发

---

〔1〕 参见沈伟："后金融危机时代的国际经济治理体系与二十国集团 以国际经济法——国际关系交叉为视角"，载《中外法学》2016年第4期。

〔2〕 参见英国国际战略研究所："全球化与中国大战略"，载《Global Politics and Strategy》2018年第2期，原文载 https://www.iiss.org/en/publications/survival/sections/2018-9a32/survival--global-politics-and-strategy-february-march-2018-926c/60-1-02-friedberg-35ad，访问日期：2018年7月。译文载 http://www.sohu.com/a/245350119_619341，访问日期：2018年6月。

〔3〕 施展：《枢纽：3000年的中国》，广西师范大学出版社2017年版，第547—550页。

〔4〕 《美日欧贸易部长联合声明》在应对非市场导向政策、制定关于产业补贴和国有企业新规则等问题上进行了公告，虽然没有点名，但是其用意在于限制新兴市场国家。

〔5〕 根据公开数据计算，"一带一路"沿线64个国家（不包括中国）GDP总量还不及七国集团（G7）的1/3。

挥的作用还相对较小，并且面临不同程度的杯葛或抵制，彼此之间时或出现摩擦乃至冲突，亟待推动包容互利的规则体系构建。

二、回应中国—世界经济格局变化的包容性法治

（一）定位于中国—世界包容性发展的法治新秩序

面对层出不穷的风险全球化问题，部分国家选择抵制全球化趋势（"逆全球化"），而不是参与法治状态下有序的全球治理。有学者提出"风险社会"概念，认为借由全球化深入的加速到来，形成了"风险社会"的"世界主义时刻"，从而导致经济危机、金融危机、能源危机，且自然灾害所造成的影响都会辐射全球，国家作为世界经济的主体构成无法独善，严防死守的保护主义则会导致危机的进一步放大。[1]抵制全球化的保护主义不仅是对世界法治秩序的挑战，更不利于全球经济的包容性发展。因此，为了应对上述问题，需要变革和构建新的世界经济治理体系。同时，新的世界经济治理应当不仅由发达国家利益集团主导，也需要由能够代表各国利益诉求、代表世界各阶层人民呼声的国家或者国际组织共同主导，才能在世界范围内实现发展机会和发展权的公平和正义。有学者认为，在经济全球化加深、各国力量再平衡和霸权主义转型的新国际格局下，处理国际问题的方式逐渐由权力决定的政治手段转变为规则框架下的法律手段。[2]由此，为了促进世界包容性发展，回应中国—世界格局变化下的法治新秩序，需要推动构建世界经济发展的包容性法治秩序。

为促进世界经济实现包容性发展，平衡各经济利益体对发展机会的需求，需要在新秩序中体现民主化和法治化的原则。有学者认为，全球化条件下国家之间相互依存逐渐紧密，新兴国家崛起与发达大国之间发展的渐趋均衡，共同利益、共同挑战的增多和随之而来的全球文明意识、共存观念的发展，使国际民主法治与合作的加快发展出现了新的可能。[3]因此，构建中国—世界经济法治新秩序要充分凭借国际民主法治合作的趋势，在各国之间凝聚共识，在大方向上促使发展理念向包容性发展转变。同时通过制定有代表性和

〔1〕 参见袁达松："风险经济法学举隅——'风险社会''世界主义时刻'视角的经济法学"，载《经济法论丛》2017年第1期。

〔2〕 参见何志鹏："国际法治：一个概念的界定"，载《政法论坛》2009年第4期。

〔3〕 参见李杰豪："国际民主法治的特质要求与发展趋势——兼论国际体系转型背景下国际法律秩序的重塑与发展"，载《湖南科技大学学报（社会科学版）》2014年第5期。

权威性的世界经济法则，为全球经济治理的良法善治打下基础。

（二）中国—世界包容性发展的法治进路

在中国—世界经济格局面临重大变化的背景下，世界经济亦须进一步形成相应依法而治的格局，促进世界经济秩序朝着更加公正合理的方向发展。

改革开放40多年以来，中国的发展面临着经济和政治上的多重考验。中共十八大以来的"改革顶层设计"从理论上解决了国内效率、分配、民主和法治问题，全面深化进行经济体制改革、政治体制改革以及国家法治化，降低了包容性法治国家建设的阻力。[1] 缩小各群体之间的发展差距，统筹经济社会协调发展，促进了中国经济在近年的发展和腾飞。

随着中国逐步从外围走向世界经济舞台的中心，国家积极参与全球治理，加入二十国集团（G20）、区域全面经济伙伴关系协定（"10+6"即 RCEP）以及推动"一带一路"和亚洲基础设施投资银行的建设。在致力于解决好自身发展问题的基础之上，通过深化合作推进世界各国共同发展，助推世界经济平衡，让中国追求的"共同富裕"理念进入国际事务处理之中。对此，中国提出了人类命运共同体理念下的"中国方案"，期待在其法治化的基础上推动世界经济包容性发展。[2] 通过积极参与国际经济治理的实践，中国在承担国际责任的同时，向外传达了包容开放、互利共赢的法治理念。

通过将世界包容性发展从理念推向现实，中国积累了大量国际治理经验，使得新的世界经济法则的产生和形成具备必要性和可行性，并促使世界经济法的生成，将形成以世界经济法为研究对象的世界经济法学。这是中国的法学研究对世界经济法治理论的一大贡献。[3]

从中国—世界经济格局的变化来看，世界经济法的生成已经具备了经济基础，并持续向下一个阶段发展，即推动新的世界经济法则与世界经济治理体系的诞生。由于世界大部分国家对经济法治的内涵存在共识，这些共识可以构成世界经济治理标准的最低限度，并由此出发推动新的世界经济法治理体系的构建。

---

〔1〕 参见袁达松："走向包容性的法治国家建设"，载《中国法学》2013年第2期。

〔2〕 参见袁达松、姚幸阳："命运共同体，'中国方案'与包容性法治"，载《京师法律评论》2017年。

〔3〕 参见袁达松、张志国："世界主义视角下的经济法治与经济法学"，载《经济法研究》2018年第1期。

三、包容开放的中国—世界经济关系和法治秩序构建纲要

（一）中国—世界包容性法治的法学范畴和研究范式

在中国—世界经济格局变化下构建新的法治秩序，与传统意义上的国际法相比较而言既有联系又有区别。由于世界经济法是已有法治秩序的新生事物，在法学范畴互有交叉。然而就其特异性范畴而言，[1]世界经济法的独特性又是清晰明确的，相应的研究范式也具有一定的特殊性。

法的部门划分是依据社会关系的变化而调整的，新的社会实践变化必然会产生新的法律规则。由于世界经济格局的重大变化，各国的利益和风险也紧密相连，产生了多层次、宽领域的发展权冲突。传统的国际法不能单独胜任对这一特定关系的调整，因此为了客观需要，世界经济法由此产生。如果说国际经济法是调整从事跨国经济交往的个人、法人、国家以及国际组织间经济关系的法律规范，[2]那么国际经济法更多地强调法律在双边、多边之间的经济交往规则。而有别于国际经济法，世界经济法更多地从世界各国、各地区或区域经济发展状况入手，强调整体经济运行的共同性、法治化和包容性。从这个角度来划分，世界的包容性法治与国际经济法是有所交叉、部分重叠的关系，前者在后者的基础之上，发展了"世界"这个整体维度上的法治，不单单强调双边或多边关系，更强调世界经济的全部或部分区域作为一个整体的法治秩序规则。

世界经济法脱胎于各国对新发展模式的追求，攫取式的、不公平的发展模式已经不能顺应时代的变迁。对于中国而言，在中国—世界经济体系下更需要守住发展的底线，实现经济包容性增长。在这个维度上，世界经济法首先应该存在于各国的国内法之中，以法律形式实现科学有效的发展模式。同时，由于发展问题随着全球化扩大为跨国问题，涉及两国或多国的发展争端频发，为了解决这些矛盾，世界经济法也要在跨国维度发挥作用，促进双边或多边协调发展。此外，为了实现各国经济社会协同进步，解决发展不平衡带来的问题，缩小发展差距，促进世界经济共同繁荣，世界经济法在世界这

---

〔1〕 "特异性范畴"的概念参考张守文："论经济法学的特异性范畴"，载《北京大学学报（哲学社会科学版）》2006年第3期。

〔2〕 余劲松、吴志攀主编：《国际经济法》（第3版），北京大学出版社2009年版，导论部分。

个层面上将发挥更值得期待的作用。因此世界经济法的研究范式应当建立
"中国法—跨国法—世界法"的逻辑结构，以发展模式、发展格局和全球性、
区域性规则和治道问题为研究对象。

（二）中国—世界经济治理价值目标和治理机制

有学者认为，经济法的首要法益目标在于追求和实现社会的公共利益，
进而实现经济上的公平。[1]因此，构建世界经济法治秩序也需要秉持在中
国—世界框架下的全球社会本位，以推动良好的社会经济秩序构建以及推动
世界经济法治。世界各国经济发展程度不尽相同，法律制度也是不尽相同，
追求彻底划一状态的法律全球化是不现实的，有学者认为法律全球化的想法
是（世界）同质化的体现。[2]但可以在坚持兼收并蓄、广泛共识、加强合作
基础之上，求同存异，探究各国经济法治的"重叠共识"。其一，世界经济法
的价值在于促进世界经济公平竞争，推动经济持续增长；其二，世界经济法
要鼓励全球化开放格局进一步扩大，促使经济发展成果全球共享，进而减少
区域之间、国家之间的发展差距，在世界范围内促进包容性发展。

世界经济法治离不开世界经济治理的新法则，为保障世界经济运行的法
治化，应当在基本规则与制度以及纠纷解决机制上构建相应的治理机制。推
动在全球贸易、货币金融领域制定更为符合包容开放的具体规则，同时建立
和完善世界范围的新型经济纠纷解决机制，在平等协商基础上，推动调解机
制和仲裁机制的实施，并促进仲裁裁决的互认与执行。[3]在实体法和程序法
两个方面保障世界经济法的制定和实施。

四、推动世界经济法治新秩序的制度构建

（一）中国—世界经济法治的顶层设计

随着世界经济发展规模越来越大，各国之间的跨国经济治理问题也越来
越突出，矛盾具有相当的复杂性。为了避免头疼医头脚疼医脚，在本源对问
题进行化解，在整体维度进行布局，需要进行中国—世界经济法治的顶层设

---

〔1〕 王保树："论经济法的法益目标"，载《清华大学学报（哲学社会科学版）》2001 年第 5 期。

〔2〕 参见邓正来：《谁之全球化？何种法哲学？——开放性全球化观与中国法律哲学建构论纲》，
商务印书馆 2009 年版，第 130—138 页。

〔3〕 参见袁达松、张志国："'一带一路'建设分期与纠纷解决机制构建"，载《中国矿业大学
学报（社会科学版）》2018 年第 3 期。

计。进而言之，世界经济法的顶层设计建立在国际经济法和国际发展法的法律制度之上，在完善相关法律制度之前，要从基本法层面的框架对世界经济法治的基本问题进行阐明和确定。因此，可以将其理解为经济层面的《联合国宪章》，也有学者将其命名为《国际经济合作宪章》。[1]

构建世界经济法治顶层设计，要具备世界视野。既然名为世界经济法治，则意味着和每个国家都息息相关，既要平等对待单个国家的利益和诉求，亦要顾及世界各国之间的共同利益。有学者认为，"全球善治"的理想中，规则的制定既是中国这样负责任大国的权利也是需要承担的义务。[2]顶层设计中需要解决的问题，往往关乎全球，影响世界的投资、贸易以及消费。解决相应问题的策略，也要从国际经济发展格局和治理状况出发进行博弈，并充分考虑国际利益的公平合理分配。另外，顶层设计中要特别重视对重大问题的处理。国际经济社会发展中，包括经济发展、科技水平和自然环境在内的多个领域，存在着复杂而重要的国际社会矛盾，因此顶层设计要从影响世界经济法治的根本和重大问题入手，分析其深层的原因，找出处理路径，以包容互利的理念解决背后的经济治理矛盾。同时，为了保障顶层设计的具体落实，要推动建立统合全球且具有最高经济法律地位的世界性经济组织，进一步制定和落实顶层设计的各项配套公约。

现阶段世界经济法治的顶层设计在西方发达国家主导的规则体系下，另起炉灶的难度比较大，但是不可否认《世界经济宪章》会对世界经济的秩序化和体系化产生重要影响。作为全球化的受益方，中国要主动推进《世界经济宪章》的制定，完善世界经济法治的顶层设计。

(二) 添加世界之维的经济新秩序构建

在明确顶层设计的基础上，世界经济法治新秩序的构建要拟定相应的实施路径，确保顶层设计的推进。可以先由具体规则制定入手，扩展到合作机制，继而批判继承旧有秩序，建立或升级出世界之维的新秩序。

在规则制定层面，要加强世界经济法则制定，进而触及世界经济治理体制层面。在包容性法治理念的框架下，具体制定有利于经济全球化深入开展的、普惠各国经济发展的和能够解决现实性世界经济问题的法律规则。同时

---

〔1〕 参见刘敬东："全球经济治理新模式的法治化路径"，载《法学研究》2012 年第 4 期。

〔2〕 俞可平："全球善治与中国的作用"，载《学习时报》2012 年 12 月 10 日，第 2 版。

随着具体法则的制定和实施，进一步兼容和升级当下由西方主导的经济治理体系，实现更高层级的世界经济秩序化和规范化。

在合作机制层面，推动世界各国和各区域经济体层级广泛参与，增强世界经济治理动力和水平。康德曾经提出"永久和平"的价值追求，他指出，"世界永久和平状态是基于正义之上、受世界大同主义法权体系规范的太平和合状态""由此世界主义法律体系应由国内法、国际法和世界公民法三位一体组成。"[1]同理，通过世界经济的包容性发展追求永久和平也是世界贸易组织的由来，基于对经济正义的渴望从而进行的国内法、跨国法乃至世界法的相互作用，推动世界各国和各区域经济体的参与和互动，可以形成共同追求全球普遍经济正义的理想法治环境，进而打破由发达国家利益集团主导的不公平现状。

在对待现有世界经济秩序上，既要突破固有理念，又要维护现有成果。世界经济法治应建立在对现有经济治理体系的批判继承上。包括中国在内的新兴国家在现有经济治理体系中确实存在话语权、规则制定权较小的问题，但是这不意味着必须要对现行体系进行颠覆性重构，这本身也是不可行的。发达国家"另起炉灶"的设想一时也难以实现，更不必说经济实力相对较小的新兴国家。另外现有体系的稳定性也是中国—世界经济格局形成的重要外部因素，维护其主体框架对中国和其他新兴国家都有益处。此外，有学者认为，中国的成功模式是建立在吸收西方先进经验的基础上改进的，[2]因此完全抛弃现有西方体系也是不符合发展规律的。

新秩序的构建要在不适合包容开放的方面进行扬弃，而不能完全推倒重来。詹姆斯·E. 米德认为"国际冲突的原因，在性质上是经济性的"，主张"一个建立在稳定、公正和有效经济基础上的国际组织，才能实现其确保持久和平的职责"。[3]现阶段，世界贸易组织（WTO）协定在范围和广度上远超各区域协定，以此为基础的经济规则仍然具有相当的实际意义，需要继续保证实施，一个升级版的 WTO 规则和治理体系，可能是恰当的选择和努力方向。

---

〔1〕 ［德］伊曼努尔·康德："永久和平论"，载［德］康德：《历史理性批判文集》，何兆武译，商务印书馆1990年版。

〔2〕 郑永年、张弛："'一带一路'与中国大外交"，载《当代世界》2016年第2期。

〔3〕 ［美］詹姆斯·E. 米德：《持久和平的经济基础》，高歌译，中国人民大学出版社2017年版，第2—3页。

案例研讨

谢甲诉谢乙一般人格权纠纷案

——祭奠权的法律适用及司法运用方法

郭靖芳*

摘要： 祭奠权作为法定权利以外的法益，在性质上属于具有身份特征的人格利益。祭奠权行使的主体不限于逝者的近亲属，可以参照"五服制度"的亲属范围规定，并且按照祭奠权的内容来确定权利行使顺位。祭奠权在未确定为法定权利时，现行民事立法实质上确立了不同于法定权利的保护模式，祭奠权只能够诉诸民法基本原则、《中华人民共和国侵权责任法》等相关法律规定等。我国《民法总则》第10条将"习惯"确定为民法法源，如果将与祭奠权相关的法律规定及风俗习惯运用到裁判中，构成裁判规范则需要确定相应的路径选择。引用祭奠有关的民间风俗，需要考虑该习惯与法律精神、法律原则、立法旨意是否吻合。裁判规范也会产生对民间习惯的排除，当习惯与我国的立法目的大相径庭时，司法需要设立裁判规范排除习惯的标准。

关键词： 祭奠权；人格权；主体范围；法律适用；司法运用

一、基本案情[1]

原告谢甲诉称：被告谢乙主持其祖父谢丙丧葬事宜。谢乙擅自立碑，未将原告先于祖父逝世的父亲谢丁的姓名刻于碑文之上的行为，违背了公序良俗原则，其行为认定无效；原告生父为长子，但被告未按长幼有序的原则，将原告与母亲的姓名列于被告配偶及子女之后，侵害原告合法权利。

---

* 郭靖芳，北京市丰台区人民法院审管办法官助理。

〔1〕 案例来源：北京市丰台区人民法院（2016）京 0106 民初第 15044 号民事判决书；北京市第二中级人民法院（2016）京 02 终字第 9693 号民事判决书。

被告谢乙辩称：其将谢丙后事操办的相关事宜及时通告了谢甲，谢甲知晓立碑情况，其并非擅自立碑；其在自己出资刻立父母墓碑的情况下，将健在的家庭全部八名成员列为立碑人，并采取"先男后女""先儿子、儿媳，后女儿、女婿""先孙子、孙女，后外孙、外孙女"的民俗习惯，符合传统殡葬礼仪和公序良俗，并未侵害谢甲的合法权益。

法院经审理查明：谢甲为谢丁与马某某之女。谢丁的父亲谢丙与母亲吉某某共育有三名子女，依次为：长子谢丁、次子谢乙、女儿谢戊。谢丁先于其父母去世。谢己为谢乙与张某某之子，谢甲之堂弟。谢丙去世后，后事由谢乙操办。谢乙为谢丙、吉某某所立的墓碑上镌刻了立碑人。其中，第一行写明："儿女 谢乙 张某某 马某某 谢戊"；第二行写明："孙辈 谢己 谢甲 谢庚 严某某"。谢甲主张立碑人的名字应包括其亡父谢丁，且谢丁、马某某的名字应排在谢乙与其妻张某某之前，谢甲的名字应排在谢己之前。谢乙不同意对碑文进行修改。因此，原告谢甲起诉至人民法院。

法院认为：我国殡葬习俗和传统殡葬礼仪已延续千年，墓碑的表现形式也因地域、观念的不同而呈现多样化，碑文的形式、立碑人的范围以及立碑人的姓名排序等内容属于殡葬文化的范畴，我国法律法规并未就上述内容进行规范和限定。谢甲上诉主张应当将其先于谢丙死亡的生父谢丁之姓名列于"立碑人"首位，但已逝子女的姓名是否应当刻入"立碑人"之列并无法律的强制性规定，故谢甲的上诉请求，缺乏法律依据，本院实难采信。同理，谢甲上诉另主张墓碑上"立碑人"孙辈一列其姓名应排在其堂弟谢己之前，此为遵循"先长后幼"的排序原则，并称谢乙所主张的"先孙子、孙女，后外孙、外孙女"的排序方式违背了公序良俗原则，但并无事实及法律依据证明谢乙所主张的排序方式违反了公共秩序的一般要求和善良风俗习惯，故对谢甲该项上诉主张，本院不予采纳。

本案的争议焦点是近亲属在逝者的墓碑上署名范围及排序方式的争议，祭奠权的行使有无明确法律规定，殡葬文化中的不同习俗是否应该受到法律法规的规范。祭奠权是具有身份属性的人格权法益，祭奠权的行使主体不限于逝者的近亲属，客体包括必须按照顺位行事的事项和一般事项，内容是悼念相关的人格利益。祭奠权在目前无法律明文规定的情况下，只能诉诸公序良俗原则、一般侵权法相关条款的规定、风俗习惯等规定。我国《民法总则》第10条规定："处理民事纠纷，应当依照法律；法律没有规定的，可以适用习惯，但是不得违背公序良俗。"本案中，谢甲主张其先于祖父死亡的生父应当列于"立碑人"首位，已逝子女的姓名是否应当刻在"立碑人"首位，法律并没有强制性规定。对于"先长后幼"和"先孙子、孙女，后外孙、外孙女"的排序两种风俗习惯均有，法律对存在数千年的丧葬文化产生的争议亦未有强制性规定。这里涉及三个问题：首先，祭奠权究竟是不是一种民事权利；如果是权利，祭奠权的内容是什么？其次，有关祭奠纠纷的处理依据应该是什么？最后，对于与祭奠权有关的习惯，如何能成为法的渊源？

二、祭奠权是具有身份特征的人格权益

经济的快速发展、城镇化水平的提高使得中国逐步由熟人社会走向陌生人社会。根植于熟人社会的传统纠纷解决方式在变迁中逐渐式微，使得国家司法权被迫进入因传统纠纷解决机制退出后留下的纠纷解决"空地"。从我国法制史角度来看，祭奠在中国传统文化的地位自不待言，因祭奠引发的纠纷伴随产生，主要依靠传统纠纷解决机制如族众调解等得以解决。祭奠从表面上看属于民俗习惯，但是其背后却是礼法的体现。祭奠作为礼法的内容，一开始便具有法律属性。在民法上，权利是指享受特定利益的法律上之力，权利的本质主要由法律保护的利益与法律上之力两个要素组成。从法律性质上看，我国在强调权利法定的同时，对于应被法律承认而结果却被法律遗漏的权利和利益，称之为法益。我国《民法总则》第3条规定："民事主体的人身权利、财产权利以及其他合法权益受法律保护，任何组织或者个人不得侵犯。"法益的内涵主要表现在三个方面：①法益属于法律保护的对象，不同于一般利益；②法益具有合理性；③在实体法律制定之前法益就已经出现。祭奠权虽称之为权利，但是其并未有法律的明确规定，只能归属为与祭奠有关的法益。之所以认为祭奠权具有法益特征，主要理由如下：首先，祭奠权受到法律保护。基于《中华人民共和国宪法》规定，各民族都有保持或者改革自己风俗习惯的自由。《中华人民共和国民法通则》第7条规定："民事活动应当尊重社会公德，不得损害社会公共利益，扰乱社会经济秩序。"多数有关祭奠权的案件中均按照公序良俗原则进行裁判，[1]在本案中也是为祭奠权提

---

〔1〕 最高人民法院中国应用法学研究所编：《人民法院案例选·民事卷》（分类重排版），人民法院出版社2017年版。

供直接依据。《中华人民共和国侵权责任法》第 2 条第 1 款规定："侵害民事权益，应当依照本法承担侵权责任。"其中对于侵权法中称的民事权益，除了法律明确规定的，还包括"等人身、财产权益"，并未限定为条文具体列明的民事权利。其次，祭奠权纠纷在司法上具有可诉性。基于一般人格权纠纷的祭奠权纠纷在法院审理数量上呈上升趋势，当事人认为自己祭奠逝者的权利被侵犯时有发生。最后，祭奠是一种已经出现的正当性利益。中国社会自古以来便有祭奠活动，仪式、内容复杂多样，但是归根到底是生者对逝者表示哀悼的情感，在现实社会中已经成为人们应当遵循的道德规则和行为规范。综上所述，祭奠属于法律保护的法益，但因尊重人为习惯称之为"祭奠权"。回到本案，原告认为自己父亲的名字未刻在祖父的墓碑上，以及自己和母亲的名字位于叔父的家属后面，是侵犯其祭奠权的行使。

民事审判中，法官的一个重要任务就是确定原告的请求权规范基础是否成立，如果原告的诉求能够获得民法法律规范的支持，能够通过法律的直接规定或者法律解释学来确定原告的请求权规范基础，则原告获得法庭的支持而胜诉，如果无法从现有的法律规范中确定原告的请求权规范基础，则被告胜诉。[1]祭奠权属于何种权属，需要从其权益的内容、目的来判断。根据权利是否具有直接的财产内容，可以将权利划分为人身权和财产权。祭奠是对与自己有特定身份关系的逝者以特定的方式表示哀悼的行为。祭奠权不具有直接的财产内容，因此应当属于人身权范畴。人身权根据客体的不同，又划分为身份权和人格权。所谓身份权，也称"亲属权"，是指具有一定的亲属关系（包括自然的亲属关系与拟制的亲属关系）的人相互之间享有的权利。[2]身份权的特征在于，其存在于具有亲属关系的人之间，亲属关系发生时，权利产生；亲属关系消灭时，权利消失。对于祭奠权是否是身份权，需要从决定身份权产生的亲属关系来看。当祭奠发生时，往往意味着一方当事人已经死亡，其身份权应该消灭。[3]另外，身份关系的创设目的是为了维系特定的身份关系，如现行法律规定的监护权、配偶权等。司法实践中，与逝者并未有法定身份权的直系非近亲属或者成立事实上收养关系的人均享有祭奠的权

---

〔1〕 王泽鉴：《法律思维与民法实例：请求权基础理论体系》，中国政法大学出版社 2001 年版，第 50 页。

〔2〕 程啸：《侵权责任法》（第 2 版），法律出版社 2015 年版，第 176 页。

〔3〕 胡岩："'祭奠权'的法学方法论反思"，载《法律适用》2012 年第 6 期。

利，因此祭奠权不是身份权。既然祭奠权不属于身份权，对其是否属于人格权，需要从理论和实践双向证成。人格权是以民事主体依法固有的人格利益为客体的，以维护和实现人格平等、人格尊严、人身自由为目的的权利。[1]从权利特性来看，人格权具有专属性，是一种与生俱来的权利，始于出生，终于死亡，祭奠权更符合人格权的专属性特征；人格权是具有排他性效力的绝对权，祭奠权的行使是因为逝者已逝，其身份关系虽有可能消灭，但是权利可以行使。从权利目的来看，人格权是为了保护人之为人的尊严和自由。祭奠权的侵害，其后果是导致权利人的人格尊严受到贬损和社会地位的降低，也侵害了其祭奠逝者的自由。因此，祭奠权应属于人格权范畴。但是祭奠权也具有一定的特殊性，即具有一定的身份性特征。最后，对于祭奠权的概念具有一定的界定，是指近亲属之间对亡故亲人的祭祀和悼念的意愿和可能。其中"意愿"是指权利的内容，"可能"是指权利的本质。[2]

本案中，法官在查明是否存在侵犯祭奠权时需要从祭奠权的构成要件：行使主体、祭奠权的内容、祭奠权的客体等要点考虑。

（一）祭奠权的主体范围

实践中，对祭奠权的主体范围划定有争议，有的认为按照关于近亲属的有关规定，最高人民法院《关于贯彻执行〈中华人民共和国民法通则〉若干问题的意见（试行）》第12条规定："民法通则中规定的近亲属，包括配偶、父母、子女、兄弟姐妹、祖父母、外祖父母、孙子女、外孙子女。"《中华人民共和国婚姻法》第7条规定："有下列情形之一的，禁止结婚：①直系血亲和三代以内的旁系血亲；②患有医学上认为不应当结婚的疾病。"这里所述的近亲包括直系血亲和三代以内的旁系血亲。祭奠权的主体，首先得和逝者具有特定身份关系。对于祭奠权的亲属范围界定要符合祭奠习惯，特别是在礼法影响力度大的农村地区，参与祭奠活动的人在受到当地强烈的家族、宗族观念的影响下，参加人数及范围并不仅限于《中华人民共和国民法通则》与《中华人民共和国婚姻法》所规定的亲属范围。

祭奠权属于具有绝对权属性的人格权，对于绝对权的保护直接涉及法益保护和个体行为自由之间的平衡。因此，对祭奠权的主体范围划定需要遵循

---

[1] 王利明：《人格权法研究》，中国人民大学出版社2005年版，第14页。

[2] 杨立新："诠释祭奠权"，载《检察日报》2002年7月19日。

可预见原则。所谓可预见原则，即根据社会常识和公众的一般感情，是否让特定人享有祭奠权是能够预见的。[1]根据中国传统礼法的祭奠行为，其权益主体也可以从中国法制发展历史中找寻，如"五服制度"。所谓"五服制度"就是根据死者亲属在居丧期间穿的五种丧服，来划分五等亲属，由亲到疏依次为：斩衰、齐衰、大功、小功、缌麻。[2]根据"五服制度"，祭奠权的主体范围可设定为逝者的上下五代以内的亲属，这样既可以保证祭奠权主体符合中国乡土文化需要，也避免主体泛化。对于朋友是否享有祭奠权，需要因案件情况而定，法律上未能给予明确规定。本案中，原告属于逝者的孙女，原告的母亲属于逝者的儿媳，被告属于逝者的子女，均在祭奠权的主体范围内。

（二）祭奠权的内容及权利行使顺位问题

祭奠权是包含多种权能的权利束，不同权能的行使对于顺位的要求不同。祭奠权行使是否需要顺位上的区分不能一概而论，而应该根据祭奠权的具体内容进行区分。[3]

1. 祭奠权的内容

按照对于身份关系要求的强度，可以将祭奠权的内容划分为：①对身份关系要求较高的：最后见面权、遗体处分权利、墓碑刻字权利、墓穴选择的权利、丧葬事项决定权等；②对身份关系要求较低的：死亡信息通知权、参加祭奠活动的权利等。其中最后见面权，是指安葬前，亲友与遗体做最后道别的权利。实践中因此产生纠纷颇多，需要注意的是行使此项权利以不损害其他祭奠人的权利为前提，还要受到遗体易腐化等自然因素的制约。关于遗体处分权利，逝者的遗体一般由近亲属处理，遗体在法律上属于特殊物，祭奠权人对于遗体的处理首先不得违反法律法规的禁止性规定，其次不能违背逝者生前对于其身体的特别交代。墓碑刻字权利，即在墓碑上刻上生者姓名的权利，这里的生者主要是行使祭奠权的主体。本案中，因刻名墓碑引发的争议属于祭奠权范畴。丧葬事项决定权，一般是由祭奠权人集体商量决定，但不得违背法律法规的禁止性规定，也不能违背逝者的遗嘱要求。

---

[1] 瞿灵敏："司法裁判视野中的祭奠权：性质、行使与法律保护"，载《求是学刊》2016年第3期。

[2] 马建红："亲属·服制·法律"，载《法学论坛》2005年第4期。

[3] 杨立新："诠释祭奠权"，载《检察日报》2002年7月19日。

2. 祭奠权行使顺位

按照祭奠权内容对身份要求强度的不同来确定权利行使顺位，对于身份强度要求高的权利内容，因其对权利人的人格尊严和社会评价会产生持续的影响，所以这一部分的祭奠权按照一定的顺位行使。而对身份要求不高的祭奠权内容，所有的祭奠权主体可以平等地行使。

对于需要按照顺位行使的祭奠权，如何构建顺位标准？由于我国地缘广阔，民族众多，各地丧葬文化均有差异，对于祭奠权的行使首先要尊重当地的民族习惯和宗教习惯。其次，对于亲疏远近的判断标准由于每个人的主观感情亲密程度不同，个案的特殊性导致祭奠权的行使顺位有所差异。最后，提出以法定继承作为权利行使顺位的标准过于狭隘。因为，前文已经论证祭奠权属于人格权范畴，而法定继承属于财产权范围，二者权能属性不同。另外，祭奠权的主体范围大于法定继承主体范围，如姻亲关系中的公婆与儿媳，事实上的收养人与被收养人，都无法根据法定继承的顺位确定祭奠权行使的顺位。

分析判断祭奠权顺位行使的社会背景，主观影响大、法定继承顺位无法替代，诉求祭奠权的主体产生本源，其顺位也应该按照"五服制度"予以规定，虽然现实民事立法对其没有明确规定，但是现实生活中有关丧葬、祭祀等习惯仍被广泛适用于亲属之间亲属关系的判定。以罗马法关于亲等[1]的计算为例，在儿媳与公婆、女婿与岳父母的前文到祭奠权的主体划分可以按照"五服制度"进行划定，"五服制度"对于亲疏远近也有一定的划分。事实上的收养关系，比照血缘关系计算亲等。按照"五服制度"确定祭奠权的行使顺位符合中国传统礼法和民俗习惯，也符合祭奠权的本质。

（三）祭奠权的客体

因祭奠权属于人格权，其客体应该是人格利益，具体包含：祭奠权主体通过行使权利可以表示对逝者的哀思、悼念；缓解失去亲友的痛苦；获得周围对其"孝"的评价；等等。

三、规范祭奠权的法律渊源

我国民事立法并未采取对权利和法益分开保护的立法体例，但是司法实

---

[1] 五服制度，现又称为亲等制度。

践中对于有明文规定的法定权利保护力度和无明文确定的法益在保护模式上差别较大。目前，我国司法实践中支持祭奠权的法律渊源主要包括《中华人民共和国民法通则》第7条；《中华人民共和国民法总则》第3条、第8条、第10条；《中华人民共和国侵权责任法》第2条；最高人民法院《关于确定民事侵权精神损害赔偿责任若干问题的解释》（以下简称"《精神损害赔偿司法解释》"）第1条第2款以及民俗习惯等。

（一）适用民法中的公序良俗原则

公序良俗是指维持吾人社会的共同生活应遵守的一般规范，以公序良俗的观念限制法律行为的内容，为罗马法以来所公认。[1]公序良俗条款作为民法上的原则性规定，其包括公共秩序（社会公共秩序和生活秩序）和善良风俗（社会公共道德，由全体社会成员所普遍认可、遵循的道德准则）。[2]法律原则在民法体系中具有以下功能：①作为立法准则的功能；②行为准则和审判准则的功能；③授权司法机关在案件审理中创设裁判规范的功能。法院运用公序良俗原则审理民事纠纷，主要作用于判断民事法律行为效力、认定侵权行为违法性等。具体到祭奠权纠纷案件审理，主要是以公序良俗辅助解决人格权纠纷。法院一般认为我国现行民事立法中对于祭奠权并无明确规定，将公序良俗原则作为穷尽规则后的适用原则，其法律保护并非祭奠权本身，而是对破坏公序良俗的行为进行法律制裁。另外从文化的角度看，亲情是中国独特的文化标签。"中国的问题，无论是历史还是现实的，不抓住亲情文化这条根，就很难讲清楚。"[3]公序良俗条款是原则性规定，是弥补法律漏洞或解决法律冲突的工具，其仅在没有规则或规定出现漏洞等情况下起到填补法律空缺的作用。[4]另外，以社会公德来调整祭奠权纠纷，是全体成员在公共生活中普遍遵循的道德准则和行为规范。本案是以一般人格权纠纷作为立案案由，法官在审理过程中也是利用公序良俗原则辅助审理。

（二）适用《中华人民共和国侵权责任法》及相关司法解释进行规范

祭奠权是否属于侵权法保护范畴，需要明确侵权责任法保护的法益的范畴。首先是侵权法规定权益侵犯的全套组合。《中华人民共和国侵权责任法》

---

〔1〕 史尚宽：《民法总论》，中国政法大学出版社2000年版，第40页。

〔2〕 王利明：《民法总论》，中国人民大学出版社2013年版，第57—58页。

〔3〕 李冬妮："亲情文化——中国问题的基本背景"，载《东南学术》2000年第4期。

〔4〕 蔡唱："公序良俗在我国的司法适用研究"，载《中国法学》2016年第6期。

第 2 条规定的侵害民事权益,除却条文明确规定的具体权能,还包含"等人身、财产权益",这表明侵权法保护的法益的外延并未封闭,不仅保护法定权利,也保护法定权利之外的利益;第 6 条规定归责原则,为祭奠权保护提供责任承担基础;第 15 条、第 22 条提供责任承担方式。其次,《精神损害赔偿司法解释》第 1 条第 2 款的保护路径。一些法院在判决中将祭奠权认定为该款中的"其他人格利益",相比侵权法上对于具体人格权,只需要以过错作为前提,《精神损害赔偿司法解释》对于"其他人格利益"需要以违反公共利益或者社会公德作为侵害祭奠权的构成要件。

(三)适用民间风俗习惯进行规范

我国《民法总则》规定习惯作为法源之一,其认定应当具有如下条件:①具有长期性、恒定性、内心确信性。在很长的一段时间内,不断地重复的行为规定,并为人民所认同。②具有具体行为规则属性。习惯要成为民法渊源,必须不同于人们内心的道德规范,也不同于宽泛的道德评价标准,而是能够具体引导人们的行为。能成为法的渊源,其内容应当是预先明确的,行为的界限应当清晰。③具有可证明性。成为法的渊源的习惯,是一项事实问题,可以进行主张质证。祭奠有关的习惯标准,首先在经过"合法性"判断后,并满足上述要求才能成为法源。祭奠有关的习俗具有地域性、民族性、行业性,因而特别要注意民间习惯与宗教教义的区别。本案中,墓碑的刻名有"先长后幼"的顺序习惯,也有"内外有别"的顺序习惯,对于未能名为具体行为规则的习惯,不能成为法的渊源,但是对于祭奠权中其他明确具体行为规则的习惯可以成为法的渊源。

四、民间规范司法运用方法之探究——以祭奠权为例

裁判规范是指法官在司法活动中所援引或构造的,适用于个案的裁判规则。[1]主要包括法官援引具体的法律规定,当没有法律规定时,援引习惯规范、法律原则等,也包括法官构造的裁判规范,法官在未能援引具体法律法规时,对于案件处理需要按照法律的精神和原则,借助其他法律或其他社会习惯,并且依据其经验、直觉和理性进行裁判。以祭奠权为例,因祭奠行为产生的民间规范,需要根据法律明确规定:法律未授权时,可以适用民间习

---

[1] 谢晖:"民间法与裁判规范",载《法学研究》2011 年第 2 期。

惯。如何适用，需要建立一定的路径选择。

引用祭奠有关的民间风俗，需要考虑该习惯与法律精神、法律原则、立法旨意是否吻合。法官运用祭奠有关的习惯，该习惯不过是裁判规范形成的一种原材料，是法官可供参考的内容，如何转换为个案裁判依据，需要法官尽到最强的论证义务，否则可能导致人们对于法律秩序断裂的担忧。在实际审判中，对于习惯使用，以双方当事人共同同意接受为前提，但是回归本案，双方所提到的刻名习惯不一致，即对于习惯使用并未达成一致。但跳出本案来看，如双方当事人接受同一习惯作为他们案件纠纷处理依据，则如何构建习惯的司法运用方法又是一难题。

法官在适用习俗时，首先需要查明习俗的内容，并要查清楚现实生活中是否存在相应的良俗，另一方面需判断行为是否违反公序良俗。公序良俗原则本质上是为了维护公共秩序和善良风俗，公序良俗因其内容会随着社会、经济等因素的变化发展而具有不确定性。案件审理过程中，适用法律需要评价相关法律规定的含义，案件事实及法律效果均得确定时，才能达成合法适当的裁判。如前文所述，公序良俗本质上是维护公共秩序和善良风俗的需要，对于人们提出的道义要求，却在社会判断中具有极大的不确定性。如从时间上看，社会发展到不同阶段，价值观念也随之不同，对于习惯的判断也有一定的标准变化；从地域上看，"千里不同风，百里不同俗"，各地的习惯风俗不同；从认识主体上看，因个人的价值观念不同，其对于习惯风俗的判断不同。目前，法官在适用习惯时，主要从两个标准进行判定：①民事行为发生的时间、地点。习惯风俗实质上是对民事主体意思自治、契约自由的限制，使得契约只有在不违背公序良俗的前提下才能够实现当事人预期的法律后果。因此，若民事行为在其发生时并未违反当地公序良俗的规定，则不应对该民事活动作出否定性评价。②判断内容是否违反国家、社会的公共利益。在审判实践中，对于某一民事行为是否违背公序良俗，需要结合该行为人的主观动机、行为表现等综合考虑。具体到本案中，两种刻名的顺序均是我国传统殡葬文化中存在的顺序标准，双方在各自适用其标准时均未对另一方适用标准产生否定的效力。

其他法院在有关民俗习惯的司法运用上具有一些实践经验，如江苏省高级人民法院出台的《关于在审判工作中运用善良民俗习惯有效化解社会矛盾纠纷的指导意见》中规定：一是运用经验法则，认定案件事实。即依据民俗习惯所体现的事实内容和行为规则，补全已有证据，或者独立运用民俗习惯认定或推定案件事实。二是规范权益表达、行为裁判理由。当事人根据民俗习惯提出自己的诉讼请求，包含在民俗习惯中的利益分配和权利义务关系不为法律所禁止，法官可以将其披上法律的外衣，形成裁判理由裁断案件。三是填补法律漏洞，形成完善的、有说服力的裁判论证等。四是强化诉讼调解，实现案结事了。最后寓法于情理之中，不断增强司法亲和力。因此，习惯进入司法运用主要采用以下四种方法：①经验推理的方法，就是习惯作为案件事实认定的经验性证据，比如通知参加葬礼的人一定会包含逝者的近亲属等；②漏洞补充的方法，即法律没有明确规定的情况下，法官采用民俗习惯来作为裁判标准。如最后见面权的形成，依据的即是中国传统文化中的"孝道"；③解释转换的方法，依据习惯对法律和案件事实进行规范性解释，然后再转化为依照法律依据的表现形式的方法；④利益衡量的方法，即民间规范作为利益衡量的办法而运用到案件裁判中，得到合法、合理而又合情的方法。论及本案处理的祭奠权，法官在司法运用方法上采用漏洞补充的方法，即采用目的解释、历史解释等方法对于并未在法律法规规定项下的法益进行规制。

当然，裁判规范也会产生对民间习惯的排除，当习惯与我国的立法目的大相径庭时，司法如何抉择适用，便是慎之又慎，需要设立裁判规范排除习惯的标准。主要标准如下：①已经失效的民间习惯。因习惯存在于特定的历史阶段，有的是在现阶段仍有效力的，如葬礼；有的因为时过境迁，在客观上已经失效的，如丁忧三年等。法官在适用民间习惯时，一定要选择符合现阶段仍在运用的习惯。②不具有具体行为规则的习惯不能作为裁判规范。作为裁判规范的习惯，须有具体的权利、义务关系内容，如果不能将行为的主体划分权利义务内容，也就没有援引的必要。③与立法精神和法律原则背道而驰习惯，不能作为裁判规范。民间习惯作为国家法律的补充，其必须符合我国的立法原则。

涉及本案中，墓碑刻名的范围及顺序，两套标准并行，并无统一确定的标准，其很难划定具体的权利义务内容，也就很难适用习惯来裁量。

杨某诉刘某某等机动车交通事故责任纠纷案

——交通事故与医疗事故竞合的损害赔偿处理

陆宋宁*

摘要： 交通事故与医疗事故作为两种不同的侵权行为，都是以过失为要件，同属侵权类法律关系，诉讼标的相同，但二者在赔偿标准、侵犯客体、举证责任等方面存在差异。当事人在交通事故中受伤后，在医院就诊过程中，又遭遇到医疗事故，人身伤害系交通事故与医疗事故竞合所致。法律并未有明文规定此种情形如何处理。通过分析和司法实践，采取分别诉讼，先行处理医疗事故，后处理交通事故，通过鉴定确定两种侵权行为各自造成损失的赔偿比例，各自承担相应赔偿责任的处理，法律关系比较顺畅，并能保障当事人的合法权利。

关键词： 交通事故；医疗事故；竞合

一、基本案情[1]

原告杨某驾驶小轿车与被告刘某某驾驶的小轿车发生交通事故，杨某被刘某某违章驾驶的小轿车撞伤，经交通警察大队认定，刘某某负全部责任，杨某无责任。原告经多次诊治至今尚未痊愈。事故中车辆碰撞发生燃烧，导致双方车辆报废，原告经司法鉴定，伤情为9级伤残。现要求被告赔偿各种损失50余万元。

被告刘某某对原告的诉讼请求有异议，请求法院依法判决。被告北京分

---

* 陆宋宁，北京市丰台区人民法院法官。

〔1〕 案例来源：北京市丰台区人民法院（2014）丰民初字第14164号民事判决书。

公司同意在保险分项限额内赔偿有充分证据支持的合理合法损失。

在本案审理过程中，杨某以医疗损害责任纠纷为由，将其所在医院诉至北京市朝阳区人民法院，主张交通事故后在医院进行治疗过程中，医院存在过错，要求赔偿各种损失50余万元。经审理后，北京市朝阳区人民法院认定该医院应对杨某主张的合法赔偿项目及合理数额承担次要赔偿责任，责任比例确为30%，判决该医院依法承担相应的赔偿责任。

北京市丰台区人民法院认为，刘某某与杨某发生交通事故，致使杨某受伤，杨某的财物受损，刘某某负事故的全部责任。刘某某所驾车辆在北京分公司投保交强险及商业三者险，故北京分公司应当在保险限额内对杨某的损失承担保险责任，超过保险的部分由刘某某承担。鉴于杨某因此次交通事故造成的人身伤害方面的损失已经经北京市朝阳区人民法院的生效判决书判决确定，并由涉案医院对其合理损失承担了相应比例的赔偿责任，故刘某某、北京分公司仅对涉案医院赔偿范围外的杨某的合理损失承担赔偿责任，并依法做出判决。宣判后，双方均未上诉。本案的核心问题是损害后果系交通事故和医疗事故竞合所致时，应按照何种程序处理案件以及如何确定交通事故造成损害的具体赔偿数额。

二、侵权行为的性质认定

杨某的伤情可以认定系数人侵权行为所致，即刘某某、涉案医院基于不同的原因，各自的行为的偶然结合，导致杨某的人身损害结果。根据行为人对自己的行为负责的基本法理，本案各侵权人须为各自的行为对被侵权人承担一定的侵权民事责任。由于各行为人侵权行为之不同而在各行为人之间产生相应的民事责任，那么首先需要确定侵权行为的侵权类型。就侵权类型而言，数人侵权是指二人或二人以上共同侵害他人合法民事权益的行为。数人侵权行为又可划分为共同侵权与"多因一果"的原因竞合侵权。关于共同侵权，最高人民法院《关于审理人身损害赔偿案件适用法律若干问题的解释》（以下简称"《解释》"）第3条第1款规定："二人以上共同故意或者共同过失致人损害，或者虽无共同故意、共同过失，但其侵害行为直接结合发生同一损害后果的，构成共同侵权，应当依照民法通则第130条规定承担连带责任。"可见，共同侵权包括数个侵权行为人主观上具有共同故意或者共同过失，或者既无共同故意也无共同过失，但侵害行为直接结合发生同一损害后果这样的两个类型。其中，前者属于传统意义上的共同侵权，后者属于《解释》新规定的类型。一旦构成共同侵权，则各侵权行为人对损害后果承担连带责任。所谓"多因一果"的"原因竞合"侵权，是指无意思联络的数人侵权，无共同故意或过失，但其行为间接结合导致同一损害结果发生的侵权行为。根据《解释》第3条第1款的规定，无意思联络的数人侵权中，数个行为直接结合的情形被剔除出来，归入了共同侵权的范畴。数个侵权人应当根据过失大小或者原因力比例各自承担相应的赔偿责任。

杨某的伤情具体应认定系哪种侵权类型所致，需要从两个方面来分析。

（一）构成要件

原因竞合侵权行为的构成要件有以下三个方面：一是"二人以上分别实施侵权行为"。核心要求是"分别实施"，表明行为人之间不存在意思联络，与《中华人民共和国侵权责任法》第8条规定的"共同实施"的共同侵权行为不同。[1]二是"造成同一损害"。核心要求在于各个原因的结合造成损害的"同一性"。表明各个行为之间在特定时空条件下，相互促成而发生同一损害结果，必须由各个原因一次性结合才造成"同一损害"。这种原因的结合要求相互关联，而不是各自独立，否则不能认定为原因竞合，不能认定为具有损害的"同一性"。三是各个原因"都不足以造成全部损害"。核心在于各个原因都不足以造成"损害"或者不足以造成"全部损害"。这表明其中某些原因的存在只是为另一个者原因导致损害结果创造了条件，必须各个原因"结合"才造成"全部损害"。

根据《中华人民共和国民法通则》第130条的规定，可以确定共同侵权的构成要件为：第一，存在加害行为，且行为人为复数。要求加害行为的行为人必须为二人或者二人以上，而且这些人必须是独立承担民事责任的主体，不存在任何替代关系。第二，共同侵权行为的行为人之间，在主观上具有共同过错，即在数个共同行为人之间须有共同致人损害的故意或者过失。第三，共同侵权行为导致的损害后果具有同一性，即要求共同侵权行为所造成的后果是同一的。如果各个行为人是针对不同的被侵权人实施了侵权行为，或者

---

〔1〕 梁慧星："共同危险行为与原因竞合——《侵权责任法》第10条、第12条解读"，载《法学论坛》2010年第2期。

即使针对同一被侵权人，但是不同的权利分别遭受侵害，损害后果在事实上和法律上能够分开，则有可能构成分别的侵权行为，而非共同侵权行为。第四，共同行为与损害结果之间具有因果关系。侵权行为只有在加害行为与损害事实之间存在因果关系时，才能构成，并且只有当被侵权人的损失是由侵权主体的共同行为造成的，侵权主体才能承担共同侵权责任。

（二）对比原因竞合侵权与共同侵权

二者具有以下的区别：第一，各个侵权行为之间的联系不同。原因竞合侵权行为虽有多个加害行为参与其中，但实际各个加害行为之间是相互独立存在的，它们因为偶然的因素而发生结合，相互之间仅形成一个松散的集合体。共同侵权行为中各个加害行为之间是相互联系，并共同发生作用的，形成一个完整的统一的整体。第二，与损害后果之间的因果关系不同。原因竞合侵权行为由于各个加害行为之间相互独立，各个原因均不足以造成全部损害，必须各个原因"结合"才能造成"全部损害"，是典型的"多因一果"。共同侵权中由于各个加害行为之间紧密联系，形成一个完整的统一的整体，共同造成"全部损害"，多数属于"一因一果"。第三，侵权行为人责任承担的方式不同。原因竞合侵权行为中各侵权人产生的是按份责任，不对被侵权人承担整体责任，各侵权人之间也不发生相互求偿的问题。共同侵权行为中各侵权人形成的则是连带责任，应对被侵权人承担整体责任，各侵权人之间可能发生相互求偿的问题，已经承担了超过自己份额的责任的侵权人，有权向没有承担赔偿责任的侵权人追偿。

根据上述分析，结合本案情况，杨某的人身伤害系两个侵权行为所致：一是刘某某的交通事故，二是中国人民解放军第 306 医院的医疗事故。这两个侵权行为共同造成了同一损害结果。两个侵权主体之间对杨某的伤情既不存在共同的故意，也不存在共同的过失。这两个行为并非凝结为一个共同的加害行为而共同造成了杨某的伤情，且两个侵权行为并非直接结合造成了杨某的伤情。故此，杨某的伤情应认定为系"多因一果"的原因竞合侵权行为所致。

三、原因竞合侵权行为的责任承担

对于原因竞合侵权行为的责任承担，主要有连带责任和按份责任两种不同意见。

（一）承担连带责任

主张让原因竞合侵权行为人承担连带责任的主要理由有以下几点：

第一，让原因竞合侵权行为人承担连带责任，对被侵权人的救济更为优越。民法所保护的客体是民事主体的民事权利以及其他法益。整个民事法律的立法基础就是以损害赔偿为主要手段，救济受到损害的民事权利，保障民事主体权益不受侵害。[1]对被侵权人而言，他并不能选择遭受共同侵权行为致害，还是原因竞合侵权行为致害，二者客观上损害可能是相同的，对被侵权人来说最要紧的是让损害得到填补。让原因竞合侵权行为人承担连带责任，意味着被侵权人可以最大限度得到赔偿。这样被侵权人可以选择向最具清偿能力的侵权人请求全部赔偿，从而最大程度地弥补被侵权人的损失。此外，连带责任的担责方式可以避免侵权人之间相互推诿责任，被侵权人无论对谁都可以请求赔偿，从而可以得到充分的保护。[2]

第二，让原因竞合侵权行为人承担连带责任，可以惩戒侵权行为人，可以预防侵权行为。在交通事故民事责任承担的制度设计上，从民事责任方面严厉惩罚交通事故肇事一方，加重侵权人的责任，可以惩戒侵权行为人，减少社会危险因素。在原因竞合侵权行为中，让侵权人承担连带责任，而不仅仅只是承担自己行为与损害结果发生有因果关系的那一份责任，加重侵权人的责任，有利于抑制侵权人的加害行为。让原因竞合侵权人承担连带责任，其后果无非是使连带责任范围有所扩大，可以有力地惩戒侵权行为人，更有利于预防侵权行为，并没有不好的社会效果。让原因竞合侵权行为人承担连带责任，还可以分散社会风险，维护社会和谐。连带责任可使某个侵权人在无力赔偿时，由其他有资力的共同侵权行为人负全部赔偿义务。行为人为了避免承担过重的赔偿责任而不能自拔，往往会利用保险等手段转嫁损失，分散社会风险，以减少对危险的负担，维护社会和谐。[3]

（二）承担按份责任

主张让原因竞合侵权行为人承担按份责任的主要理由如下：

---

[1] 杨立新：《侵权行为法专论》，高等教育出版社2005年版，第285页。

[2] 于敏：《日本侵权行为法》（第2版），法律出版社2006年版，第268页。

[3] 王华、李兰海："从'主观过错'到'客观关连'：论无意思联络的共同侵权的认定"，载《山东审判》2008年第6期。

第一，让原因竞合侵权行为人承担连带责任，实质违反了"为自己行为负责"的侵权法基本原则。在现代社会，一个人的行为对他人造成了损害，那他就应该承担由此产生的责任。而让原因竞合侵权行为人承担连带责任，实质是让侵权人对与自己行为没有因果关系的损害后果承担责任，实质是让他替其他侵权人的行为承担责任，违反了"为自己行为负责"的侵权法基本原则。

第二，让对损害发生发挥了较小作用的侵权人承担连带责任，会导致侵权人与被侵权人之间的利益失衡，对侵权人来说是不公正的。被侵权人所得到的，正是侵权人被剥夺的，这里存在明显的利益冲突。从制度层面看，消灭冲突并非制度的目标，利益间的平衡才是制度真正的目标，即各利益之间形成一种制度范围内的秩序，形成一种体现最广大群体利益价值最大化的享有和分配状态。[1]让原因竞合侵权行为人承担连带责任，会让对损害发生发挥了较小作用的侵权人与被侵权人之间产生巨大的利益失衡，激发利益冲突，也不利于形成一种体现最广大群体利益价值最大化的享有和分配状态。让对损害发生发挥了较小作用的侵权人承担连带责任，实际上就等于法律允许对损害发生发挥了较小作用侵权人的财产进行严重侵害，这对他来说是不公正的。

第三，让原因竞合侵权行为人承担连带责任，会妨害行为自由，对社会的发展较为不利。社会关系客观上需要法律对之施以一定的调整，在秩序中求得进步，但如果法律对社会关系给予过多或过大的干预，就会把管理变为限控，不利于法律精神的体现。

（三）对比分析

上述两种理由各自都有一定的道理，主张连带责任的有利于被侵权人的救济，而对损害发生发挥了较小作用的侵权人而言适用按份责任才是公正的。从法律适用看，根据《解释》第 3 条第 1 款的规定，原因竞合侵权行为人承担连带责任。而在《中华人民共和国侵权责任法》生效以后，该法第 12 条规定已经对原因竞合侵权行为作出新的明确的规定，就没有适用《解释》的余地。依据《中华人民共和国侵权责任法》第 12 条的规定，原因竞合侵权行为应承担按份责任。在原因竞合数人侵权行为中，"能够确定责任大小的，各自承担相应的责任；难以确定责任大小的，平均承担赔偿责任。"各个侵权人应

---

〔1〕 吴清旺、贺丹青："利益衡平的法学本质"，载《法学论坛》2006 年第 1 期。

以各自行为对损害结果发生的作用力，即以"原因力大小"为标准来确定各自责任的大小，也就是说，根据原因力的大小来确定各侵权人应当承担的赔偿责任份额。如果难以判断各侵权人各自行为对损害结果发生的作用力大小，即无法判断"原因力大小"，则由各侵权人平均承担赔偿责任。从立法现状来看，我国将无意思联络的数人侵权进行了细分，更为合理。将原因竞合侵权行为和行为关联侵权行为明确进行区分，让行为关联侵权人承担连带责任，让原因竞合侵权人承担按份责任，这种区分比不问具体情形统一要求侵权人承担连带责任更为合理，从侵权法律体系的系统性和逻辑性的角度出发，这样做更为科学严谨。让对损害发生发挥了较小作用的侵权人承担连带责任，实质是让侵权人对与自己行为没有因果关系的损害后果承担责任，违背了侵权法基本原则，一味解释为保护被侵权人的需要无法解决侵权法的困境，侵权法既无法通过责任主体的转移或扩张来解决这个困境，也无法通过归责原则的改变来解决这个困境。这是在充分尊重侵权法原则的基础上，避免随意损害法律体系的系统性和逻辑性，最大限度地保护被侵权人的利益。从司法实践的操作角度出发，在原因竞合侵权行为责任的判定上，此种立法方式既坚持了大陆法系的传统，认为原因竞合侵权行为不是共同侵权行为，无需承担连带责任，又吸纳了英美法系的优点，从损害结果的角度来确定责任的性质，对损害的发生可以确定原因大小的，由侵权人承担按份责任，大大提高了司法人员操作的准确性和便捷性。在利益平衡方面也更好地平衡了被侵权人和侵权人的利益。在《中华人民共和国侵权责任法》第11条已经规定行为关联侵权人承担连带责任的基础上，第12条规定在责任大小确定的情况下，由原因竞合侵权行为人承担按份责任，正好同时降低双方的风险，在客观上使侵权法能起到平衡社会利益之功效。

四、案件的程序及实体处理

（一）交通事故与医疗事故的对比

交通事故是指车辆在道路上因过错或意外造成的人身伤亡或财产损失的事件；医疗事故是指医疗机构及其医务人员在医疗活动中，违反医疗卫生管理法律、行政法规、部门规章和诊疗护理规范、常规，过失造成患者人身损害的事故。二者的相同点在于都是以过失为要件，同属侵权类法律关系，诉讼标的相同。同时二者的差异也相对明显：①赔偿标准不一致。交通事故赔偿标准主要适用我国《侵权责任法》及最高人民法院《解释》的相关规定；医疗事故赔偿标准适用的是《医疗纠纷预防和处理条例》的规定，二者适用不同的计算标准及方式，得出的赔偿数额也相差较大。②侵犯的客体有差别。交通事故侵害的既可能是人身权，也可能是财产权，而医疗事故侵害的只能是人身权。③举证责任分配不同。交通事故中除了机动车与非机动车、行人发生的交通事故适用过错推定原则，由机动车一方举证证明非机动车、行人的过错外，其余情况均适用"谁主张谁举证"原则，而医疗事故中，医疗机构就不存在医疗过错承担举证责任，即对于过错的证明适用举证责任倒置的原则。

（二）交通事故与医疗事故竞合时的程序处理

针对交通事故与医疗事故的异同，二者竞合的侵权纠纷案件中，在程序处理方面有两种意见：

一是将交通事故和医疗事故案件合并审理。理由是此两类案件均属侵权类纠纷，属于多因一果的行为模式，诉讼标的相同，合并审理可以减轻当事人的诉累。毕竟被侵权人先后经历了交通事故和医疗事故，往往损害后果较严重，给被侵权人及其家属造成了巨大的家庭痛苦与负担。此时，如果能够使被侵权人及时获得相应赔偿，被侵权人可以得到最大程度的慰藉。然而采用合并审理的处理方式，容易产生以下一些问题：①两种侵权行为之间的关系定位难。首先，交通事故与医疗事故之间是否具有因果关系是有待讨论的。侵权法上的因果关系是指"以违法行为作为原因，损害事实作为结果，在它们之间存在的前者引起后果，后者被前者所引起的客观联系"。[1]从交通事故与医疗事故交合情形来看，如果不发生交通事故，自然不会发生其后的医疗事故，二者之间似乎存在因与果的关系，但交通事故并不会直接导致医疗事故的发生，二者之间并不存在侵权法上的因果关系，系侵权行为的间接结合，在法律责任上是按份责任。其次，二者之间的关系属于侵权法上的"多因一果"，两起事故的责任方将按各自的过错承担赔偿责任，合并处理无疑是将两种侵权行为强行牵扯到一起，虽然在确定案由方面可以通过选择二者的共同上级案由或其他技术手段来解决，但实践中很少有人采用，并且确实没有分

---

[1] 杨立新：《侵权损害赔偿》（第 4 版），法律出版社 2008 年版，第 115 页。

别诉讼来得清晰、合理。②两种侵权行为的赔偿标准适用不同。交通事故与医疗事故适用不同的计算标准和方法，最终得出的赔偿数额也相差较大。合并处理后，采用分别针对不同损失适用不同标准进行赔偿的方式与分别处理两个案件、分别审理、分别赔偿并无太大区别。③合并审理的目的是减轻被侵权人的诉讼成本，但如果将交通事故与医疗事故案件合并审理后，是否能够达到提高效率、减轻诉讼成本的目的存疑。实践中，被侵权人出于便利治疗的目的，很多时候会选择与事故发生地并不在同一区域，甚至不在同一省市的医院就诊，若合并审理，很有可能会出现某一方当事人因路途遥远等其他客观原因导致选择不到庭参加诉讼，放弃答辩和质证，使法院在审理案件中因此对于某些问题无法查清，无法达到提高效率的目的。同时，在案件审理过程中，为了确定医疗事故中医疗机构是否负有责任以及交通事故中被侵权人的伤残等级，法院都需要进行鉴定工作。实践中这两类鉴定工作需要到不同的鉴定机构分别进行鉴定，合并审理这两类案件并不能缩短相应鉴定所需的时间，这也在客观上无法达到提高诉讼效率的目的。

二是将交通事故与医疗事故案件分别立案，分别审理。笔者同意这种意见，理由是：虽然有些观点认为将交通事故和医疗事故案件分别处理，会增加被侵权人的诉讼成本，延长了获得赔偿的周期，易引起被侵权人的不满情绪，很有可能在一定程度上增加诉累，应维护司法的效率原则。但实践中，我国目前的法律法规对于单独的机动车交通事故损害赔偿纠纷和医疗事故损害赔偿纠纷均已形成较为系统的规定，但对于某一行为人在较短的时间内相继遭受交通事故和医疗事故如何赔偿则缺少具体规定。两种纠纷属于不同的法律关系，在主观过错、赔偿标准、举证责任等很多方面具有不同的特点。从上面的分析中也可以看到合并审理存在一些问题。分别审理可以最大可能保证两起事故涉及的四方责任主体，即医方、肇事驾驶人方、承保肇事车辆交强险的保险公司、被侵权人均到庭参加诉讼，便于法院查明相关事实。在审理过程中，两个案件的审理法官之间多进行沟通联系，同步推进案件审理流程，提高审理效率，以保护当事人的合法权益。相较于合并审理这种存在法律适用空白，增加审判风险的方式，分别审理这种较为成熟的审判思路更易于大家接受，而如何完善分别审理的思路和方法更是一项具有审判指导意义的工作。

在确定分别审理的思路后，需要确定两个案件的处理顺序。笔者认为应先处理医疗损害责任纠纷，原因有以下几点：①机动车交通事故的侵权事实可以通过事故认定书基本确定，而医疗损害责任纠纷中是否存在医疗事故，医院是否需要承担赔偿责任很多时候需要通过鉴定才能够确定，确定构成医疗事故后，医院才会对相应损失承担对应比例的赔偿责任；②从医院的职责来看，救死扶伤是医院的职责所在，医院因过错客观扩大了被侵权人的损害后果，应先行赔偿，交强险承担的是驾驶人因交通事故产生的替代赔偿责任，与医疗事故无关，故应医院赔偿后再行赔偿，交强险赔偿范围外的再由商业三者险及侵权人承担相应赔偿责任；③如先行处理交通事故赔偿，除交强险外，被侵权人要根据交通事故责任自行承担一部分赔偿责任，而在起诉医院时，因医疗事故适用不同的赔偿标准，致使被侵权人又要根据医疗事故的责任再行承担一部分赔偿责任，且被侵权人在交通事故诉讼中自行承担的部分无法在医疗事故诉讼中主张。可见，先处理交通事故，后处理医疗事故的方式会使被侵权人自行承担一部分赔偿责任，本身被侵权人在交通事故及医疗事故中都不存在自身过错，将被侵权人在交通事故中的责任无形中延续到了医疗事故中来，显然有损被侵权人的合法利益，不利于司法公正的实现。

(三) 损失数额及赔偿顺序的确定

针对如何确定交通事故中被侵权人的损害数额这个问题，存在两种意见。第一种意见：被侵权人可以获双重赔偿，即被侵权人可以同时获得机动车交通事故的全额赔偿及医疗损害全额赔偿，理由是人的生命权、健康权是无价的，应当以最大限度地保护被侵权人的利益为原则。第二种意见：被侵权人只能获得机动车交通事故造成损害对应比例的赔偿。笔者原则上同意第二种意见，理由如下：①从侵权行为的角度来看，杨某因机动车交通事故住院治疗，后又遭受医疗事故致损害扩大，其所受人身损害系交通事故和医疗事故两个原因结合导致，属于典型的"多因一果"人身损害案件。根据《中华人民共和国侵权责任法》第 12 条规定：二人以上分别实施侵权行为造成同一损害，能够确定责任大小的，各自承担相应的责任；难以确定责任大小的，平均承担赔偿责任。根据《解释》第 3 条第 2 款规定："二人以上没有共同故意或者共同过失，但其分别实施的数个行为间接结合发生同一损害后果的，应当根据过失大小或者原因力比例各自承担相应的赔偿责任。"②从鉴定审查的角度来看，在审理杨某医疗损害责任纠纷案件中，法院经鉴定确定了涉案医院应对杨某主张的合法赔偿项目及合理数额承担次要赔偿责任，确定了责任比例为 30%。由此可知，杨某经交通事故和医疗事故两种原因遭受人身伤害，而人身伤害造成的损失通过鉴定可以区分出两个侵权行为分别造成损害的具体比例，即医疗事故承担 30% 的责任，70% 是交通事故所致。根据前述原因竞合侵权行为的赔偿应采取按份责任的原则处理这一基础，在确定了两种原因分别的比例后，被侵权人再主张双重赔偿就于法无据了。

关于赔偿顺序，应按医方、保险公司、肇事司机、被侵权人这一顺序承担赔偿责任。根据前述内容可知如先由保险公司或者肇事司机承担责任，会使被侵权人自己承担部分损失，这会损害到被侵权人的合法权益。

综上所述，在本案的处理中，根据已经生效的医疗事故案件的结果，将医疗事故案件中已经赔偿的损失扣除后，赔偿剩余部分的损失，既体现了侵权责任中的损失填平原则，又保障了被侵权人的合法权益。

王某某诉北京方庄购物中心等证券权利确认案

——代持职工股份权利义务的认定

胡润涵*

摘要：为了激发员工的积极性，企业设立员工股，为了员工更好地享受权利、履行义务，有的企业会专门设立职工持股会对员工股进行管理，有的企业没有专门的持股会组织，或依托工会，或采取股东代持的形式。针对设立专门职工持股会的企业，职工持股会的主体地位依然存在争议，笔者认为可赋予职工持股会相应的独立主体地位，赋予其作为企业股东的权利及义务。本案中的职工持股会系经过登记成立的，有其独立的地位及章程，员工的权利义务来源于员工持股会，其并不直接与公司产生法律关系。针对没有专门设立员工持股组织的企业，发生员工股权纠纷甚至是股份代持纠纷时，也可借鉴该思路，如此便可明晰相关的权利义务及法律关系。

关键词：职工持股会；职工股；股份代持

一、基本案情[1]

王某某在方庄购物中心工作期间通过投资和工作奖励取得该购物中心股权 10 700 股，委托职工持股会统一持股，每年取得 12% 左右股息分配。王某某于 2010 年 4 月退休后，每年仍获得 12% 左右股息分配，但从 2013 年之后不再分配股息。王某某认为虽然其已退休，但仍然是公司合法股东，是公司股

---

* 胡润涵，北京市丰台区人民法院法官助理。

[1] 案件来源：北京市丰台区人民法院（2015）丰民（商）初字第 25055 号民事判决书；北京市第二中级人民法院（2016）京 02 民终第 7002 号民事判决书。

息分红的合法受益人。故起诉请求确认原告持有的北京方庄购物中心股份有限公司职工持股会出资证明书合法有效；要求被告支付原告 2013 年至 2015 年股息 4200 元并承担本案诉讼费。

被告方庄购物中心辩称：按照持股会章程约定，原告在 2010 年退休前合法持有股份，原告 2010 年 4 月退休后应办却不办退股手续，视为失去会员资格。持股会章程第 24 条、第 26 条规定退休不持股。公司章程是依据北京市现代企业制度试点办法及其补充规定制定，原告签字认可知晓。

被告职工持股会辩称：原告在 2010 年 4 月退休时应当退出持股会，考虑她是老职工又是先进员工，公司多给其三年股息共 4280 元，原告取得的 10 700 股中有 3680 股是公司给原告的奖励。

法院经审理查明：1996 年，方庄购物中心依据《北京市现代企业制度试点企业职工持股会试行办法》（以下简称"《试行办法》"），经相关政府部门同意成立职工持股会。1996 年 11 月 1 日至 2006 年 6 月 12 日，王某某在该购物中心工作期间通过自己投入和工作奖励方式取得该购物中心内部职工股 10 700 股（其中 3680 股是企业奖励所得），由职工持股会统一持有。王某某于 2010 年 4 月退休，退休后每年仍获得 12% 左右股息分配，从 2013 年之后，职工持股会不再给王某某分配股息。另查：①王某某取得的方庄购物中心股份由职工持股会会员代表段某某代持。②北京方庄购物中心股份有限公司职工持股会章程规定了职工持股会的性质、宗旨、会员组成、会员义务、职工代表会的权力机构，及会员自动退出职工持股会的情形（包括离退休或调离本公司）等，职工持股会章程由职工持股会会员代表签署、职工持股会依法注册后即生效，职工持股会全体会员代表在章程后签名（包括段某某）。职工持股会将章程第 24 条、第 26 条相关规定明确告知了王某某。③职工持股会是指依照《试行办法》设立的，代表出资职工依法行使股东权利、承担股东义务的股权管理组织。《试行办法》第 38 条规定：……职工退休时，可以退出职工持股会。其出资额可参照公司上年度每股净资产值转让给本公司其他职工，或留作新职工认购。

《职工持股会章程》（以下简称"《章程》"）第 5 条规定，职工持股会会员以其出资额为限对职工持股会承担责任，职工持股会以其投入公司的出资额为限对公司承担债务责任。原告向职工持股会的出资行为，属于原告作为会员与职工持股会之间的权利义务关系，并不当然发生原告成为方庄购物中心股东的法律后果；职工持股会代表出资职工依法行使股东权利、承担股东义务，享有因向方庄购物中心出资而形成的股东权；原告作为职工持股会的会员不能直接获得以职工持股会作为股东向方庄购物中心出资所形成对方庄购物中心的股东权。

《章程》第 24 条规定，会员有以下情形之一的，自动退出职工持股会，其出资可以通过职工持股会在公司职工之间转让，或者由职工持股会收购：离退休或调离本公司；……第 26 条规定，会员因第 24 条情形离开公司的，应在一个月内办理退会手续，逾期办理者即告失去会员资格。职工持股会已将章程的相关规定告知了原告，且原告作为职工持股会会员应当知悉章程的规定。根据上述规定，原告退休后即自动退出职工持股会，无权要求取得股息。

原告在方庄购物中心工作期间于 1996 年 11 月 1 日至 2006 年 6 月 12 日通过自己投入和工作奖励方式取得方庄购物中心内部职工股 10 700 股，成为职工持股会会员。原告要求确认上述职工持股会出资证明书合法有效的诉讼请求，本院予以支持。对于上述出资，原告可依据《章程》的相关规定进行处理。

北京市丰台区人民法院认为，《章程》第 24 条明确规定会员离退休的，自动退出职工持股会。职工持股会亦将《章程》的相关规定明确告知了王某某，故王某某退休后，即自动退出职工持股会，无权要求取得股息。王某某关于《章程》第 24 条的规定与《试行办法》第 38 条不符的上诉主张，依据不足，本院不予支持。

根据《试行办法》的相关规定，职工的出资额可参照公司上年度每股净资产值转让给本公司其他职工，或留作新职工认购。根据《章程》的相关规定，会员转让出资的价格，以公司上一会计年度的财务报表中的账面净资产为参考依据，由转让方和受让方自行协商议定，并通过职工持股会办理转让手续。根据上述规定，职工退会时应当对职工出资额进行转让或者回购；职工出资额的转让或者回购应在公司上年度每股净资产值的基础上，由转让方和受让方协商确定。如果双方不能就此自行协商确定，可以通过诉讼等途径解决。但是，无论《试行办法》还是《章程》均未规定双方是否就职工出资额的转让或者回购事宜达成一致是职工是否退会的前提条件。故王某某关于职工退会与职工出资额的处理相互关联，王某某的出资额没有协商处理完毕王某某就一直是方庄购物中心的合法股东的相关上诉主张，缺乏依据，本院不予支持。据此，丰台区人民法院判决，确认王某某持有的北京方庄购物中心股份有限公司职工持股会出资证明书有效；驳回原告王某某其他诉讼请求。宣判后，王某某向北京市第二中级人民法院提起上诉。北京市第二中级人民法院于 2016 年 9 月 29 日以同样的事实作出（2016）京 02 民终 7002 号民事判决，驳回上诉，维持原判。

从本案的案情来看，本案从根本上需要讨论和厘清的是职工、职工持股会、公司三者之间的权利义务关系问题。那么将三个主体联系在一起的便是"职工股"，职工股的来源、特点和性质是什么，职工持股会的性质和地位如何判定，是本案首先需要解决的问题，只有解决了这些前提性问题，才能真正快速地解决职工股纠纷问题，笔者认为此种思路实际上也可适用于股权代持类纠纷案件的解决。

二、职工持股产生的背景及历史发展

随着企业改制的深入，我国国有制企业股份制改革成为我国社会主义市场经济环境下确立现代企业制度的重要环节。为了平衡与兼顾各个群体的利益，尤其是公司职工的利益，我国的企业借鉴西方的经验，将建立职工持股制度作为国有企业改革的方式。[1]国企改制中遇到了资金不足的障碍，于是一些企业开始效仿国外已经推行的股份制，想通过筹集资金来解决企业资金不足的问题。由于受当时经济条件的限制和缺乏相应的法律规范的引导，企业将筹资的方向转向本企业的员工，尝试向本企业内部员工发行公司内部职工股票，但因为没有规范的法律指导，当时的职工持股大部分都不规范，普遍存在一些问题。

1994 年 7 月我国最早的《公司法》正式开始实施，然而法律中依然没有对企业职工持股制度作出相关的规定，使职工持股相关纠纷无法可依。各地区、部门虽然根据实际情况，纷纷出台有关职工持股的办法或者暂行规定，但慢慢地还是出现了许多投机行为，职工持股成为获取高额回报的股份制产品，非法交易盛行，导致"内部股公众化"和"法人股个人化"现象严重，

---

[1] 参见王维鹏："我国职工持股的法律构建"，载《青海师范大学学报（哲学社会科学版）》2013 年第 2 期。

给股份制改革造成很大的困扰。并且我国的职工持股制度在推行过程中缺乏法律的规范引导，推行过程中出现了各种严重的问题，但该制度依然在曲折中稳步发展。现在推行企业职工持股制度不仅调动企业职工积极性，同时也成为职工参与企业管理的一种重要方式，得到广大公司的普遍认可。

不可否认的是，职工持股显现出了突出的优越性：

第一，有利于调动职工的积极性。企业的改革和发展需要调动广大职工的积极性，只有采取措施充分调动广大职工的积极性，企业才能提高生产效率、提高企业的效益、增强企业的竞争力。

第二，有利于协调企业、职工和股东三方的利益。企业追求的是企业利润，职工追求自己的收益，股东追求股利，三者都与企业的经营情况密切相关，当员工的个人收益与企业的经营效益绑在一起时，成为利益共享的利益共同体，将使广大员工、企业、股东成为一个利益主体，有利于实现三方的利益最大化。

第三，有利于完善公司治理结构。通过推行职工持股制度，劳动者、经营者、所有者三者关系明确化，职工可通过职工持股会对股份进行汇总选出代表参加董事会，进而参与企业的经营决策，能够促进公司决策更加科学化、民主化。

三、职工持股组织的产生背景及地位认定

（一）职工持股组织的产生背景

我国职工持股会的制度设计亦应着眼于我国目前的国情及市场经济发展的具体形态，审时度势地采取法律手段，以平衡各方利益、维护社会公正、促进经济发展、推动社会进步。我国在股份制改造试点的早期，出现过所谓"内部职工股"，但这种做法弊端丛生，甚至滋生腐败，终被弃用。这里的职工持股会制度指的是在借鉴国内外经验后所总结出的设计，职工持股目的要首要实现，基本无法通过职工个体主动去实现，所以要根据职工股份的购买现状及管理需要来设定特定的组织形式。

就职工利益而言，职工持股会是在职工持股制度出现后产生的，尽管职工持股会制度可在诸多方面发挥积极作用，但增进职工福利待遇应为其首要功能。在我国目前的商业环境中，企业员工的薪金收入一般不高，购买本企

业或公司股票的积极性也不是很高。并非职工群体不知持股可能带来的利益，而是在缺乏统一组织和运作的情况下，职工普遍认为其作为分散股东的利益很难得到保障。根据现代公司制度的基本内容，股东权利在效力上的强弱一般是由其出资比例所决定的，出资比例大，自然其权利运作的空间就大。而个体职工根据股东持股计划所持的股份只能占公司总股本的极少部分，属于典型的小股东，其在股权行使上必然处于劣势地位。个体职工据其所持股份来行使股权，其权能实现可谓名存实亡，其利益亦经常受到侵害。如果设立一个正规的、受法律保护的组织，让个体职工广泛参与，将分散的股权集中起来统一行使，即有可能改变个体职工因所持股份比例过低而处于的不利地位，职工持股会应运而生。

从企业利益的角度出发，我国设立职工持股会可以使公司治理结构更加完善，使公司发展更全面。在传统的公司治理结构中，分别涉及了股东会、董事会、监事会等制衡主体。股东会负责重大事项的决策，并选择代表执行公司的日常业务活动，而公司属下的普通劳动者（职工）则在直接意义上被排斥于公司治理结构之外。尽管根据现行公司法规定，监事会的组成人员中必须要有职工代表，然而，这种没有出资额基础的机制设计实际上在投票决策方面并无太大的意义。其实，就我国目前公司治理结构的现实来看，监事会在其中的作用都受到诸多实际因素的限制，更遑论监事会中的职工代表了。由此，普通职工是企业生产经营的实际参与的基层个体，极少有参与企业决策的权利。但现今的经济生活条件下，经济决策最基本的因素是个人本身，整个经济过程的基本动力是通过个体的积极性展现的。

（二）职工持股组织的地位认定

关于职工持股组织，理论和实践中都处于模糊不清的状态，明确职工持股组织的民事主体地位，对于职工持股制度的完善具有重要的意义。从历史实践来看，关于职工持股会存在以下几种形式[1]：

第一，非法人团体性质的职工持股会，由持股职工组成，但不作为法人登记，而是作为工会内设组织，依托工会进行本公司的职工股管理。这类职工持股会未经依法登记，不具有法人资格，但有自己的章程和组织机构，属

---

[1] 王维鹏："我国职工持股的法律构建"，载《青海师范大学学报（哲学社会科学版）》2013年第2期。

于非法人团体。在持股职工与职工持股会的关系方面，他们与采用社会团体法人形式的职工持股会十分相似，但往往依托工会，以工会的名义持有公司股权，主要特征是：职工持股会以其出资额为限对公司承担责任；职工持股会以工会社团法人的名义承担民事责任；持股职工以出资额为限对职工持股会承担民事责任，持股职工通过持股会，按投入的资金额享有出资者的权益；职工持股会按投入公司的资本比例享有所有者的资本收益、选择管理者和重大决策的权利。缺点在于职工持股会与工会相混同，导致工会双重角色的内在冲突。

第二，企业法人形式的职工持股组织，持股企业以其全部资产对其所在企业投资，职工向持股企业出资并按照出资比例对持股企业享有所有者权益。持股企业是其所在企业的股东，职工也就间接享有了其所在企业的所有者权益。山西省采用了职工合股基金会的形式，国有企业整体改组为有限责任公司或发起设立股份有限公司时，改组企业的职工可集资入股成立企业中共合股基金会，以合股基金会的名义参加公司股东会，合股基金会向工商行政管理机关申请注册登记。深圳则率先提出了持股公司的形式，规定持股公司有由持股职工共同出资成立的有限责任公司或股份有限公司，这种持股公司也会有更大的发挥空间。

第三，职工持股信托形式，公司或职工作为委托人与信托公司签订信托合同，将职工购股资金交于信托公司，信托公司用职工购股资金购买公司股权，成为公司股东，并按照信托合同约定将信托收益交予职工。缺点在于信托公司作为独立的商事主体，其提供服务并非无偿的，相比由职工持股会自行管理职工购股资金，委托信托公司作为受托人管理职工购股资金会花费更高的代理成本。

从以上几种形式来看会发现，不管职工持股会的组织形式如何，也不论其是否拥有独立的主体地位，从职工与职工持股会的关系来看，形成了统一的共识：职工持股会或者股权代持组织对公司享有权利和义务，职工与职工持股会之间存在权利义务关系。

随着现在企业制度的不断发展以及公司法律制度的完善，如有限责任公司对股东人数最高限制为 50 人，导致将员工依次登记为股东并不现实，公司如果不将职工登记为股东，那么职工的股权实现有名无实，存在风险。因此笔者认为借力于职工持股组织对职工的权益统一进行管理是必须可行的措施，将职工持股组织登记为公司股东也是现实需要的最便捷的办法。

（三）职工持股组织民事主体制度创新

各地实践中的做法均是以寻求职工持股组织的法人地位为出发点的。无论是社会团体法人、依托工会的公司内部组织、持股企业还是信托公司，工商的登记的公司股东都是法人。认为公司股东必须是自然人或者法人，这是受到传统民法理论的影响。传统民法理论将民事主体限定在自然人和法人两种范围内，在这种思维影响下，职工持股组织必须向法人靠拢。若不具有法人资格，持有公司股份就存在法律障碍。

我们应当认识到，民事主体制度不是一成不变的。随着经济社会的复杂化发展，出现了许多新的市场主体，如无限公司、两合公司等，这些主体虽已广泛参与到经济生活中，但却长期受到传统民事主体二元论的排斥，只有民事主体之实，而无民事主体之名。比较合适的解决办法是在坚持尽可能类型化的基础上，对已被充分论证的在现实生活中具有主体价值的形体予以承认。对现实生活中已存在，并且得到法律认可的民事主体，我们可以统称为非法人组织，非法人组织与自然人、法人共同构成现代民法的民事主体三元结构。如果用民事主体三元结构去重新审视职工持股制度，就根本无需为寻求职工持股组织的法人资格而苦苦挣扎。即使不属于社会团体法人，也不依托工会法人持股，职工持股组织仍可以第三类民事主体的资格成为公司股东。

合伙企业、村民委员会和未取得法人资格的基层工会是典型的非法人组织。我国现行法律承认合伙企业是民事法律关系的主体，可以成为公司甚至上市公司的股东。在一些地方的实践中，已经存在合伙制的职工持股组织。采用这种模式的优点在于：①这种职工持股组织仅以其全部财产对所在企业投资，且只承担有限责任，不会形成其他债务，因此职工在事实上也不会承担无限连带责任，可以说职工的无限责任已经被职工持股组织的有限责任隔离；②虽然全体持股职工委托执行事务合伙人购入股权和行使股东权利，但持股职工亦可以表达不同意见，持股职工与公司的关系较其他形式更为密切；③合伙企业不受《中华人民共和国公司法》关于股东人数不得超过50人的限制，适合于持股职工人数较多的公司。[1]

---

〔1〕 王维鹏："我国职工持股的法律构建"，载《青海师范大学学报（哲学社会科学版）》2013年第2期。

四、职工、职工持股会、公司之间的关联

在股权法律制度不断完善的今天，在审判实践中审理涉及职工代持股权纠纷存在其特殊性，并且针对员工持股制度在立法上远远落后于现实，缺乏统一的法律规定，我国《公司法》《证券法》中对员工持股没有做出具体的规定，各地方政府出于对地方企业扶持的考虑，大多根据我国《公司法》以及一些相关的规定自行制定一些政策，形成各自为政的局面，也导致不同地区政策相互矛盾的情况发生，并且已经制定的政策也存在一些漏洞和弊端，并带来很多问题，也为以后职工持股制度的统一规划造成许多障碍。[1]本案中涉及了职工、职工持股会、公司三者之间的关系认定问题，这对厘清主体之间的权利义务至关重要。

（一）职工股的性质及其特殊性

所谓职工股，是指由职工持股会统一管理的特定股份，由职工自愿货币出资或者通过其他形式获得的股份。[2]职工股与传统意义上的股权存在显著的不同，具体表现在以下几点：

第一，职工股具有特殊的身份属性，职工股是针对公司职工进行发放的，其目的不仅包含募集资金，同时也包括激励员工及加强员工与企业之间的联系。

第二，获得股份的方式不同，传统意义上的股份的获得需要支付股权的对价，但职工股可以通过公司将利润按股份无偿分配获得，也可以按照低于正常股票票面价格获得。

第三，在股权登记方面，大部分职工股的股权并不进行登记。

第四，关于股权流通的限制，大部分的职工股一般会在公司章程中进行规定，职工在职期间限制转让，离退休之后强制转让或回购，即使转让也是在公司内部职工之间进行转让，这与传统意义上的股权转让自由是不同的。

（二）职工与职工持股会的法律关系——股份代持

股份代持，是指实际出资人在从事经营性、投资性活动的过程中，出于

---

〔1〕 张志杰："我国职工持股面临的主要法律问题"，载《湖南城市学院学报》2013年第4期。

〔2〕 肖洁琼："职工持股制度视野下初次分配正义的实现——以劳动力权为视角"，载《中共南宁市委党校学报》2014年第4期。

自身的各种原因，对外隐瞒其作为出资人的事实，借用他人的名义，实施与经营行为、投资行为相关的活动，并从中获取收益、承担风险的一种法律现象。

股份代持涉及实际出资人、名义股东、公司及其他股东、公司外第三人等多方法律关系。由于股份代持协议属于内部契约，无法公示，使得各方当事人之间的关系变得复杂。

实际出资人与名义股东之间的法律关系构成整个股份代持的基础关系，而该基础关系的载体是实际出资人与名义股东之间的持股协议。持股协议是实际出资人为保护自身的权益，与名义股东所签订的内部协议，其在协议中约定持股相关的利益及分配。

关于股份代持问题涉及内容广泛，法律关系复杂，其核心是实际出资人的股东资格确认问题。而实际出资人的股东资格确认问题实际上就是应然股东转化为实然股东的问题，这是解决所有股份代持纠纷的前提和基础。我国《公司法》对此并没有规定，但最高人民法院在《关于适用〈中华人民共和国公司法〉若干问题的规定（三）》（以下简称"《公司法司法解释（三）》"）中对股东资格的确认问题作出了相应规定。

《公司法司法解释（三）》涉及股份代持中关于实际出资人的股东资格确认规定表现在：当有限公司的实际出资人与名义出资人通过合同约定实际出资人出资并享有相关投资权益，名义出资人仅为名义上的股东，一旦双方对该持股合同效力产生争执，在没有违反我国《合同法》第 52 条关于合同无效规定的情况下，人民法院应当认定该合同为有效合同。倘若实际出资人与名义股东因投资权益的归属问题发生争执，实际出资人以其为出资义务的真实履行者为由向名义股东主张相关权利的，人民法院也会支持；名义股东若以公司股东名册、公司登记机关已经登记其为股东为由抗辩实际出资人享受权利的，人民法院不予支持；实际出资人欲变更股东并获得出资证明书、股东名册、公司章程上的股东资格记载的，其必须取得公司其他过半数以上股东的同意方可，否则，人民法院不予支持。

显然，《公司法司法解释（三）》是支持代持协议效力的，即实际出资人与名义出资人之间的代持协议，只要不违反法律的强制性禁止规定，则该代持协议即为有效。该解释也确认了实际出资人股东资格的认定标准，即若实际出资人与名义股东因投资权益的归属发生争议，只要实际出资人能够证明其实际履行了出资义务，则名义股东不能以公司登记机关登记、公司股东名册记载为由否认实际出资人的权利。可见，《公司法司法解释（三）》对股份代持法律关系中实际出资人的股东资格的认定标准以实际为准，即一旦双方发生股权纠纷，对于实际出资人的股东资格的确认，实质性证据的效力优于形式性证据的效力。但是，为了保护公司和其他股东的合法权益，实际出资人只有经公司其他过半数以上的股东同意，其才可以请求公司变更当初记载于股东名册上、公司章程上之股东名称并办理登记，从而取得实质与名义相符合的股东资格。即在股份代持法律关系中，实际出资人要确认其股东资格并变更股东名册记载及工商登记，不但需要证明其实际履行了出资义务，而且还要满足实际出资人与名义出资人之间的隐名出资协议有效成立，以及经过半数以上公司其他股东同意这两个条件。隐名出资协议合法有效，是对实际出资人股东身份认定的基础；经过公司其他股东半数以上同意，是有限责任公司人合性的要求。

由此可见，法律确认实际股东与名义股东之间的协议效力有效性，同时法律保护的是实际股东基于与名义股东之间签订的协议而获得的权利，至于实际股东与公司之间的权利义务关系，法律并没有直接予以确认。

职工股从字面意义上可以理解为职工股权，但需要通过职工持股会代持，那么根据司法解释的规定，我们可以理解为职工是公司实际股东，职工持股组织则是名义股东，因此实际股东需要根据协议向名义股东主张权利。

在本案的处理中，首先方庄购物中心成立的职工持股会是具有独立地位的非法人组织并且制定了独立的章程。笔者认为该章程视为实际股东与名义股东之间的协议，那么在发生股权纠纷时，实际股东即职工则应该根据该章程向名义股东即职工持股会主张权利。根据《章程》第5条规定，职工持股会会员以其出资额为限对职工持股会承担责任，职工持股会以其投入公司的出资额为限对公司承担债务责任。原告向职工持股会的出资行为，属于原告作为会员与职工持股会之间的权利义务关系，并不当然发生原告成为方庄购物中心股东的法律后果；职工持股会代表出资职工依法行使股东权利、承担股东义务，享有因向方庄购物中心出资而形成的股东权；原告作为职工持股会的会员不能直接获得以职工持股会作为股东向方庄购物中心出资所形成对方庄购物中心的股东权。

鉴于以上的分析，笔者认为职工为了真正保护权益及获取利益，寄希望于职工持股组织，实则系将自己的股东权利赋予了职工持股组织，职工持股组织在所有职工出资额的范围内向公司承担风险，获取利益，并且最大限度地发挥其作为公司股东在公司决策中的作用，为职工争取利益。职工自身的地位则转变为职工持股组织的组成人员，根据职工持股组织的章程承担风险、分享盈利。正如在本案中，按照职工持股会章程对退休以后原告王某某的出资行为及股息获得进行处理顺理成章，王某某虽然是公司的实际股东但并不能与公司发生实际的权利义务关系，在成为职工持股会会员时受持股会章程制约，因此也不需要受公司股权转让条件之限制。

总之，在进行了上述的性质认定，明确了职工、职工持股会以及公司的法律地位及关系之后，在处理职工股纠纷的问题上许多障碍便可迎刃而解。

京城
陪审故事

JINGCHENG
PEISHEN
GUSHI

李玉华◎主编

中国政法大学出版社

2016·北京

图书在版编目（ＣＩＰ）数据

京城陪审故事/李玉华主编. —北京：中国政法大学出版社，2016.7
ISBN 978-7-5620-6897-6

Ⅰ.①京… Ⅱ.①李… Ⅲ.①陪审制度－中国－文集 Ⅳ.①D926.2-53

中国版本图书馆 CIP 数据核字(2016)第 170705 号

出 版 者　中国政法大学出版社

地　　址　北京市海淀区西土城路 25 号

邮寄地址　北京 100088 信箱 8034 分箱　邮编 100088

网　　址　http://www.cuplpress.com（网络实名：中国政法大学出版社）

电　　话　010-58908285(总编室) 58908433（编辑部）58908334(邮购部)

承　　印　固安华明印业有限公司

开　　本　720mm×960mm　1/16

印　　张　15.25

字　　数　220 千字

版　　次　2016 年 7 月第 1 版

印　　次　2016 年 7 月第 1 次印刷

定　　价　46.00 元